广西民族师范学院中国边疆学学科建设研究成果

壮汉双语教育
与民族语言文化研究

杨海龙　　谭群瑛　　主编

广西科学技术出版社

· 南宁 ·

图书在版编目（CIP）数据

壮汉双语教育与民族语言文化研究 / 杨海龙，谭群瑛

主编 . -- 南宁：广西科学技术出版社，2024.9.

（"交往·交流·交融"研究丛书）. -- ISBN 978-7-5551-2266-1

Ⅰ. H218.9-53

中国国家版本馆 CIP 数据核字第 2024VN4175 号

ZHUANG HAN SHUANGYU JIAOYU YU MINZU YUYAN WENHUA YANJIU

壮汉双语教育与民族语言文化研究

杨海龙　谭群瑛　主编

策　　划：陈勇辉　朱杰墨子　何杏华　　责任编辑：秦慧聪

助理编辑：黄玉洁　　　　　　　　　　　美术编辑：韦娇林　韦宇星

责任校对：吴书丽　　　　　　　　　　　责任印制：陆　弟

出 版 人：岑　刚　　　　　　　　　　　出版发行：广西科学技术出版社

社　　址：广西南宁市东葛路 66 号　　　邮政编码：530023

网　　址：http://www.gxkjs.com

印　　刷：广西民族印刷包装集团有限公司

开　　本：787mm×1092mm　　1/16

字　　数：290 千字　　　　　　　　　　印　　张：16

版　　次：2024 年 9 月第 1 版　　　　　印　　次：2024 年 9 月第 1 次印刷

书　　号：ISBN 978-7-5551-2266-1

定　　价：88.00 元

丛书编委会

主　编：谭群瑛　杨海龙　黄　平

副主编：王巧明　黄小芬　黄新宇

　　　　黄尚茂　唐　蒙　黄诗婷

　　　　黄洪霞

编　委：（按姓氏笔画排序）

　　　　马　宁　韦茂斌　刘茜茜

　　　　李　盛　李成才　何明智

　　　　陆汉军　郭　利　黄全荣

　　　　黄钰晴

杨海龙　文学博士，副教授，现就职于广西民族师范学院。广西语言学会会员。主要研究方向为人类语言学、社会语言学、语言生态学以及少数民族语言文化研究，研究聚焦中国塔吉克族语言生活和语言生态状况，探讨语言领域相关问题。主持和参与各级语言规划、民族语言文化与教育等领域项目多项，发表论文多篇。

谭群瑛　教授，硕士研究生导师，广西民族师范学院左江流域民族文化研究中心常务副主任。广西本科高校中国语言文学类教学指导委员会委员，省级普通话水平测试员。中国民族语言学会会员、广西中国－东盟文化研究会副理事长、广西壮学学会副秘书长、广西语言学会副会长、广西少数民族语文学会副会长、广西语言文学学会理事。主持完成国家社会科学基金"中越边境多族群语言接触与交融研究"项目等各级各类项目20多项，发表论文30多篇，出版专著1部。

总　序

　　穿越中华民族五千多年的历史长河，我们见证了各民族间交往、交流与交融的壮丽画卷，中华民族的多元一体格局，构筑了独特的文化景观。

　　党的十八大以来，以习近平同志为核心的党中央把民族工作摆在了更加重要的位置。习近平总书记就加强和改进新形势下的民族工作多次作出重要指示，提出"实现中华民族伟大复兴的中国梦，就要以铸牢中华民族共同体意识为主线，把民族团结进步事业作为基础性事业抓紧抓好"，强调"要把民族团结进步创建全面深入持久开展起来，创新方式载体，推动进机关、进企业、进社区、进乡镇、进学校、进连队、进宗教活动场所等"。这些指示为做好新时代民族团结进步创建提出了新要求，指明了前进方向，提供了根本遵循。

　　中共中央办公厅、国务院办公厅印发《关于全面深入持久开展民族团结进步创建工作铸牢中华民族共同体意识的意见》（中办发〔2018〕65号），对深化民族团结进步宣传教育、促进各民族交往交流交融、提升民族团结进步创建工作水平等提出了明确的要求。

　　为了积极响应党中央的号召，深入践行习近平新时代中国特色社会主义思想，更好地引导各族群众正确认识中华民族"多元"与"一体"的辩证关系，促进各民族优秀传统文化创造性转化、创新性发展，促进各民族交往交流交融，搭建各民族沟通的文化桥梁，广西民族师范学院策划编写了"交往·交流·交融"研究丛书。本丛书致力深入理解铸牢中华民族共同体意识的时代使命，全面梳理与深度探索多民族语言文化及其互动关系，旨在为促进这一历史进程中的民族交流与融合提供理论支持与实践经验。同时，作为学院重点学科——中国边疆学学科研究的重要成果，本丛书还聚焦边疆多民族地区的语言生活现象、教育现状与文化交往模式，展现中华民族大家庭内不同民族间的语言接触与文化交融的丰富内涵。

本丛书着眼于多民族文化的宝库，综合运用语言学、人类学、教育学、边疆社会学等多个学科的方法和理论，分别从宏观与微观的角度，对多民族语言接触、语言文化生态状况、教育形态及文化交往等多个方面开展研究。本丛书不仅关注单一民族语言文化的独特性，更重视多民族语言文化在交融中的共生与发展，从不同层面分析边疆多民族地区的语言生活现象、教育现状与文化交往模式，并通过具体案例研究和理论探索，既彰显地方民族文化的丰富性，也强调各民族在中华民族共同体意识下的交流与融合，全景式地呈现语言文化多样性与中华民族共同体意识的和谐统一。无论是专注于特定区域的民族语言研究，还是针对具体民族语言的传承与保护研究，抑或是聚焦边疆民族教育、边疆社会发展和文化交流的研究，均映射出我们对于深化民族团结、促进文化传承与创新的持续追求。

在新时代的征途上，我们深刻领会到维护国家文化安全、增强文化自信、民族语言文化研究与推动文化繁荣兴盛对于实现中华民族伟大复兴的重大意义。本丛书的出版，不仅是对党和国家"坚持和发展中国特色社会主义文化建设"战略部署的积极响应，还体现了"深化民族团结进步教育，铸牢中华民族共同体意识"的基本方针。

随着研究的不断深入，我们有不少成果将陆续与读者见面，这些成果将进一步促进社会大众对多民族语言文化交流与教育实践的理解。展望未来，我们将持续开展更多高质量的研究，以科学、系统的方式记录和分析多民族交流交往交融的宝贵经验，推动民族文化领域的知识更新和理论创新。

在此，对所有为本丛书的编写、出版付出努力的专家学者表示最诚挚的感谢，他们扎实的研究和辛勤的工作使本丛书得以顺利面世。同时，我们也期盼广大读者能从中获得启发与思考，共筑中华民族共同体的坚实基础。让我们携手并肩，在铸牢中华民族共同体意识的思想指引下，共同书写中华民族交往交流交融的新篇章，为实现中华民族伟大复兴的中国梦而不懈努力！

丛书编委会

2024 年 4 月

前　言

语言是文化的载体，是沟通的桥梁，是连接心灵的纽带。中华民族拥有悠久的历史和灿烂的文化，各民族的语言文字都是中华语言文化的重要组成部分，共同构成了中华民族多元一体的文化格局。

铸牢中华民族共同体意识，构建交往交流交融的和谐社会，需要我们尊重和保护各民族的语言文化，促进各民族之间的交流和理解。语言和谐是民族和谐的重要基础，是构建多元一体文化格局的重要保障。为了深入探讨语言与文化之间的关系，更好地保护和传承民族语言文化，推动中国边疆学学科建设，我们组织编纂了这本《壮汉双语教育与民族语言文化研究》。本书汇集了众多专家学者和教育工作者的研究成果，旨在通过深入探讨壮汉双语教育的实践与理论，同时挖掘和研究各民族语言文化的价值，为保护和发展少数民族语言文化提供学术支持和实践指导。

本书内容涵盖广泛、结构清晰，分为语言文字研究、语言教育研究以及语言生活研究三个部分。在"语言教育研究"部分，聚焦壮汉双语教育的实践探索，总共收录了 8 篇论文，包括广西民族语言工作在铸牢中华民族共同体意识中的地位和作用研究以及壮语写作教学策略、提高民族文化认同路径、壮语教学模式创新等，为教育工作者提供了宝贵的参考和启示。在"语言文字研究"部分，总共收录了 7 篇论文，探讨了崇左"三套集成"的编撰经验、湘桂边苗话 XA 式状态形容词比较、武鸣壮语平比句等，展现了不同民族语言的独特语法结构和词汇特征。而在"语言生活研究"部分，总共收录了 11 篇论文，在深入调查广西双语学习特色实践基地、贵州少数民族语言资源、水电工程少数民族青少年移民等的基础上，揭示了语言在现实生活中的应用和价值。书中的论文不仅分析了不同少数民族语言的特点和规律，探讨了语言与文化的互动关系，还深入剖析了民族语言教育的现状和存在的问题，并提出改进的建议。同时，更是关注了新媒体技术在语言教学中的应用，以及语言和谐与民族和谐之间的关系。

　　本书基于对语言文字、语言教育、语言生活调查的深入分析，结合边疆地区丰富的语言资源和文化背景，对民族语言及文化生活的多个方面开展论述，希望能为教育研究者、语言工作者以及对语言文化感兴趣的读者提供一个了解和研究各民族语言文化的窗口，为传承和发展优秀传统文化贡献一份力量。

　　在此，我们要特别向广西壮族自治区民族宗教事务委员会、广西民族师范学院及相关研究机构表示感谢，他们的支持，为中国边疆学学科建设研究提供了良好的学术环境和资源保障。

　　最后，期待本书的出版能够激发更多热心人士对民族语言传承和民族语言文化研究的兴趣，促进相关领域的学术交流与合作，为推动广西乃至全国的语言文化事业繁荣发展贡献自己的智慧和力量。

编者
2024 年 8 月

目　录

语言生活研究

语言教育研究

广西民族语文工作在铸牢中华民族共同体意识中的地位和作用研究

谭群瑛

（广西民族师范学院左江流域民族文化研究中心　广西崇左　532200）

摘　要： 铸牢中华民族共同体意识对于国家统一、民族团结以及文化认同的十分重要。本文分析广西作为多民族聚居区在民族语文工作方面的地位和作用，指出广西的民族语文工作对于促进民族团结、国家安全、文化安全以及国际文化交流具有重要意义，并为此提出做好调查研究工作、创新调查方法、处理好国家通用语言和少数民族语言的关系，以及发挥民族团结的引领示范作用等策略。最后，介绍了课题组在中越边境少数民族语言研究方面的田野调查工作，强调了保护民族语言文化、推动语言学发展的重要性，旨在促进广西民族语文工作的进一步发展，为中华民族共同体建设贡献力量。

关键词： 广西；民族语文；铸牢中民民族共同体；地位；作用

一、民族语文工作在铸牢中华民族共同体意识中的重要意义

铸牢中华民族共同体意识是习近平总书记对党的民族理论与时俱进的创新发展，是马克思主义民族理论中国化的最新成果，是实现中华民族伟大复兴中国梦的必然要求，是全面建成小康社会、全面建设社会主义现代化国家的重要保证。习近平总书记在中央民族工作会议暨国务院第六次全国民族团结进步表彰大会上的重要讲话中指出："加强中华民族大团结，长远和根本的是增强文化认同，建设各民族共有精神家园，积极培养中华民族共同体意识。"在党的十九大报告中，习近平总书记指出："全面贯彻党的民族政策，深化民族团结进步教育，铸牢中华民族共同体意识，加强各民族交往交流交融，促进各民族像石榴籽一样紧紧抱在一起，共同团结奋斗、共同繁荣发展。"党的十九大把"铸牢中华民族共同体意识"正式写入党章，成为全党全国各族人民在实现中国梦新征程上的共同意志和根本遵循。"铸牢中华民族共同体意识"这一重大论断，是对我国基本国情和历史传统的准确把握，是对中华民族团结进步规律的深刻揭示，也是党带领全国

各族人民不懈奋斗，实现中华民族伟大复兴的强大基础和必然要求。中华民族共同体的特征是各民族共有共享的，同时也是各民族共建共守的。

铸牢中华民族共同体意识，是党的十九大提出来的一项重要任务。中华民族共同体意识既关系到国家的统一和民族的团结，也关系到国家认同、民族认同、文化认同等重要方面。中华民族共同语是中华民族文化共同体的重要组成部分，如何更好地开展民族语文工作，正确处理好中华民族共同语与其他民族语言的关系，是中华民族共同体建设面临的新任务，也是新时代民族语文工作的一项重要任务。

二、广西民族语文工作在铸牢中华民族共同体意识中的地位和作用

广西是多民族聚居区，世居有壮、汉、瑶、苗、侗、仫佬、毛南、回、京、彝、水、仡佬等 12 个民族。据 2020 年第七次全国人口普查数据显示，广西常住人口为 5013 万，其中壮族人口 1572.20 万，占 31.36%；汉族人口 3131.88 万，占 62.48%；各少数民族人口 1880.80 万，占 37.52%。世居的 12 个少数民族中，除回族已经转用汉语文外，其他民族都有自己的民族语言，其中壮、苗、侗、彝 4 个少数民族有自己的民族文字。

广西民族语文工作涉及面较广，语言文字及使用情况复杂多样。对广西少数民族地区语言文字工作情况进行调查，对进一步加强广西与周边国家的政治、经济、文化、科技等合作，有着极大意义。这不仅有利于乡村振兴建设，也有利于加快边境地区城乡建设，促进稳边安边兴边。广西民族语文工作在铸牢中华民族共同体意识中有极其重要的地位和作用。

三、发挥广西民族语文工作在铸牢中华民族共同体意识中的地位和作用的策略

广西语言的多样性决定了广西民族语文工作的重要性，广西民族语文工作对国家边境的民族团结、国家安全、文化安全、对外传播和国际文化交流等具有十分重要的作用。调查研究广西中越边境少数民族语言学习使用情况，有助于加强广西边境地区民族团结、促进各民族共同繁荣发展，有助于中越两国不同民族之间的交流，此调查研究符合国家的战略需要。

（一）全面开展调查研究工作

1.普通话推广普及工作调查研究。调查教育、行政机关、司法机关、新闻出版、广播影视、公共服务等行业及从业人员以及各乡村的普通话使用和推广情况。

2. 少数民族语言使用调查研究。调查少数民族语言及其方言的分布和使用情况，特别是壮语的相关情况。

3. 少数民族语文教育调查研究。调查学校及社会少数民族语言文字教育情况。

4. 民族文化古籍的抢救和保护调查研究。

（二）要有具体且实用的调查方法

1. 深入基层开展调研。本文以广西民族语文工作为调查对象，以学校、行政机关、广西民族报社、广西三月三杂志社、民族翻译局、部分市县的电视台及乡村为具体调查点。在调查方法上，本文采用问卷调查为主、个别访谈为辅的社会调查方法，以全面了解广西部分市县在推广和使用普通话方面的情况。通过利用问卷进行网上调查，并结合实地走访相关单位进行数据分析等方式，全面把握广西民族语文工作的概况，深入理解其在铸牢中华民族共同体意识中的重要作用，以促进广西民族语文工作的进一步发展。

2. 统计各县开展的各种形式的农民学习国家通用语言和参加民族语文科技培训班、民族语文科技电影下乡活动、少数民族歌师歌手培训班的情况；调查统计民族语文翻译出版图书的情况，如农业科普书籍；分析用民汉双语翻译、录制的影视节目在为广大群众学习国家通用语言和民族语言方面所发挥的服务作用。

（三）处理好国家通用语言和少数民族语言的关系

针对广西民族语文工作在铸牢中华民族共同体意识、加强各民族交往交流交融中的地位和作用，要用文化和谐论的观点处理好中华民族共同语与其他民族语言的关系。中华民族共同语是中华民族共同体的通用语言，少数民族语言是少数民族自治区的通用语言，两者互补共荣，缺一不可，共同为中华民族共同体的繁荣昌盛服务。少数民族语言文字是少数民族创造出来的知识成果，是中华民族共同体中的文化瑰宝。新时期民族语文工作要让民族语言在中华民族共同体中发挥其他任何语言不可替代的重要作用。因此，国家在推广国家通用语言（普通话）的同时，要高度重视少数民族语言在新时代中华民族共同体建设中的地位和功能，让少数民族语言文字事业走上新台阶。

（四）发挥民族团结的引领示范作用

广西地域辽阔、民族众多、语言复杂，这些因素增加了调查的难度。处理好中华民族共同语与各民族语言的关系，是中华民族共同体建设面临的新任务，也是新时代民族语文工作的一项重要任务。在民族团结进步教育中要讲好"中华民族多元一体格局"理论，让广大群众在各民族交往交流交融的社会生活中体验

"多元"并认同"一体",积极参与中华民族精神家园建设中,让多元真正成为凝聚一体、认同一体、维护一体的要素和动力,这是民族团结进步教育的根本目标和任务。

四、结语

课题组成员致力中越边境少数民族语言研究,特别针对濒危语言做了大量的田野调查。课题组成员多次深入中越边境的基层乡村,进行了大量的调查工作,以期对中越边境的语言有全方位的了解。通过多次的实地调查,收集到壮语、瑶语以及汉语方言等多种前人尚未记录的语言和方言材料。这些调查不仅深入分析了主要边境语言的复杂性和多样性,同时也为保护民族语言文化、推动语言学的发展提供了各种宝贵语料。

课题组在深入中越边境的少数民族乡村开展调查研究时,广泛接触并深入了解了壮族、瑶族等少数民族的语言使用情景和语言生活,并且深切体会到,作为语言工作者和民族文化的保护者,必须竭尽所能去帮助这些少数民族,制定解决他们的语言文字问题的策略。正如语言学家戴庆厦提出的,随着改革开放的深入和城市化进程的加快,少数民族语言问题的复杂性和长期性应当引起语言学界的重视。

参考文献

[1]黄平,黄洪霞.提高小学教育(壮汉双语)师范生民族文化素养的路径[J].广西民族师范学院学报,2021,38(5):85-89.

[2]李京桦,佟德志.新时代中华民族话语的内在逻辑[J].贵州民族研究,2019,40(8):1-7.

[3]吴春宝.文化自信视域下的民族团结进步教育:意义、内容及路径选择[J].黑龙江民族丛刊,2019(2):13-18.

[4]苏德,张良,江涛.新时代背景下的少数民族双语教育:机遇·挑战·策略[J].民族教育研究,2019,30(4):69-74.

新媒体时代下壮汉双语师范生壮语写作教学策略研究

——以广西民族师范学院为例

黄诗婷

（广西民族师范学院左江流域民族文化研究中心　广西崇左　532200）

摘　要： 在壮语写作教学中，传统的教学模式和课程内容已经难以完全适应民族文化传承发展的要求。本文旨在探讨在新媒体时代背景下如何利用现代新型教学方式提高壮汉双语师范生壮语写作水平，激发学生对壮语写作的积极性和主动性，从而使新媒体技术融入壮语写作教学的优越性得到充分体现。

关键词： 新媒体；壮汉双语；壮语写作；教学策略

　　互联网和信息技术的广泛运用，为民族语言文化的传统教学模式注入了新鲜血液。高校是培养壮汉双语教师的重要阵地之一，对壮汉双语师范生语言文字使用能力的提升，以及对其树立民族文化认同具有重大的推进作用。2012 年，广西壮族自治区人民政府出台了《关于进一步加强壮汉双语教育工作的意见》，为了更好地推动广西少数民族地区的壮汉双语教育，特别设立了壮汉双语课程，以培养学习民族语言文化的能力，激发创新精神，传承和弘扬壮族的传统文化。2018 年，广西民族师范学院面向壮汉双语教育实验县（市、区）的乡镇定向招收免费师范生，为壮汉双语小学定向培养优秀的双语教师队伍。语言和文化对民族的发展至关重要，因此，推广民族语言和文化的交流与合作，对促进民族团结和繁荣具有十分积极的意义。

　　"新媒体"作为传播媒介的一个专有术语，最早是由美国的哥伦比亚广播电视网络技术所所长 P·戈尔德马克在 1967 年提出。新媒体主要是一种通过互联网、宽带局域网、无线通信网、卫星等渠道，以及电脑、手机、数字电视机等终端，向大众提供信息和娱乐服务的传播形态。种类包括门户网站、电子邮箱、微博、微信、手机短信、手机电视、网络电视、数字电视、手机报、网络杂志等。新媒体的出现大大突破了传统媒体如报纸、广播、电视和杂志等在内容、时间和空间上的限制。在相对自由的学习环境下，新媒体也慢慢融入学生的生活、学习和工作，学生对融入新媒体的教学方式更感兴趣，这为教师进行壮语写作教学提供新思路，构建新的教学模式，进而提高壮语课程的教学效率，全面培养学生的专业文化素养。

一、壮语写作课程传统教学模式现状

壮语写作课程是培养壮汉双语师资的核心课程，是基于壮语文基础与壮语口语这两门课程的进一步学习，写作教学不仅仅要丰富学生所学的理论知识、提升学生的写作水平，更多的是要将知识、技能与学生的创新思维和创新能力相结合，让学生感受学习壮语的乐趣。在提升壮语专业素养的同时，也为各乡镇壮汉双语教学点培养出优秀的壮汉双语师资队伍，促进民族事业的发展。笔者通过研究发现，壮语写作教学仍存在一些不足。

（一）壮语写作教学方式单一

在壮语写作教学过程中，教师基本以传统的教师讲授理论知识、学生写作练习的方式呈现。传统的教学模式已无法适应当今社会的教学需要，因此，我们应该采取更先进的教学方法，激发学生的兴趣，充分发挥他们的潜能，提高他们的专业技能和素质，而非仅仅停留在传统的教学手段层面。为了帮助两种文化背景的学生有所进步，需要采取更加灵活的培养方式。这种培养方案应该包括更加有趣的互动和实践活动，以及更加丰富的文化内涵。这样，我们才能更好地适应当下的素质教育，更好地为两种文化背景的学生带来更优质的培养。

（二）壮语写作课课时少内容多

壮语写作要求学生能够在教学管理方面具有一定创新能力，具备现代教育理念、扎实的汉语言文学基础理论和壮语文知识，并能够进行壮汉语文教学，成为单位的业务骨干。所以，在教授壮语写作课程的同时，学生还需要完成汉语言文学、小学教育学、儿童心理学和班级管理等专业课程。壮语写作课程与壮语阅读课程同时进行，教师在传授写作理论内容的同时，还要兼顾学生的阅读积累，易导致在课时安排的过程中，教师只能将写作课的时间缩短，从而出现课时少内容多的情况。这在一定程度上不利于教师进行教学改革，同时也影响学生的学习效率。

（三）学生基础薄弱

壮语写作学生学习能力比较弱，大学一年级学的壮语文基础与壮语口语课程的知识积累不够扎实，自主学习能力较差，大部分学生没有提前预习教学内容的习惯。写作课的语言是以壮语为主、普通话为辅，学生对课文内容不熟悉，跟不上教师教授的知识点，在词汇、语法方面的知识掌握不到位，对写作要求不明确，导致学生对教师提出的写作练习产生抵触情绪，不能很好地完成写作任务。随着时间的积累，学生也会对这门课程失去信心，达不到教师想要的教学目的。

（四）教师的评估和反馈不及时

当前教师的工作任务普遍较重，大多数教师都会承担两门或两门以上的课程，高校壮语教师并不多，除了写作课，还要完成其他的课程教学任务。随着学校教学调整，该专业的学生由开始的小班上课转变为合班上课，人数较多，这使得评估周期加长，评估效果受限，评估结果无法及时反馈，使评估工作更加困难。最终导致教师无法有效指导学生的写作，写作课效果受限，课堂的整体水平降低。

二、新媒体技术对高校壮语写作教学的影响

（一）数字化的教学环境

新媒体技术的融入，为师生提供了丰富的教学资源，只要打开相对应的应用程序、网络链接，就可以随时随地获取、分享、应用知识。在这样的背景下，壮语写作资源应运而生。1957 年 7 月，《壮文报》在南宁首次发行；2012 年 7 月，该报开通了自己的微博；2013 年 7 月，该报又推出广西民族报网站（壮文版），并且利用新兴的社交网络，如微信和抖音，为更多的人带来便利，也让更多的人有机会发表自己的观点，并且"壮语新闻""为你读诗"等栏目也推出了具有壮族语文特色的内容，让更多的人有机会阅读壮语相关资料。微信、微博、抖音等是人们日常生活中常用的网络平台，这在一定程度上为教师在传统的壮语写作应试教育模式中提供数字化的教学思想，将学生关注的写作素材、视频、图像等融入课堂当中提供了便利。比如，将广西广播电视台壮语新闻主播黄利莉的抖音号"@ 灰"的视频插入教学内容，引起学生的兴趣；鼓励学生以拍视频的方式展示自己的写作素材，改变以往沉闷的课堂环境。

（二）多元化的教学手段

教学手段是师生在教学中相互传递信息的工具、媒体或设备。随着科学技术的发展，教学手段经历了口头语言、文字和书籍、印刷教材、电子视听设备和多媒体网络技术五个使用阶段。现代化教学手段与传统教学手段是相对而言的，传统教学手段是指借助一些触手可及的教学工具如教科书、粉笔、黑板等，通过教师讲、学生听的方式进行教学。现代化教学手段是指各种电子教育器材和教材，即把幻灯机、投影仪、录像机、希沃白板和计算机等搬入课堂，作为直观教具应用于各学科教学领域。无论多么先进的教学环境，有优点的同时，也会有不足之

处，所以在教学过程中，不能把全部重心放在依靠多媒体技术方面，而忽略学生的学情。同时，壮语写作课的特殊性要求教师采纳不同的教学方式来完成教学。新媒体技术的出现，为教师提供了大量的网络资源，在原来的教学模式上融入多样化的教学，使壮语写作课堂效果提升。

三、新媒体时代下高校壮语写作教学的策略

针对壮语写作教与学中存在的问题，可以根据教师教学模式、教学环境、学生实际认知水平等条件，融合新媒体，合理应用教学策略，让学生轻松有趣地学习并掌握壮语写作。

（一）改变传统壮语教学模式

在当今的教育环境下，高校壮语写作教学需要摒弃以往的固定思维，转向多元化的互动型学习模式。高校壮语写作教学需要更多的互动性，而不仅仅局限于老师的讲解。灌输式教育背景下的老师只是简单地告诉学生所需要的内容，没有进行有意义的探究，学生批判性思考能力的提升受到严重影响，无法激发他们对于学习壮语的热情，也无法有效地培养他们的听、说、读、写等技能。大学旨在为社会提供多样化的、具有综合素质的人才，因此，高校壮语写作教学必须摒弃过时的教学方法，转而采用更加现代化的手段来教授壮语写作课程。这样，高校壮语写作教学才能更好地满足当今社会的需求。

一是在大学壮语写作课堂中融入新媒体技术，要求教师在课堂上以学生为主体，让学生成为课堂的主人，教师则担任引导者和教学素材的整合者。壮语写作课教师要提高自身运用网络媒体技术的能力，利用网络媒体的途径收集整理壮语写作的教学资源，并根据学生个体差异的特点，制作多媒体课件、音频、视频、练习库等吸引学生参与壮语写作课，提高学生的壮语写作水平，提升壮语写作的教学效果。例如，对非物质文化遗产这一抽象概念的讲解可以结合网络媒体如《广西民族报》、"三月三"微信公众号、广西广播电视台的壮语新闻栏目等的文字、图片和视频材料，这种多感官的教学方式更容易激发学生的兴趣。

二是随着新媒体时代的到来，新型教学模式也应运而生。除了传统的壮语写作课程教学模式，如"微课程""翻转课堂"等新型教学模式也融入壮语写作教学中。"微课程"的教学内容不仅仅局限于课堂教学视频，更需要教师运用多媒体技术，如录制视频、制作课件等来提高教学效果，提高教师的授课能力和教育知识水平。同时，教师还应该与各高校的专家相互交流学习，借鉴这些学校的"微课程"资源，组建适应本校师范生发展的"微课程"资源，帮助学生进行线上自主学习。

（二）营造学生学习壮语氛围

广西民族师范学院小学教育（壮汉双语）专业招生对象的民族为壮族，母语为壮语。壮语分南部方言和北部方言两种，课堂上所学的标准壮语是以武鸣音为标准音，以北部方言为基础方言。许多学生是为了应对壮语等级水平考试而学习壮语，这导致大多数学生成为"哑巴壮语"和"聋子壮语"的学习者。为了提高学生的壮语听说能力，学校需要创造一个良好的语言学习环境。这样，学生就不会受到母语的干扰，并且能够更好地理解壮族的文化。在常规的壮语写作课堂上，学校可以利用多媒体教学的优势，多设计口语与写作的教学环节，协助教师把与教学内容相关的知识点和语法传授给学生，为学生营造良好的学习壮语的语言环境，保证他们有足够的时间进行听力、口语和写作训练，提高他们的听说能力和壮语写作水平。

（三）培养学生学习壮语兴趣

受传统教学方式的影响，目前的壮语教学缺乏对语言使用技巧的训练，而是侧重于壮语水平考试和期末考试成绩的评估。这种应试的教学方式易使课程内容变得枯燥乏味，学生们往往将注意力集中在与测验难度相关的单词、句型等方面，缺乏学习壮语的热情，不利于提高他们的壮语写作技巧。因此，需要改变传统的教学模式，让壮语课程更加具有吸引力，以达到教学目标。

高校壮语写作教学者要充分抓住新媒体时代的机遇。一是壮语写作课堂应由传统的灌输式教学模式向多媒体情景式教学模式转型。与传统的灌输式教学模式相比，在多媒体情景式教学模式中，教师可以提前准备文字、图像、视频课件，为学生创造出一个充满激情和创造力的环境。此外，高校壮语写作教学者也可以通过引入互动式教学来激发学生的兴趣，从而提升他们对知识和技能的掌握能力。网络上壮语教学资源并不如汉语、英语多，教师可以为学生在网络上寻找相关学习资源，丰富他们的壮语接触面，引导学生自学。教师也可以在相关学习平台上给学生布置与课程相关的作业，及时进行批改和指正，以掌握学生的学习情况，并针对学生的学习情况制订学习计划。语言相对论认为："说话人的本族语言通过其语法范畴和语义类别决定一个人的思维方式或世界观。"绝大多数学生都会讲自己的母语，但学生在学校的交流一般使用普通话，教师可以鼓励学生多用壮语进行交流，多与家人使用壮语沟通联系，这样有利于学生"以壮学壮"，增强学好壮语写作的信心。

四、结语

随着新媒体时代的到来，高校壮语写作教学也迎来了新的挑战。高校壮语写作教学者需要将壮语写作教学与多媒体技术相结合，通过创新的方式来构建多元化的教学模式；充分利用新媒体为学生提供丰富的学习资源，激发学生学习壮语写作的兴趣，使得高校壮语写作教学更加科学化、现代化、趣味化。

参考文献

［1］曾来海.新媒体概论［M］.南京：南京师范大学出版社，2015：6.

［2］胡铁生."微课"区域教育信息资源发展的新趋势［J］.电化教育研究，2011（10）：61-65.

［3］张公瑾，丁石庆.文化语言学教程［M］.北京：教育科学出版社，2004.

以学科优势服务东南亚地区共建"一带一路"国家语言教育研究

周国炎，葛东雷，王跃杭

（中央民族大学少数民族语言文学学院　北京　100081）

摘　要："一带一路"核心目标是实现"五通"，实现"五通"的前提是实现语言互通。东南亚国家语言教育政策的总体特点是官方语言使用主体化、英语使用普及化、其他外语使用局域化。以我国学科优势服务"一带一路"沿线国家的语言教育需要科学规划语言学专业发展，扎实培养多语人才；培养汉语国际教育人才，充分发挥孔子学院在汉语和中华文化传播中的重要作用；通过科研项目、学术会议、图书出版、语言科技产品研发等形式提高语言服务能力。

关键词："一带一路"；学科优势；语言教育

一、引言

2013 年，中国国家主席习近平先后在哈萨克斯坦、印度尼西亚提出了建设"丝绸之路经济带"和"21 世纪海上丝绸之路"的重大倡议。2016 年，中国共产党十八届六中全会将"一带一路"写入全会决定。"一带一路"的核心在于，实现沿线国家之间的政策沟通、设施联通、贸易畅通、资金融通、民心相通。"一带一路"需要语言铺路，实现"五通"，当然需要语言互通。①

"一带一路"倡议提出以来，截至 2023 年 8 月底，中国已经与 152 个国家和 32 个国际组织签署 200 多份共建"一带一路"合作文件，覆盖了中国 83% 的建交图。"一带一路"倡议的实施，要解决语言沟通问题。随着我国与共建"一带一路"国家的经济、文化往来日益密切，对语言人才的需求将会更为迫切。"一带一路"倡议的实施和发展离不开语言人才的支撑，语言有助于不同国家之间增进了解，促进文化认同、文化包容；有助于增进不同国家之间教育交流及贸易往来。应该更加注重同共建"一带一路"国家的互派留学、学生交换、双语教育师资培养，这些都需要将中国高等学校的学科特色和学科优势同沿线国家的需求相

---

① 李宇明：《"一带一路"需要语言铺路》，《人民日报》2015 年 9 月 22 日第 7 版。

结合，以语言教育为基础，以学科优势为媒介，促进"一带一路"进一步发展。本文重点以东南亚 11 个国家为例，对这些国家的语言教育政策进行分析，并探析如何发挥学科优势，服务"一带一路"沿线东南亚国家的语言教育。

二、东南亚地区共建"一带一路"国家语言教育状况

王辉、王亚蓝（2016）认为：语言教育政策是语言政策的重要组成部分。当前语言教育政策的研究，已经成为语言规划领域关注的重点之一。[①]研究"一带一路"沿线东南亚国家的语言教育政策，增进了解，寻找合作空间，共同实现学生互换、师资培养、访学、项目合作等已成为重点。东南亚地区共有 11 个国家、9 种官方语言，东南亚国家语言教育政策的总体特点是官方语言使用主体化、英语使用普及化、其他外语使用局域化。依据《民族语言》的不完全统计，东南亚国家有 1475 种语言，其国内存在着官方语言和少数民族教育的双语或多语政策。

（一）语言教育法律法规

语言立法是语言政策的重要体现方式之一，就语言教育政策来看，一般体现在国家的宪法、教育法及规划纲要中。刘泽海（2018）在《东南亚国家语言教育政策发展研究》一书中对东南亚 11 个国家的语言教育政策立法情况进行了整理。依据整理情况我们分别从官方语言、少数民族语言、外语等方面分析语言立法情况。

第一，就各个国家的官方语言而言，东南亚 11 国有越南语（越南）、高棉语（柬埔寨）、老挝语（老挝）、缅甸语（缅甸）、泰语（泰国）、德顿语（东帝汶）、菲律宾语（菲律宾）、马来语（新加坡、文莱、马来西亚）、印度尼西亚语（印度尼西亚）9 种官方语言，在各国的法律法规中均对本国所使用的官方语言进行了规定。中国高等学校中仅东帝汶官方语言德顿语未有学校开设相关专业，其余 8 种官方语言均开设有相关专业。

第二，就少数民族语言而言，越南、柬埔寨强调国家为少数民族学习本民族语言创造条件，以此作为保存民族文化、凸显民族特色的方式，同时也都强调了开设和学习少数民族语言课程由政府根据实际情况决定。

第三，就外语教学而言，越南、老挝、泰国、柬埔寨、文莱、印度尼西亚、马来西亚等都对外语教学的开展在立法上予以说明。其中《泰国第二个十五年高

---

① 王辉、王亚蓝：《"一带一路"沿线国家语言政策概述》，《北华大学学报（社会科学版）》，2016 年第 17 卷第 2 期。

等教育长期发展规划纲要（2008—2022）》强调双语教学课程和国际教育课程成为高等教育的教学内容。在东南亚 11 国中，马来西亚外语教学政策最具有多样性，英语是教育法规定的必修课程，班级中有至少 15 名家长提出要求时，则可以采用汉语、泰米尔语进行教学，同时政府也允许有需要的学校采用阿拉伯语、日语、德语、法语或其他任何外语进行教学。

（二）语言教育政策

东南亚 11 个国家共有近 500 个民族，5 亿多人口，东南亚少数民族人口众多，少数民族语言也被广泛使用，同时还广泛使用英语、汉语等。东南亚拥有相当复杂的语言体系，共有 25 种语言和 250 多种方言。[①] 东南亚的语言教学政策存在多样性，不同国家所采取的语言教育政策也有所不同。东南亚国家语言教育方面的基本特征是强调官方语言的主体地位，英语在外语中占有绝对优势地位，科学保护各少数民族语言，允许使用英语以外的外语。在东南亚语言教育政策中存在着单语教学、双语教学和多语教学模式。

东南亚国家目前主要采取单语制教学的国家有泰国、印度尼西亚、越南、柬埔寨、老挝、缅甸 6 个国家。[②] 单语制教学是指采用一种语言进行教学，在基础教育阶段，各国基本都使用自己的通用语言作为官方教学用语。这些国家也都普遍开设外语课程，其中多以英语为主，英语作为一门课程，在外语教学中占有主导地位。文莱、菲律宾、新加坡的中小学目前采用母语和英语进行双语教学，旨在使学生通过基础教育阶段的学习，能够流利地使用英语和母语进行学习、生活和工作交流。在双语教育开展过程中，官方语言是传承本民族文化传统的重要载体，而英语是用于交流交往所使用的工具性语言，尤其是在不同国别之间的往来中使用频率较高。按照新加坡政府的规定，马来语、汉语、英语和泰米尔语均是官方语言，其中马来语是国家通用语言，英语则为行政语言。新加坡的语言教育政策具有多样性，这与新加坡国内人口构成、民族构成、历史文化有着重要关系。菲律宾开展的双语教育中，在某种程度上，英语的地位要高于菲律宾语，这与菲律宾对欧美文化和英语的认同、和欧美国家的经济往来具有重要关系。东南亚国家中马来西亚的语言教育政策最为多样化，马来西亚基础教育阶段存在双语甚至三语教学的情况，这与马来西亚文化多元性有一定的关系，一般情况下，马来语是主要教学语言，英语是必修课程，同时学生还可以选修其他外国语言课程。

---

① 刘稚：《东南亚概述》，云南大学出版社，2007。

② 刘泽海：《东南亚国家语言教育政策发展研究》，社会科学文献出版社，2018。

三、以学科优势服务共建"一带一路"国家语言教育的路径

"一带一路"建设首要前提是实现语言互通，在语言互通的基础上促进文化交流、经济发展。我国与共建"一带一路"国家应该充分发挥彼此高等教育中的学科优势，加强自身特色学科、优势学科建设，促进不同国家之间高等学校学生交流。就语言学而言，可以通过发挥语言教育优势、语言研究优势、语言科技优势，进一步为"一带一路"沿线国家语言教育服务。

（一）发挥语言教育优势

发挥语言教育优势可以分别从国内语言教育、对外语言教育方面分析如何提升语言服务能力。

1.国内语言教育。"一带一路"倡议的顺利实施，需要充分调动国内高等教育资源，科学规划语言学专业发展，扎实培养多语人才。

第一，科学规划语言学专业发展，完善外国语专业设置体例。截至 2023 年 8 月，与中国签订协议的共建"一带一路"国家有 152 个。依据《中国语言文字事业发展报告（2018）》数据显示，2017 年我国普通高等学校外语专业开设的外语语种总数达到 83 个，但是与共建"一带一路"国家官方语言数量还存在一定差距。2019 年 3 月 25 日，教育部公布了 2018 年度普通高等学校本科专业备案和审批结果，北京语言大学申报的印度尼西亚语、语言学等专业获批为新专业，其中语言学专业是中国首个获批的国家专业目录外的新专业，这将有助于进一步完善"一带一路"语言服务体系建设，进一步培养国际化、专业化的语言学人才队伍。我国教育部门和相关高校已经充分认识到语言学专业在"一带一路"倡议建设中的重要意义，逐步根据共建"一带一路"国家发展需要，科学合理调整外国语言专业设置，不仅仅是增加语种设置范围的广度，更应该在课程设置上，不断完善和丰富目标国家的国情、文化、教育等一系列教学内容，培养更多专业的、适合实际工作需要的高素质语言人才队伍。

第二，丰富语言师资培养模式，扎实培养多语人才。21 世纪初，美国多元文化教师教育领域出现一种新的教师教育模式——城市教师驻校模式（urban teacher residency models，UTR）。城市教师驻校模式根据多元文化社区对教师的特殊需求，对背景不同的从业者进行学士后教育，以培养掌握本土文化并能实施文化回应性教学的驻校教师。[①] 中国与东南亚国家在培养语言教师上，应加强合

---

① 韩雪军：《美国城市教师驻校模式中的本土文化学习及其启示》，《民族教育研究》2019 年第 1 期，第 127-133 页。

作，积极借鉴其他国家的师资培养模式，强调教学要从学生的本土文化出发，以多元文化视角帮助那些语言学习者克服由于文化差异带来的语言学习困境。随着中国与世界各国政治、经济往来日益频繁，与"一带一路"沿线国家合作日益增多，更加需要能够熟练使用多种语言的人才，在熟练使用自己母语的情况下，还应该学会使用其他语言，这样才能更好地服务社会。

多模态话语分析理论以 Kress 和 van Leeuven 在 1996 年出版的《阅读图像——视觉设计语法》(*Reading Images：the Grammar of Visual Design*) 为标志①。多模态话语分析理论是指运用视觉、听觉、触觉等多种感觉系统，通过语言、图像、声音、手势等多种符号资源进行交际的现象②。"模态"是人与外界进行互动交流的方式。该理论应用领域非常广泛，越来越多的研究者也把其与语言教学密切联系起来。语言教学中出现的模态一般以听觉模态、视觉模态为主，多模态语言教学主要围绕学生视听的全方位体验来进行，要求教师采用多模态教学资源，借助多媒体技术等给学生营造包括声音、图像、文字等多模态的教学情境；同时，在教学模式和教学方法上，对学生进行视、听、说全方位的语言教学；最后，在教学评估上也采用多样化、多模态的综合评价体系，形成较为完备的多模态语言教学体制机制。多模态语言教学优势明显，既能够丰富学生对语言学习的全方位需求，也能使教学过程更具趣味性，提升学生的语言理解和应用能力，促进语言教学的发展，多模式推进双语教育。中国历来重视在民族地区推进双语教育，2015 年召开的第六次全国民族教育工作会议提出"科学稳妥推行双语教育"的方针。在少数民族地区，双语教育扎实稳妥开展，少数民族地区学生在学校能够学习到本民族语言、普通话、英语等。在中国西南与东南亚国家接壤地区，有着不少的"跨境民族"和"跨境语言"，他们在语言和文化上仍保持着相通性或相似性。从广义上看，迁徙到东南亚各地的华人华侨也属于"跨境民族"。因此，在少数民族语言文字的传承与保护、语言规范的制定与推广，以及双语或多语人才的教育培养上，中国与东南亚国家有着较大相通性和广泛的合作基础，这些共通性能够密切两地人民关系，使工作和贸易往来更加顺畅。在中国一些普通高等学校的语言学专业，也开设有一些其他国家的语言课程供学生选修，具备双语或多语能力正逐渐成为一种趋势。

我国教育部鼓励高校与企业、科研机构形成"产—学—研"三位一体的培养模式，由高校和企业建立合作关系，根据地方政府或企业的需要，培养专业人

① 张德禄等：《多模态话语分析理论与外语教学》，高等教育出版社，2015。
② 张德禄：《多模态话语分析综合理论框架探索》，《中国外语》2009 年第 6 卷第 1 期。

才。中国有很多企业在东南亚国家发展，在语言教育基础上，高校应适当开设服务国相关的文化背景课程，并在此基础上进行专业分化，或在专业的基础上进行服务国基础语言和文化培训，以此服务共建"一带一路"国家的发展需要。

2. 对外语言教育。在对外语言教育方面，主要是扎实培养汉语国际教育人才，充分发挥孔子学院在汉语和中华文化传播中的重要作用。

第一，推动汉语国际教育稳步发展。据《中国语言文字事业发展报告（2018）》数据显示，仅2017年，孔子学院全年先后组织1.8万名中外教师参加国际汉语教师证书考试，其中有5679人获得国际汉语教师资格。"一带一路"本土教师项目招录50人，先后支持10多个国家的12所大学办好汉语师范专业。110所中国院校共招录5700名汉语国际教育硕士研究生，重点培养汉语国际教育的师资力量，为共建"一带一路"国家和孔子学院发展服务。[1]在教材建设方面，各国孔子学院根据本国实际情况和语言教学阶段的差异，共出版教材2157种，开设汉语网络课程30多万节，不断尝试以信息化和互联网手段提高汉语教学效率和覆盖面，已有来自180多个国家共1000多万人浏览网络课程，已经建设初具规模的汉语网络教学"慕课"平台。另外还积极推进《汉语图解词典》等工具书的翻译工作，以及中国古代经典文学作品的翻译工作，向一些国家捐赠汉语教育教材和相关材料。另外还实行"孔子新汉学计划"，招收不同国家的汉学者和青年领袖、博士生在中国接受联合培养的模式，其中共建"一带一路"国家学生约占60%，进一步促进不同国家青年学者对中国文化的理解。

第二，发挥孔子学院的传播作用。在"一带一路"倡议实施过程中，汉语在国际上推广的主要平台是孔子学院。中外语言交流合作中心每年选派大量教师到海外的孔子学院任教，应该严把师资关，把更多优秀的汉语人才放在一线，进一步提升教学质量，提高语言教育服务能力。

"一带一路"建设需要大量具有汉语知识的专业人才参与，国内大部分普通高等学校均设有国际教育学院或开设汉语国际教育专业，可以为孔子学院的发展提供师资力量。在"一带一路"建设和经济贸易不断发展的过程中，也要充分发挥孔子学院对汉语和中华文化的传播作用，让共建"一带一路"国家的企业和群众加深对中国的了解。国内各普通高等学校应与共建"一带一路"国家开展学生互换、互认学历、联合培养硕博研究生等项目，以此深化双方教育合作。应积极支持共建"一带一路"国家在基础教育阶段开设汉语课程，在高等教育阶段开设

---

① 国家语言文字工作委员会：《中国语言文字事业发展报告（2018）》，商务印书馆，2018。

中文专业或相关课程。

第三，完善汉语水平测试体系建设。东南亚地区是中国以外学习和使用汉语最为集中的地区。在汉语教学中，作为人才选拔和评估重要方式的汉语水平考试扮演着非常重要的角色。不论是从中外语言交流合作中心引进的考试类型，还是东南亚国家自主研发的考试类型，都应当以本国本地区的汉语教学情况和学习情况作为出发点，平衡教学者、学习者、社会等各方面需要，把教学过程和评价体系紧密结合起来，形成多样化、标准化的完备的汉语水平考试系统，更好地服务于社会各方面、各行业的选拔评估需求。

（二）发挥语言研究优势

近些年"语言服务"开始被学界关注，语言服务更加注重强调发挥语言服务经济社会发展的能力，语言研究成果可以为"一带一路"提供语言服务。语言研究主要包括科研项目、学术会议、图书出版、语言科技产品等。

据《中国语言文字事业发展报告（2018）》数据显示，2017年，中国主要科研项目批准"一带一路"语言文字科研项目共11项，其中国家语言文字工作委员会科研规划"一带一路"语言文字研究专项批准立项4项，国家社科基金批准立项7项。中国"一带一路"语言文字专题研究主要集中在文化传播、孔子学院汉语传播、方言海外传播认同情况、教育传播、汉语传播国别比较研究、对外汉语教学模式、网络传播等方面。推动"一带一路"语言文字课题研究，进一步提升语言服务"一带一路"建设的能力，创新汉语传播方式，探索有利于不同国别教育领域深入合作的新模式是当前科研探索的重点。

在"一带一路"语言学会议方面，仅2017年我国各相关单位主办"一带一路"语言服务相关国际会议4次，国内会议10余次，会议主题多集中在语言服务能力发展、语言资源与智能、多语言开放教育、语言、教育与文化、翻译研究、翻译人才培养、翻译教学等方面。主办单位主要集中在北京语言大学、北京师范大学、北京外国语大学、中国翻译协会等单位。"一带一路"语言学会议的高频次举办可以看出中国语言学界在"一带一路"方面的研究热情和前沿指向，学术会议的举办会激发专家学者在"一带一路"和语言学框架内探索新的研究意向，进一步以学科优势多角度、多方面服务"一带一路"建设。

"一带一路"语言学相关研究书籍也不断出版。据《中国语言文字事业发展报告（2018）》不完全统计，2017年中国出版"一带一路"语言类图书5册，分别是《"一带一路"背景下的多语种人才培养研究》《"一带一路"中的语言与文化》《"一带一路"社会文化多语图解系列词典》《中国关键词："一带一路"篇》

《"一带一路"国家语言状况与语言政策（第二卷）》。以"一带一路"为主题的语言学研究书籍主要集中在人才培养、语言政策、语言与文化等方面。鼓励和支持专家学者深入"一带一路"沿线国家调研，开展跨国语言合作研究，在不同国家高等学校和科研院所之间建立合作关系，出版更多学术成果，服务"一带一路"建设。

在"一带一路"建设过程中，语言科技产品的研发有助于进一步提升语言的服务能力，尤其是在大型国际会议、学术研讨会等方面，准确高效地实现语言人机翻译、人机对话，更好地实现语言的服务功能。目前中国语言文字信息化建设主要集中在机器翻译、智能化语言学习、语言资源开发利用、古籍信息处理等方面。在 2017 年国家语言文字工作委员会科研项目立项获批名单中，就涉及蒙汉文本及其翻译、乌兹别克语 – 汉语及其翻译、语料库检索一体化系统等方面的研究。目前中国已经开发研制智能音响、机器翻译、智能问答、智能写作、人机交互等。其中机器翻译可提供全球 80 多个国家的语言翻译服务。

四、结语

"一带一路"倡议的实施为中国语言学发展带来了新的机遇和挑战，目前我国对沿线国家的语言政策研究、语言教育政策研究、汉语教学需要等还需要进行充分调研，并在此基础上与沿线国家建立点对点的合作关系，提升语言在"一带一路"的服务能力。在语言科技产品方面，还有巨大开发空间，可利用互联网、大数据、信息化等手段研发语言科技产品，提升语言服务"一带一路"建设能力。

参考文献

［1］李宇明."一带一路"需要语言铺路［N］.人民日报，2015-9-28（7）.

［2］王辉，王亚蓝."一带一路"沿线国家语言政策概述［J］.北华大学学报（社会科学版），2016，17（2）：23-27.

［3］刘稚.东南亚概论［M］.昆明：云南大学出版社，2007.

［4］刘泽海.东南亚国家语言教育政策发展研究［M］.北京：社会科学文献出版社，2018.

［5］韩雪军.美国城市教师驻校模式中的本土文化学习及其启示［J］.民族教育研究，2019，30（1）：127-133.

［6］张德禄，等.多模态话语分析理论与外语教学［M］.北京：高等教育出版社，
　　　2015.

［7］张德禄.多模态话语分析综合理论框架探索［J］.中国外语，2009，6（1）：
　　　24-30.

［8］国家语言文字工作委员会.中国语言文字事业发展报告（2018）［M］.北京：商
　　　务印书馆，2018.

提高壮汉双语专业学生民族文化认同的路径

黄　平，黄洪霞

（广西民族师范学院文学与传媒学院　广西崇左　532200）

摘　要：壮汉双语专业学生承担着传承壮族文化的重任，但部分学生从读小学起，久离壮族文化环境，他们对壮族文化认同与自信不足，影响着他们承担起传承壮族文化的重任。要解决这一问题，在人才培养上，要引导他们树立正确的国家观和民族观，将壮族文化课程设置于壮汉双语专业学生新生基础课程中；利用壮族的节日，开展丰富多彩的壮族文化活动；充分利用非遗进校园活动，让壮汉双语专业学生充分了解壮族特有的民族文化；充分利用寒暑假社会实践周活动，让学生深入各自家乡有壮族文化元素区域调研；将壮族文化元素植入学生教学技能、方式、模式等专业技能中，强化学生的壮汉双语教学思维。

关键词：培养；壮汉双语专业学生；民族自信；民族认同

在壮族地区实行壮汉双语教学，是宪法精神的一种体现，是对壮族文化传承与发展的有力措施，更是保护、传承壮族语言和文字的重大举措，有利于传承和发展壮族文化。壮汉双语教师承担着引导学生传承壮族文化的重任。在多元文化发展、传统文化逐渐消失的今天，壮汉双语专业学生作为未来壮汉双语教师的主力军，如果对本民族文化了解较少，对民族文化没有认同感，没有文化自信，就不可能承担着这样的重任。

一、壮汉双语专业学生对壮族文化认识方面存在的问题及分析

（一）部分壮汉双语专业学生偏重师范技能学习，学习态度有待提高

在课程设置方面壮汉双语学生按师范专业招生，课程设置偏重师范方向，双语教学实践较少。在学生水平方面，壮汉双语专业定向培养，由各县报定向培养名额，但学生有基础差异大且部分学生学习态度不端正等问题。

（二）壮汉双语专业学生对壮族文化的了解、体验不够

部分壮汉双语专业学生较少接触壮族文化，对壮族的历史、文明进程等几乎不了解，且在大众文化等因素影响下，对壮族文化的认同度较低，对自身承担传承壮族文化的重任信心不足。

（三）对壮汉双语专业学生在认识壮族文化方面存在问题的分析

为了解壮汉双语专业学生的具体情况，笔者对广西民族师范学院2018、2019级壮汉双语专业4个班的学生进行问卷调查，共收到有效问卷107份。从调查结果看：70.96%的学生出生在农村，72.9%的学生能流利地说所在家乡的壮话；57%的学生离开家乡所在地到乡镇或县城读小学；68%的学生初中阶段在县城或市里就读；97%的学生高中阶段在县城或市里就读。总的来看，绝大部分的壮汉双语专业学生从读小学开始，逐步离开家乡，到与家乡有一定距离的县城或市区就读，除了节假日，一年中有3/4的时间在学校，远离壮族文化的"场域"，对家乡所在地的壮族文化了解不多。

近年来，随着非物质文化遗产保护力度加大，各种涉及壮族文化的活动纷纷开展。但是，能参与活动的学生并不多。

从表1看，壮汉双语专业学生从小学到高中，随着学习任务的繁重，他们参加壮族各类民俗活动的频率呈下降趋势，极少学生能经常参加活动，大多数学生从小学开始几乎没有机会参加。他们在7～18岁这一年龄段里，没能较好地接触、体验壮族民俗文化，对壮族民俗文化知之甚少，壮的的民族文化未能深刻影响他们的成长阶段。从某种层面看来，他们成长于壮族地区，但对壮族文化的了解不多。

表1　壮汉双语专业学生参与壮族民俗活动情况

参加壮族各类民俗活动的频率	小学阶段占比	初中阶段占比	高中阶段占比
经常	7.48%	4.67%	3.74%
偶尔	30.84%	27.10%	25.23%
没有	61.68%	68.22%	71.03%

从表2看，壮汉双语专业学生对壮族相关故事、传说和歌谣的了解，大部分是家人口口相传及大学时教师传授，他们在小学、初中和高中时了解较少。这也可以看出他们在这三个重要的成长阶段较少接触到壮族文化。

表2　壮汉双语专业学生听过相关壮族故事、传说和歌谣的情况

地点或读书阶段	占比
家里	64.49%
小学	33.64%
初中	20.56%
高中	25.23%
大学	64.49%

从表 3 数据对比看，壮汉双语专业学生对壮族历史、习俗了解不够深。因此他们很难对壮族文化产生自信，没有文化自信，就不可能有民族认同，也就不能在壮汉双语教学中承担起引导学生传承壮族文化的重任。

表3　壮汉双语专业学生对壮族历史、习俗了解的情况

了解程度	了解壮族历史情况占比	了解壮族习俗情况占比
完全不了解	4.67%	2.80%
比较了解	7.48%	22.43%
了解一点	87.85%	74.77%

二、坚守壮族文化与树立正确的国家观和民族观的关联

习近平总书记在党的十九大报告中指出，引导人们树立正确的历史观、民族观、国家观、文化观。应铸牢中华民族共同体意识，引导学生树立正确的国家观，培养学生深厚的国家情怀，并将这种情怀融入乡村教学工作中，融入为国家教育事业奉献之中。为学生毕业后，筑牢爱国、爱岗意识打下坚实基础，让壮汉双语专业学生"树立祖国同国家相统一、个人利益同国家利益相统一、个人发展同国家发展相统一的观念"。①

培养壮汉双语专业学生作为新时代担负民族复兴大任的角色意识，让他们正确认识国家的基本国情与历史文化传统，准确理解当今世界和中国发展的大趋势，从而对国家的发展道路充满自信，将热爱党、热爱国家和热爱社会主义统一起来。正确认识国情，充分认识乡村教育在实现全面建成小康社会、民族复兴大业中的重要作用，引导壮汉双语专业学生正确处理国家利益和个人利益的关系。国家发展是个人生存与发展的前提，定向培养壮汉双语师资，就是将国家利益和个人利益进行统一，壮汉双语专业学生只有将个人的发展融入国家和民族地区的发展过程中，才能更好地实现个人的价值，这样才能促使壮汉双语教师扎根乡村、承担农村基础教育的重任。

培养学生树立正确的民族观。要提高壮汉双语专业学生的壮族民族认同与民族文化自信，首先要让学生树立中华民族多元一体格局的观念，明确"多元"和"一体"的关系，"多元"指的是中国境内 56 个民族继承和发扬自己的民族优秀文化传统；"一体"指的是中华民族的实体，即由 56 个不同民族构成的"中华民

---

① 郭灏：《论正确的国家观及其在青年中的树立》，《北京教育（德育）》2017 年第 8 期。

族大家庭"这个整体，其核心是国家的统一。① 树立正确的民族观，包括引导学生树立"中华民族多元一体、共同奋进的民族历史观；各民族不论大小，一律平等的民族平等观；各民族谁也离不开谁的民族团结观；实现各民族共同繁荣的民族发展观"。② 要培育学生铸牢中华民族共同体意识，让壮汉双语专业学生充分认识到我国是多民族国家，各民族就像石榴籽一样紧紧抱在一起，共同在中华民族多元一体格局中发挥了重要的作用，共同在抵御侵略与民族独立事业中作出了重大的贡献。各民族团结友好，是各民族生存发展的基石。要让"各民族不论大小一律平等"的观念深入学生的心中，要特别指出各民族文化没有先进和落后之分，各民族都创造了各自悠久灿烂的文化、文明，中华文化是各民族在交流、学习和互鉴中共同融汇而成的。壮族文化是壮族人民在长期的历史发展进程中创造和传承下来的物质财富和精神财富的总和，是中华文化的一部分。只有树立正确的民族观，学生心中才没有各民族文化的优劣之分，才能正确看待民族经济社会发展过程的差距，也才能在双语教学中，做到尊重差异，包容多样，在继承和弘扬优秀民族文化中坚持正确的民族观。③

三、提高学生对壮族文化认同与自信的路径

在引导壮汉双语专业学生树立正确的国家观和民族观后，要进一步增强他们对壮族文化认同和自信，深入而多样化了解、体悟壮族文化，将壮族优秀文化所体现出的维系民族团结、民族情感的特点及元素等根植于学生的心中，让其像种子一样在学生心中生根发芽。受大众文化的冲击、人民审美观念的转变等影响，加上大部分壮汉双语专业学生长时间脱离壮族文化"场域"，使得他们在外来文化的冲击下，对壮族文化的认同与自信不高。为了更好地引导壮汉双语专业学生传承和发展壮族文化，担负起双语教学的重任，从高校的角度出发可以做好以下五个方面工作。

一是将壮族文化课程放入壮汉双语专业新生基础课程中。为帮助学生初步了解壮族文化、历史，以及壮族历史文明进程中所凝结成的优秀传统文化，可在选修课上开设壮族经典文献导读课程，通过精选壮学的重要文献（包括古文献和现当代文献）满足壮汉双语专业学生精读需求，同时结合课程开展相应的实践教学活动。比如有关壮族的考古遗迹，可以让学生直观了解壮族文化的起源，还可以将这些考古遗迹与同一时期其他民族考古遗迹进行对比，以呈现出壮族历史的

---

① 费孝通：《中华民族研究新探索》，中国社会科学出版社，1991，第 21 页。
② 吴穹：《论正确的民族观及其在青年中的树立》，《北京教育（德育）》2017 年第 8 期。
③ 同上。

悠久。抑或将民族博物馆当成学生常态化的实践教学场所。通过对壮族服饰、歌谣、文化、节日、宗教等的直观感受，促使学生了解壮族的历史文化。

二是利用壮族的传统节日，开展丰富多彩的壮族文化活动。比如围绕壮族"三月三"设置学生参与活动的实践教学内容：带领壮汉双语专业学生到非物质文化遗产传承基地制作五色糯米饭，全程参与从淘米到蒸熟的过程，并要求学生结合各自家乡的制作方法准备五色原料等进行蒸制，撰写各自家乡"三月三"活动的各个环节，探究仪式过程中蕴含的壮族文化特点。相关实践教学活动既可以让学生系统了解五色糯米饭的制作过程，又可以引导学生了解壮族的稻作文化历史及糯米在壮族各民俗民间活动、宗教活动中的作用等。实践教学活动，不仅可以让学生亲身体验，还可以让他们深入了解壮族文化特征，甚至可以让他们与其他民族相近文化作对比，探究壮族文化的特性，促使学生将对本民族文化的好奇转化为内心的认同。还可以带领学生制作绣球、春糍粑，参加各地的山歌比赛，以及参与在壮族节日穿壮族服饰、跳壮族舞蹈等其他的实践教学活动。

三是利用"非遗进校园"活动，让壮汉双语专业学生充分了解壮族特有的民族文化。结合壮汉双语专业学生所在县市的国家级、自治区级和市级非物质文化遗产保护名录，引导学生通过摄影摄像、板报和班会等形式，深度参与壮族非物质文化遗产的传承活动，深入了解这些非物质文化遗产的演变过程、当下的社会功能等，促使他们了解壮族历史文化，增进他们对壮族文化的认同与自信。除此之外，还可以邀请非物质文化遗产代表性传承人进校园，如山歌、壮族织锦技艺等项目传承人，让学生近距离看到壮族优秀文化的传承与发展。

四是充分利用寒暑假，指导学生进行社会实践周活动，让学生到家乡或有壮族文化元素的区域去调研，如参观历史古迹，参加家乡各类民俗活动，采访记录家乡文化名人、山歌歌手、非物质文化遗产传承人等，并撰写调研报告。将民族文化社会实践活动纳入学校培养方案和实践学分当中，鼓励壮汉双语专业学生以"文化持有者"的身份去亲身感受这些承载着壮族发展进程的文化和民族历史，对培养他们壮族文化意识，增强他们的民族情感将起到积极的作用。结合非遗"活态"传承的展示，让学生在饱含壮族民族文化的各类活动中培养出浓厚的壮族文化情怀。

五是将壮族文化元素植入学生教学技能、方式、模式等专业技能中，强化学生的壮汉双语教学思维。要强化学生在双语教学中对传承民族文化的认同感、自信感和责任感，通过各种壮族文化体验、训练，在具体的教学实习和实践环节中不断提升自身对壮族文化的认同感，这是壮汉双语专业学生毕业后，壮汉双语教学能在壮族地区得以实施的重要保障。

总之，学校既是壮汉双语专业学生学习教学技能、壮语知识、培养品德的场所，也是培养他们对壮族文化认同与自信的地方。对壮汉双语专业学生的培养，要从双语教学的环境、民族文化保护与传承等实际出发，采取有力措施，提高学生对壮族文化的认同和自信，以保证他们毕业后，双语教学得以顺利进行。

参考文献

［1］张海洋.中国的多元文化与中国人的认同［M］.北京：民族出版社，2006.

［2］崔海亮.国家认同、民族认同、文化认同与大学生思想政治教育［M］.北京：中国社会科学出版社，2017.

［3］苏德，林玲，袁梅，张莞，等.少数民族双语教育的理论与实践新论［M］.北京：社会科学文献出版社，2020.

［4］王文章.非物质文化遗产保护研究［M］.北京：文化艺术出版社，2013.

［5］王鉴.民族教育学［M］.兰州：甘肃教育出版社，2002.

翻转式教学模式在方言和普通话对比教学中的运用

谭群瑛

（广西民族师范学院左江流域民族文化研究中心　广西崇左　532200）

摘　要："翻转式教学模式"是近年兴起的颠覆传统教学模式的一种新型的教学模式。本文根据在普通话教学中的运用翻转式教学模式的理论依据，论述在普通话教学中的运用翻转式教学模式的意义和优势，针对普通话课堂中运用翻转式课堂教学模式的方式和方法——制作短小精悍的教学视频或网络课程、重新设计课堂学习流、课堂中转变师生视角、翻转教学模式拟解决的关键等问题进行分析和探讨。提出让学生利用网络和信息资源，提前观看视频学习，有利于优质教育资源的共享，也适合现在学生喜欢上网、看手机学习的时代特点，非常适用于现在的高校普通话教学中运用等观点。

关键词：翻转式教学；民族高校；方言和普通话对比教学

一、在普通话教学中运用翻转式教学模式的理论依据

自从 2011 年萨尔曼·可汗（Salman Khan）在 TED（technology entertainment design，美国一家私有非营利机构）大会上的演讲报告《用视频重新创造教育》中提出"翻转课堂"（the flipped class room）后，"翻转课堂"教学模式在美国受到很多学校的欢迎，传入中国后，也得到许多教学工作者的高度赞赏。所谓"翻转课堂"或者"反转课堂"，是针对老师和学生的角色而言，其意是在这种课堂教学模式中，老师和学生的角色"翻转"了。这种新型的教学模式，主要是让学生课前根据教师录制的学习视频、网络课件等丰富的教育资源进行自主学习，获取知识，在学习中提出问题，在正式课堂中把重点放在解决自主学习过程中遇到的问题和拓展运用知识上，课后可以反复观看视频，巩固深化知识。

翻转课堂和传统课堂相比，其明显的特点在于传统课堂教授知识要在课堂上通过教师的讲授完成，翻转课堂则把原本要在课堂上所讲授的知识在课前通过微视频来让学生提前学习，帮助学生完成丰富的课内概念和知识的探索。

与我国传统的课堂教学模式相比，从理论与实践看，翻转式教学模式能在课堂内外利用各种丰富的网络、传媒等信息化教育资源，让每一个学生真正成为学

习的主角。近年来，翻转课堂教学法越来越受到教育界的关注，在国外已经受到热捧和推广，国内的各大中小学也有教师在教学中利用翻转课堂教学法对课堂教学模式进行大胆的改革，从基础教育阶段到高等教育阶段，都有成功案例。

二、在普通话教学中运用翻转式教学模式的意义和优势

（一）通过多元化的渠道获取知识，帮助学生提高普通话水平

随着教学媒体和学习工具的不断升级和普及，现在的教学模式已经颠覆了传统教学的局面，教师不再是唯一的知识来源，学生可以通过手机、电脑等工具从网络上获取知识，"翻转课堂"正是顺应了这一趋势，使学生的学习渠道从单一向多元转变，丰富了学习的形式让学生获取更多的信息量，从而真正成为课外学习的主人。

翻转式教学模式在民族高校普通话教学中的运用，可以提高学生自主学习的能力。在高校应用型人才培养视域下，学生的表达能力与普通话水平密不可分。因为学生来自各地，每一位学生的母语和普通话之间的语音、词汇、语法的差异都不同，尤其是语音差异最为突出。因此在普通话的教学中，在语音、词汇、语法方面把各方言区与普通话存在差异之处进行对比教学，坚持以普通话的语音学习为主，同时根据各方言区实际情况进行词汇、语法的对比学习。翻转式教学模式能将学生带入一个新型的学习环境，帮助他们成为更好的学习者。

（二）促进师生之间的互动，激发学生学习普通话的积极性

在传统的教学中，如果教师不能用新颖的知识、动听的语言来吸引学生，渐渐学生便会对课堂失去兴趣。翻转式教学模式的突出特点就是全方位提升课堂教学中教师和学生之间的互动性，教师的角色从课本知识的呈现者逐渐变为学生学习的导演，教师可以充分利用时间和学生交流，解答学生的各种疑惑，还可以参与学生的学习小组，对学生之间的互动进行观察和推动，指导学生的学习。通过增加师生的互动，提高普通话的教学效率。

（三）让学生掌控学习普通话的主动性

翻转式教学模式是课堂教学改革的新型模式，其优点是师生可以共享优质教育资源。课前利用教学的短视频，学生可以根据自己的能力和时间灵活安排和控制自己的学习进度，在轻松愉悦的的氛围中学习；学生观看视频时可以快进，也可以倒退，思考、做笔记、向教师和同学寻求帮助等环节都可以灵活处理。因此，设计以学生为中心的"翻转"高效课堂教学就显得极为重要。

（四）改变课堂管理模式

在翻转式教学的课堂中，每一位学生都会忙于小组协作或讨论活动。那些缺乏学习兴趣的学生也会在活动中兴趣盎然。比如在方言和普通话的对比教学中，特别是在少数民族地区，在对比教学开始前，先让学生了解使用普通话交流的优势，使学生喜欢普通话，而不是害怕普通话。针对每一种方言的特点，通过多组对比视频和音频，或通过对比每一位学生的语音缺陷，使学生沉浸其中，提高其对课堂的专注度。

三、普通话课堂中运用翻转式教学模式的方式和方法

（一）制作短小精悍的教学视频或网络课程

普通话的教学视频或网络教学音频，必须短小精悍，这也是翻转式教学模式对学科视频的要求。短而精的视频便于学生使用碎片时间进行自学，提高他们的学习兴趣。视频太长会使学生产生厌烦情绪，反而适得其反。视频长度以几分钟到十几分钟为佳。比如针对壮语地区的语音特点，可以通过动画或漫画的形式制作"送气音与不送气音"声母对比、"圆唇与不圆唇"韵母对比、"平舌与翘舌"的区别、"说说一分钟的幽默笑话"等多组精练短小的教学视频，增加趣味。教学视频要突出重点内容，可以添加注释，也可以出现教师形象，比如像访谈节目式的两个教师的对话交流等，但要生动有趣，吸引学生。

制作精美的"翻转"教学视频，要兼顾不同教师、不同班级、不同学生的差异。教学视频的优点是能够让学生及时反馈学习情况，教师在制作视频时可以在视频后面设计几个小问题，让学生在课前观看教学视频后，对学习内容理解程度进行反馈，学生也可以提前进行自我检测，并对自己的课前学习情况、遇到的问题作出判断。学生对问题的回答或朗读、说话的情况，能够及时地通过网络反馈给教师，教师在课前进行汇总处理，了解学生的学习状况。

（二）重新设计课堂学习流程

民族高校方言和普通话的对比教学很适合利用翻转式教学模式进行，因为普通话课往往每个月只有 17～24 个课时，课堂上要一对一找出每一位学生的语音缺陷进行语音纠正，时间明显是不够用的。翻转式教学模式可以在课堂中最大程度地减少教师的讲授时间，增加更多的互动与学习活动时间，比如针对学生的语音弱点和课前疑问进行纠正或解答。因此，要打破传统的教学方式，重新规划学习流程。传统的课堂教学一般由两个明显的阶段构成：第一阶段是信息传递，这个阶段一般通过教师和学生、学生和学生之间的互动来实现；第二个阶段是吸收

内化，这是在上完课后由学生自己来完成。这种传统的教法在课外往往缺少学生的互动和教师的支持，如果"吸收内化"阶段对学生而言过难，就会使他们产生失落感，学习成就感明显降低。而"翻转课堂"对学生的学习过程进行了重构，其与传统教学正好相反，把信息传递阶段设在课前。课前教师不仅提供了生动的交互短视频，还可以在线进行辅导、答疑。这样教师有足够的时间提前了解学生在学习上的困惑或者困难，以便在课堂上有针对性地进行有效的辅导。而学生在课前、课中、课后相互交流，更有助于促进学生对知识的高效吸收和消化。

现在多数高校都强调培养应用型的人才，而翻转式教学模式正是培养应用型人才最好的教学方式。少数民族地区学生的普通话发音问题是声韵调带有少数民族语言色彩。各地方言或民族语言的声韵调同普通话的声韵调不尽相同，广西既属少数民族地区，又是南方方言区，语言复杂。受粤语、客家话的影响，平舌音和翘舌音不分，读不出翘舌音，或把翘舌音读成平舌音。例如，把"出差"读成"粗猜"，把"政治"读成"赠字"。受粤语的影响，舌面元音 i 和舌尖元音 –i 不分，比如北流、上思、钦州等地的学生，会把"工资"读成"公鸡"，把"自己"读成"细己"，把"老师"读成"老稀"，还出现韵头 i、u、ü 丢失和 i–ü 混淆现象。广西北流、贵港、钦州、百色等地的粤语，宾阳的客家话、壮语等，几乎没有圆唇韵母，因此说普通话时，有人会把圆唇的 ü 开头的字读成 i 开头的字，如把"金鱼"读成"金姨"，把"居民"读成"鸡民"。受湖南口音和桂北口音的影响，有些学生前鼻音 n 和后鼻音 ng 不分或混淆，或把前鼻音读成后鼻音，或把后鼻音读成前鼻音，如"晶莹"和"金银"不分，"人民"和"人名"不分。有的还出现鼻韵母的动程不够明显，鼻韵母归音不到位，甚至出现单音化现象。唇齿音 f 和舌根音 h 不分，把"开花"说成"开挖""开发"；鼻音 n 读成边音 l，把"恼怒"读成"老路"；h 和 f 混淆，把"交换"读成"交饭"，把"欢喜"读成"翻喜"，把"华语"读成"法语"；n、l 相混，如"男子"和"篮子"同音，"连累"和"年内"同音；把 n 读成 l，或把 l 读成 n，把"脑袋"读成"老袋"。针对这些现象，教师在课前都要制作视频，让学生针对自己的语音缺陷进行对照、学习、比较、模仿，在课堂中听标准读音后跟读，进行纠正。

（三）在课堂中转变师生角色

在这种翻转课堂中，教师应该从知识讲授者转变为课堂的导演、学习的引领者和指导者，让学生做课堂的主角。教师通过对教学活动的设计来促进学生的成长和发展，在课堂中能够及时地对学生进行评测，再针对问题对课堂活动的设计做出及时调整，更好地促进学生的学习。在翻转式教学模式中，每一个学生都能够进行自我的知识拓展。

四、结语

通过研究实践和尝试发现，翻转式教学模式在民族高校的方言和普通话对比教学中对学生学习普通话更有针对性，效果是非常好的。翻转课堂是目前比较前沿的教学方法，有一定的可取之处，但并非毫无瑕疵，如何确保学生课前自主学习的效率和效果是值得推究和破解的一个难题。若无法保证课前自主学习，学生就无法参与到课堂中来，那么翻转课堂就失去了意义。因此，一线教师在实践中要充分考虑各种可能，科学地进行教学。

参考文献

［1］张金磊，王颖，张宝辉.翻转课堂教学模式研究［J］.远程教育杂志,2012（4）：46-51.

［2］朱红.构建"翻转教学模式"下的高效课堂［J］.新课程学习（中),2014（1）：83.

［3］陈晓菲.翻转课堂教学模式的研究［D］.武汉：华中师范大学，2014.

［4］赵兴龙.翻转教学的先进性与局限性［J］.中国教育学刊，2013（4）：71-74.

［5］过同俭，许光新.翻转教学方式的认识与实践探索［J］.中国信息技术教育，2013（9）：57-58.

［6］赵兴龙.翻转课堂中知识内化过程及教学模式设计［J］.现代远程教育研究，2014（2）：57-63.

［7］沈书生，刘强，谢同祥.一种基于电子书包的翻转课堂教学模式［J］.中国电化教育，2013（12）：114-118.

［8］谢润姿.与方言对比的普通话教学模式初探［J］.广东技术师范学院学报，2008（10）：106-108，115.

（原载《贺州学院学报》2015年第2期）

2003—2018年广西双语教育研究统计分析
——基于知网数据的调查

杨海龙，郭　利

（广西民族师范学院左江流域民族文化研究中心　广西崇左　532200）

摘　要： 本文在搜集 2003—2018 年有关广西壮汉双语教育研究文献基础上，分析壮汉双语教育研究的成就和不足，探讨未来壮汉双语教育研究的方向，提出在未来的双语教育研究领域应该着力建设研究者队伍和平台，提高研究者的素质和能力，针对壮汉双语教育的实际问题，要集中优势兵力，形成学科研究团队和专业集群。在此基础上，建设学科研究基地，搭建双语教育研究成果展示平台。

关键词： 双语教育研究；统计分析；问题思考

一、引言

2012 年，广西壮族自治区人民政府办公厅下发了《关于进一步加强壮汉双语教育工作的意见》，提出自治区双语教育事业发展的总体要求，明确壮汉双语教育、教学工作的指导思想和指导原则，分别从完善壮汉双语教育体系、提高壮汉双语教学质量、促进壮汉双语教育学科发展三个方面部署广西双语教育工作任务。自此广西双语教育工作进入新阶段。回首近年来广西双语教育发展状况，通过总结成功的经验，分析存在的问题，对于具体落实《广西壮族自治区壮汉双语教育发展规划（2016—2020 年)》(2016) 和《广西教育事业发展"十三五"规划》(2017)，进一步推进壮汉双语教育的发展，无疑具有特殊的意义。

壮汉双语教育实践的开展，与理论界和学术界对壮汉双语教育的研究密不可分。少数民族教育事关社会的稳定、民族的发展与国家的繁荣。因此，少数民族双语教育工作的推进必须科学理性，而科学理性的前提是广泛而深入的科学研究。通过梳理近年来壮汉双语教育研究的文献资料，分析广西双语教育的研究成果，总结壮汉双语教育的问题和经验，对更好地推进壮汉双语教育科学发展具有重要价值。本文在搜集 2003—2018 年有关广西壮汉双语教育研究文献的基础上，分析壮汉双语教育研究的成就和不足，探讨未来壮汉双语教育研究的方向。

二、近年来广西壮汉双语教育研究概况

本文的文献数据来源于对知网数据库的统计，调查中分别以"广西双语教育""壮汉双语教育"为关键词进行主题搜索，共获得相关文献 51 篇。其中，博士论文 1 篇，硕士论文 10 篇，期刊论文和报纸文献 35 篇，年鉴类文献 5 篇，基本上反映了近年来广西在壮汉双语教育领域的研究成果。

通过对文献的统计分析，我们可以看到如下的情况。

（一）按照所有文献发表时间统计分析

图 1 显示了搜集的所有文献发表时间的整体态势。笔者发现，自 2003 年以来发文数量呈缓慢上升趋势，并在 2014 年前后达到一个峰值，随后表现出下降又平缓上升趋势。2013 年之前各年份的发文数量差别不明显，2014 年小峰值的出现与 2012 年《关于进一步加强壮汉双语教育工作的意见》的提出时间基本吻合，随后研究工作又进入低迷期，但从 2016 年《广西壮族自治区壮汉双语教育发展规划（2016—2020 年)》发布后开始出现转机并维持缓慢上升的态势。其中，壮汉双语的硕博论文发文时间（图 2）与整体趋势基本符合，峰值也出现在2014、2015 年，反映出研究热度与双语教育实践的推进有直接的关系。

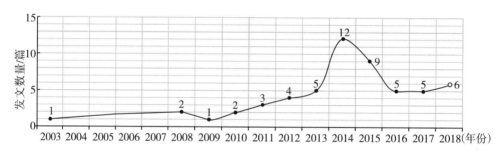

图 1　文献发表统计

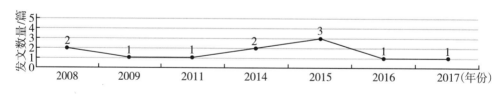

图 2　硕博论文发表统计

（二）按照研究者单位进行统计分析

从图 3 能够较为清楚地看到，壮汉双语教育的研究工作主要由高校承担，除广西高校外，也有部分区外高校对壮汉双语教育有所关注。在发文数量上广西民族大学占比 17.78%、广西师范大学占比 13.33%、中央民族大学占比 13.33%，广

西师范学院和西南大学成果均占比 8.89%。值得注意的是，广西壮族自治区教育厅发文数量也占有重要一席，发文量占比 13.33%，高于大多数院校研究成果数量。另外，硕博士论文的发文单位（图 4）与整体学术热度关注较多的机构也是符合的，广西师范大学相比之下发表论文数量更多，这与该校研究方向及擅长领域有直接关系。

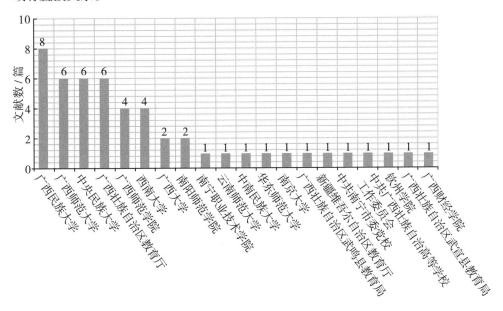

图 3　壮汉双语研究者发文单位统计

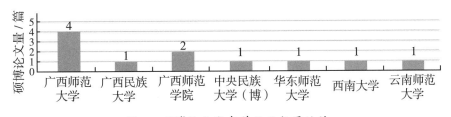

图 4　硕博论文发表单位及数量统计

（三）按论文主题内容及关注点进行分析

通过对图 5 研究成果的主题内容及关注点分析发现，研究者们的关注点呈现出多样化的趋势，按照关注点的差异，笔者对主题内容进一步归纳，发现研究较为集中的领域主要是"双语教育及双语教学""双语教育现状及发展""双语民族文化""双语教育政策""双语师资培养"等几个大的方面。其中关注度排在第一位的是"壮汉双语教育"，占总发文量的 35.56%；"壮汉双语教学"占到了33.33%，而且硕士论文的 50% 都关注于这个领域；排在第三位的是关于"现状及策略研究"的论题,占到所有关注点的 13.33%;"壮汉双语教育发展的回顾"和"双语教育的个案研究"在第四、第五位,也占到了 8.89%。这个结果跟发文机构多数是大学,较为关注教育教学理论及实践研究有关。而且在长期的双语教育实践中,研究者不断反思,渴望探寻更为适合的壮汉双语教育发展路径,也促使大家更为关注实践过程中出现的具体问题及其解决办法。

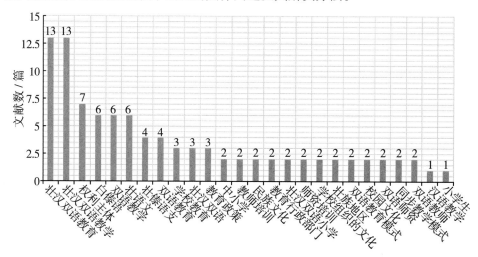

图 5   研究成果的主题内容及关注点分析

(四)按照发文期刊的来源进行分析

通过对发文来源期刊的统计(图 6),壮汉双语教育的发文刊物主要还是民族教育类刊物和广西本土的学报。其余发文均没有特定刊物和平台,刊物对于壮汉双语教育的关注度不高。

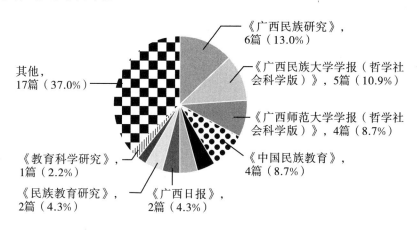

图 6   发文期刊来源分布、占比统计

三、双语教育研究内容的分析

（一）壮汉双语教育理论研究

1. 概念的阐释。教育的根本目标就是要实现个人价值与社会价值的和谐统一，达到个人发展需要与社会发展需要的同向一致。双语教育的意义就在个人与社会两者之间寻找一个平衡点和结合点，从而更好地实现个人的充分发展和社会的高效运转。双语教育界将双语教育定义为："双语教育这个术语指的是以两种语言作为教学媒介语的教育系统，其中一种语言常常是但并不一定是学生的第一语言。"它强调"一种教育系统，其课程中列有其他语言的教学科目，将不把它看成是双语系统"，把只开设语言课程的教学系统排除在双语教育系统之外[①]。腾星（2012）指出"壮汉双语教育"是指在壮族地区的学校教育中使用壮语和汉语两种语言进行教学；韦兰明（2014）在研究中更加明确地提出"壮汉双语教育是指以壮语标准音、拼音壮文和汉语普通话、规范汉字两种语言文字作为教学媒介的教育系统"。此外，张苗苗（2008）、邱静静（2009）、卢露（2015）、海路（2016）、杨胜才（2017）等在其研究中均对壮汉双语的概念进行陈述和界定。对概念的准确阐释和不偏离双语教育的经典定义，有助于确立明确的壮汉双语教育目标任务。

2. 壮汉双语教育的目标及功能。语言的价值取向不仅仅体现在其工具属性上，其文化载体功能对于一个民族来说也意义重大。因此双语教育的目标设计不能只把两种语言作为交际和思维的工具，仅仅局限于壮汉双语兼通的人才的培养上，还应该把握好双语教育最终是要实现少数民族教育质量提升这个功能性目标。腾星在分析1981年以来壮汉双语教育系统实施以来的实践过程后指出，目前壮汉双语教育目标功利化取向严重，教学内容单一，课程管理不够完善，应该实现从工具论到资源论、从单一文化取向到多元文化整合、从实验性教学到完备双语教育体系的转向。韦兰明也认为壮汉双语教育在培养壮族儿童、发展民族文化方面具有保障语言文字的权利，应利用母语开发壮族儿童智力，提高壮族地区基础教育质量和弘扬壮族传统文化综合实力，在开发壮汉双语教育过程中发挥多元功能的路径。熊婷（2017）、杨丽萍（2018）也把双语教育从工具性向资源性转化作为讨论重点，强调文化在壮汉双语教育中应该具有重要作用和功能。

3. 壮汉双语教育模式。国内双语教育一般分为民族语主导型、汉语主导型及民族汉语兼用型三类模式。袁善来在分析广西壮汉双语教育模式后指出：当前壮

---

① W. F. 麦凯、M. 西恩格：《双语教育概论》，严正、柳秀峰译，光明日报出版社，1989，第45页。

族地区在小学教育阶段完全有可能开展"三类教学模式";在初中、高中教育阶段则可以开展二类模式。如果一味地让步于主流大环境,在小学教育阶段就实行二类模式,则必然导致壮汉双语教育的失败。广西的壮汉双语教育要根据不同的语言环境、教育基础、学生的学段和后续发展、与普通教育的接轨,以及少数民族群众的意愿,从实际出发,因地制宜地采用多种类型的双语教学模式,实行分级指导,逐步推进。① 海路将壮汉双语教育模式的类型描述分为壮汉双语单文模式、壮语文主导模式、壮汉双语同步教学模式和汉语文主导模式四类。四种模式的目标呈现出从汉语言文化教育→壮语言文化教育→培养壮汉兼通人才→开发双语教育多重功能的不同内涵及时代特征。壮汉双语教育模式的发展变迁既受语言环境变化等外在客观因素的制约,也受语言使用者的语言认同、语言态度等内在主观因素的影响。目前,壮族地区的学校教育中出现了多种壮汉双语教育模式并存的良好格局。②

4. 双语课程体系的构建。课程体系建设研究成果不多,在"2016—2020 壮汉双语教育发展规划"中表述为"进一步完善《壮语文课程标准(试行)》,研究制定初中、高中壮语文课程标准,指导不同起点、不同模式的双语教学活动。制定壮汉双语课程教材建设规划,加强壮汉双语教育课程资源建设,修订编译壮汉双语同步教学模式系列教材,开发编写壮汉双语教育二类教学模式、初中必修课、高中选修课及大学壮语文教材,编译制作壮语文课外读物和音像教材,建立壮汉双语教育教材体系。加强壮汉双语教材编译队伍建设,确保壮汉双语教材的编译质量。严格执行壮汉双语教材审查程序,未经审查的教学资源不得进入学校"。韦兰明在分析壮汉双语"同步教学模式"后,指出其存在民族语文与民族文化脱节、师资状况与教学需要脱节、壮汉双语教学脱节的不足。结合当前国家和广西的宏观教育政策,提出应当建立更为科学的课程文化体系,更加注重壮族语言文化的资源属性,合理开发并充分利用其在提高民族教育质量中的作用。

(二)壮汉双语教育政策实施现状及对策研究

双语教育政策是双语教育工作得以顺利开展的保障,对于政策的研究也是学者们关注的重要问题。张苗苗(2008)从壮文教育发展变迁视角,总结了 50 年来具体语境中壮文教育发展的特点,通过对教育政策实施状况的调查分析,指出应该对壮文教育的发展方向进行预测,建设政策导向的、健康的民族教育生

---

① 袁善来:《广西壮汉双语教育发展反思》,《广西社会科学》2015 年第 5 期,第 35—40 页。

② 海路:《壮汉双语教育模式变迁论》,《广西民族研究》2016 年第 5 期,第 77—84 页。

态。邱静静（2009）针对壮汉双语教育政策执行过程中的瓶颈问题进行个案调查与分析，发现制约民族基础教育健康发展的政策执行短板，并针对性地提出疏通政策执行通道的方法和策略，为制定更适应现实发展需要的双语教育政策、保障教育公平与和谐建设提供参考；刘慧（2015）梳理了广西壮汉双语教育政策，从政策面的价值取向上分析了国家、广西、学习者对于政策价值追求上的一致性与偏差性，通过对个案的调查分析指出产生偏差的原因及调适的策略手段；宋歌（2014）通过总结广西壮汉双语教育发展的现状，从理论支撑和教育实践两个层面分析存在的问题，并针对性地提出发展对策，认为应该从政策支持、教育规划、师资教育、理论研究和民众认同五个方面加强壮汉双语教育效果；袁善来（2015）通过分析壮汉双语教育模式的变化，认为应该从制度保障、壮语文生态环境构建、壮语文工作内涵的推广深化及规划制定等方面振兴壮汉双语教育；卢露（2015）以语言权为视角，分析造成壮汉双语教育发展乏力的语言文字原因、政策及经济原因等方面的因素，提出应该与时俱进地调整壮汉双语政策规划和目标任务；杨胜才、柳劲松、苏美玲（2017）构建"内部条件、外部条件、主观绩效和客观绩效"4个维度的双语教育政策绩效评价指标体系，通过对广西区内个案的问卷调查和访谈，分析产生政策与实践未能实现效率最大化的问题所在，提出调适策略。

（三）壮汉双语教学研究

壮汉双语教育政策与规划要通过双语教学来实施，但长期以来，针对双语教学的研究屈指可数。韦家朝、韦宏（2018）在对双语课堂教学模式的研究分析中指出：广西壮汉双语教学的模式仍然是壮汉双语同步模式，较为单一，不利于目前壮汉双语教学的工作的开展；李兰艳（2018）论证了在开展壮汉双语教学过程中，合理利用心理因素将有助于双语教学氛围的营造，促进双语学习。

（四）壮汉双语教育个案研究

言志峰（2007）以百色市双语教学为观察对象，分析在壮族聚居区进行壮汉双语教学的可行性和必要性，提出应该从师资培养、办学条件改善两个方面提升双语教育的水平；农东、陆春红（2017）通过对南宁市民族教育工作的调查，认为应该做好"十三五"民族教育规划内容编制工作，加大经费投入，进一步加强少数民族聚居地区中小学农村教师特别是壮汉双语教学教师队伍建设，丰富民族教育资源。

四、壮汉双语教育研究的思考

（一）建设研究者队伍和平台，提高研究者的素质和能力

总体来说，广西壮汉双语教育研究成果不多，现有论文无论是在理论高度的论证上，还是研究体系的建构上，都不是很完整，实证调查分析也不够深入细致。研究视角仅仅聚焦于壮汉双语教育现状、实施过程存在的问题等方面进行反复探讨，很少涉及双语师资培养、教材建设等具体需要解决的问题，整体缺少新意，根本原因在于广西双语教育研究者没有形成一支学科队伍，对少数民族教育研究热情不足。很多研究者由于自身知识结构原因，无法高屋建瓴地提出有高度的观点，因而停留在对一些具体问题和现象的描述上。田野调查研究中现象罗列多，深入解读少，就数据求结论，没有把研究对象作为鲜活的社会生活现象进行观察。因此，一方面双语教育研究者既要提高自身的理论修养，又要深入双语教学第一线，观察研究少数民族双语教师和学生双语教学的实践，以积累丰富的材料，并在此基础上分析研究，得出客观的结论；另一方面要依托具有双语师资培训的院校和机构积极培育和提升一线双语教师的理论素养和研究能力，形成一支宽基础、全方位的立体研究者队伍，从而丰富各层面双语教育问题的研究内容和实践能力。

（二）从壮汉双语教育的实际问题出发，组建学科研究团队和建设交叉专业集群，集中中坚力量解决困难

壮汉双语教育学科起步晚，没能形成专业梯队，以致与壮汉双语相关和交叉的学科未能形成和谐生态。在研究中容易出现扎堆研究个别问题，而真正解决实际问题的课堂教学研究、双语教学评价体系建设、教材研发等研究成果很少。此次搜集的文献中，涉及双语教学课堂的仅有两篇，学科双语教学的没有，双语教学评价的也没有。这样一来，教学效果缺少衡量机制，制约了壮汉双语教学的持续发展。当前，壮汉双语教学的问题集中在课堂教学形式化较严重，内容上单调乏味。因此，不研究教学，就难以有针对性地解决问题，双语教育也就无法推进。主管部门应打通专家与一线教师的沟通渠道，指导一线教师开展课堂教学研究，建立科学的双语教学质量评价标准。基于此，建立壮汉双语教学生态圈，整合教材、教师、学生、学习、管理等方面的问题，找出切实可行的可提高壮汉双语教育水平的措施和办法是解决当前壮汉双语教学实际问题的关键。

（三）建设学科研究基地，搭建双语教育研究成果展示平台

在广西这样一个少数民族边疆地区，在壮汉双语教育关系边疆地区经济发展和社会和谐稳定的大背景下，在各层次院校中存在缺少专门研究机构和团队的不

利局面下，很难形成具有攻坚克难水平的研究团队，零星的研究成果在各级刊物中也很难形成一个有影响力的学术领域。广西各级学术研究刊物尽可能地在版块中表现出对双语教育研究的支持，甚至可以创建自己学科领域的研究成果发布期刊和平台。

壮汉双语教育事业的发展离不开学术研究的支持，在壮汉双语教育这个生态系统中，广泛深入地开展理论和实践研究才能为双语教育的规划、双语教育政策的制定、双语师资的培养、双语教育课程体系的建立、双语课堂教学的实施提供智力支持。因此壮汉双语教育的研究工作还需要继续大力推进。

参考文献

[1] 韦家朝，韦宏.广西壮汉双语课堂教学模式的构建［J］.教育教学论坛，2018（44）：196-197.

[2] 陈焕兰.东盟背景下实施壮汉双语教育的意义［J］.中学教学参考，2018（27）：87.

[3] 李兰艳.壮汉双语课堂教学如何渗透心理健康教育［J］.广西教育，2018（29）：28-29，34.

[4] 杨丽萍.壮族乡村学校教育与壮族文化根脉的延续［J］.教育科学研究，2018（4）：93-96.

[5] 韦杨胜才，柳劲松，苏美玲.广西壮族自治区双语教育政策绩效研究［J］.云南民族大学学报（哲学社会科学版），2017，34（5）：146-151.

[6] 黄日勇.广西壮语文发展60年回顾与展望［J］.广西民族研究，2017（4）：101-106.

[7] 农东，陆春红.发展民族教育促进民族繁荣：以南宁市为例的研究［J］.新西部，2017（21）：24-26.

[8] 熊婷.双语教育中少数民族传统文化负载的研究：基于广西壮族地区的调查［D］.桂林：广西师范大学，2017.

[9] 虎技能.广西中小学壮汉双语教师队伍建设的基本途径及发展趋势［J］.广西教育，2017（11）：82-84.

[10] 韦兰明.壮汉双语教育发展的困境与前景［J］.广西民族大学学报（哲学社会科学版），2017，39（1）：154-159.

［11］海路.壮汉双语教育模式变迁论［J］.广西民族研究，2016（5）：77-84.

［12］梁洪坤.多元文化背景下壮汉双语师资培训课程模式构建［J］.教育评论，2016（8）：115-118.

［13］卓凤.广西壮汉双语教学的案例研究：以贵港市蒙公乡古山小学为例［D］.广西师范大学，2016.

［14］李俊蓉.论壮汉双语小学的墙面文化建设［J］.亚太教育，2016（4）：21.

［15］海路.壮汉双语教育的现状、问题及对策：以广西壮族自治区武鸣县三所壮文实验学校为个案［J］.广西民族研究，2015（4）：106-112.

［16］刘婷婷.壮族聚居区学前壮汉双语教学的对策研究：以武宣县桐岭镇为例［D］.南宁：广西师范学院，2015.

［17］袁善来.广西壮汉双语教育发展反思［J］.广西社会科学，2015（5）：35-40.

［18］卢露.语言权视角下的广西壮汉双语教育实践［J］.中南民族大学学报（人文社会科学版），2015，35（3）：37-42.

［19］韦兰明.壮汉双语师资创新培训模式探究［J］.广西民族大学学报（哲学社会科学版），2015，37（3）：180-183.

［20］王洁玉.广西农村中小学教师补充机制的政策研究：以广西民族双语教育政策为个案［D］.南宁：广西师范学院，2015.

［21］韦兰明.论壮族地区民族文化课程的建构：基于壮汉双语教育模式创新的思考［J］.广西民族研究，2015（2）：165-171.

［22］刘慧.民族教育政策的价值追求及实践偏移［D］.重庆：西南大学，2015.

［23］韦树关，欧阳常青.理性的思考，深刻的把握：评《壮汉双语教育发展论》［J］.广西民族大学学报（哲学社会科学版），2015，37（1）：173-175.

［24］石才以.进一步加强壮汉双语教育工作：基于武宣县实践的思考［N］.广西日报，2014-12-16（10）.

［25］宋歌.广西地区双语教育模式的现状、问题与对策［J］.学术论坛，2014，37（11）：177-180.

［26］宁婵.民族双语教学的研究：以壮汉双语为例［J］.许昌学院学报，2014，33（5）：149-151.

［27］韦兰明.关于壮汉双语教育若干问题的思考［J］.广西民族研究，2014（4）：90-96.

［28］马文华.少数民族双语教育现状及其战略思考［J］.民族教育研究，2014，25

（3）：98-103.

[29] 覃玉兰.云南与广西壮族壮汉双语教学对比研究 [D].昆明：云南师范大学，2014.

[30] 韦兰明.广西壮汉双语教育创新与实践 [J].中国民族教育，2014（5）：27-30.

[31] 王静.壮族非物质文化遗产在小学教育中的传承：以广西武鸣县太平镇庆乐小学为个案 [D].南宁：广西民族大学，2014.

[32] 袁善来.论桂西南小学推行双语教学的必要性：以广西凌云县为例 [J].民族教育研究，2014，25（2）：73-77.

[33] 秦斌.全面深化教育改革　打造广西教育升级版 [J].中国民族教育，2014(3)：11-14.

[34] 关宇.壮族双语区域性教学策略初探 [J].佳木斯教育学院学报，2013（11）：342.

[35] 关宇.壮族双语教学策略及教育本土化、地区化初探 [J].开封教育学院学报，2013，33（4）：185-186.

[36] 滕星，海路.壮汉双语教育的价值取向及实现路径 [J].广西民族研究，2013（2）：67-72.

[37] 徐书业，罗江华.壮汉双语学习多媒体平台的构建与应用实效分析 [J].学术论坛，2013，36（4）：197-201.

[38] 王文彦.如何解决壮汉双语教学出现的新问题 [J].中国民族教育，2013（2）：32-33.

[39] 滕星.壮汉双语教育的问题及转向 [J].广西民族大学学报（哲学社会科学版），2012，34（4）：7-11.

[40] 邓彦.巴马言语社区壮汉双语接触过程探析 [J].广西民族大学学报（哲学社会科学版），2012，34（2）：172-176.

[41] 韦兰明.开展壮汉双语教育工作的思考 [N].广西日报，2012-02-21（10）.

[42] 韦筱毓.广西壮汉双语教学存在的问题与对策 [J].中国民族教育，2011（9）：26-27.

[43] 韦明耀.广西壮汉双语教学现状调查研究：以贵港市 MG 乡为个案 [D].桂林：广西师范大学，2011.

[44] 韦筱毓，梁子兰.广西壮汉双语教学存在的问题及其对策 [J].教育与教学研

究，2011，25（2）：19-21，30.

［45］陆叶.壮汉双语教学发展及其对经济文化教育等的推动意义［J］.商场现代化，2010（19）：173-174.

［50］曹红梅，李芳兰.广西壮汉双语教师语言使用、语言态度调查［J］.民族翻译，2010（2）：84-92.

［51］邱静静.壮汉双语教育政策实施的现状与对策研究：基于广西H县民族学校的调查［D］.上海：华东师范大学，2009.

［52］张苗苗.社会变迁中的壮文教育发展：以广西壮文学校为个案［D］.北京：中央民族大学，2008.

［53］蔡欣欣.陷于两难的壮汉双语教学：陷于两难的壮汉双语教学［D］.桂林：广西师范大学，2008.

对比语言学视角下的壮语教学

韦露璐

（广西民族大学文学院　广西南宁　530006）

摘　要：本文从对比语言学的角度出发，分别阐述了对比语言学与壮语教学的研究内容，重点在对比教学和壮语教学在语音、词汇、语法三个方面进行论述，对比教学中的异同点，分析二者之间的密切联系，并由此揭示对比语言学对壮语教学的重要影响。

关键词：对比语言学；壮语教学；对比教学

国内关于各种语言的对比研究非常多，在对比语言学视角下对多语教学的研究也比较成熟。其中，对外语教学的研究文章比较多，而对民族地区民族语教学的研究比较少。国内的大多数语言（包括民族语、方言等）均属于亲属语言，它们之间有较多的同源词，与汉语的差别对比外语来说较小，因此，其语言教学的方式和效果也区别于外语教学。

近年来，少数民族地区的普通话推广工作日益深入，这对民族融合、民族发展、民族团结都具有深远意义。但少数民族地区的民族语言的发展却面临一定的问题，针对这种情况，民族语的教学和复兴任务也随之提上日程。在广西壮族自治区，很多县市在原有壮语学校的基础上兴建双语学校，让学生在基础教育阶段接受民族语言的学习；一些大学也开设了壮语课程，由选修课逐步成为必修课、专业课。在民族语言的实际教学过程中，会遇到许多问题，这些问题不见得就比外语教学中的容易解决。由于壮语与汉语之间存在着特殊的共性和明显的差异性，因此，壮语的教学是极为复杂的，其过程还会涉及二语习得、对比分析、正负迁移、教学设计等诸多方面的专业问题。从对比语言学的视角，对壮语教学进行观察和分析，这对少数民族地区民族语言的传承和发展而言具有巨大意义。

一、对比语言学的定义

语言是生物进化史中顺其自然的产物，是人类独有的一种将声音和意义相结合的符号系统，也是人类日常会用来沟通和思考表达的介质。据统计，世界上已知的人类语言有5600多种。随着人们对语言领域的研究逐渐深入，语言学也作为一门独立的学科发展起来，数目庞大的语种为理论体系的构建提供了一片沃土，而语言学的理论又反过来指导人类的言语实践，同时也促进了语言文化的发展。语言学作为一门特殊的学科，其内部又发展出多个分支学科，其中就包括了对比语言学。语言对比理论的构建与不断创新，是语言科学发展的一个重要表现。许余龙先生曾给对比语言学下过这样的定义：对比语言学是语言学中的一个分支，其任务是对两种或两种以上的语言进行共时的对比研究，描述它们之间的异同，特别是其中的不同之处，并将这类研究应用于其他相关领域。对比语言学和语言学的其他分支（认知语言学、文化语言学、社会语言学等）既密切相关，又有所区别。运用对比语言学的方法和视角进行语言和语言教学研究，往往需要联系其他的分支学科。

二、对比语言学的方法

所谓的对比语言学就是利用对比的研究方法，将不同的语言放置在共同的视域下进行观察和分析。具体而言，就是利用对比的方法来分析不同语言的相同点和不同点。世界上的语言都遵循着一些普遍规律，但不同语系或不同地域之间的各种通用语和方言变体都具有自身的特点，某些语言之间并不是完全能够对应的，因此，语言之间的对比并不是完全随意的，应当具有一定范围和基础。徐余龙先生认为，语言对比的基础可以分为语言外部对比基础和语言内部对比基础。语言外部对比基础包括物质世界、语言环境、交际情境；语言内部对比基础包括语言系统、语言结构、语言规则、语法功能、语篇功能、功能负荷量。对两种或多种语言的对比，必须在此内容基础上进行，只有明确研究基础，才能确保研究具有意义和价值。

在语言对比实践中，还需要注意对比研究的一般程序，先确定对比范围，搜集相关资料和文献，根据合适的对比描述方法选择语言材料，而后进行分析对比，最后进行总结。分析对比环节可以是对语言本体的研究，包括语音、语义、语法等方面，也可以是对不同语言的语言应用、语言文化、语言影响的对比研究。

三、壮语教学的研究意义

《国家中长期教育改革和发展规划纲要（2010—2020 年）》指出：民族地区要搞好民汉双语教育，实行"民汉兼通"。我国是一个多民族国家，双语教育的施行是十分重要的，也是十分必要的。广西作为我国少数民族聚居地和少数民族自治区，开展壮语教学既是促进民族团结的必要条件，又是保护和传承少数民族语言文化的先决条件。壮语课程的开设，不仅使得壮族学生得到更好的启蒙教育，而且还有利于区域教育水平的提高，有利于少数民族地区文化脱贫工作的进行。

在语言教学方面，壮语教学研究相比起外语教学研究，时间较短，文献较少。实际上，无论是在丰富多语教学经验及理论的层面，还是在对壮族文化的保护和传承的层面，壮语的语言教学研究都具有重要意义。

对于壮语教学的研究，可以与对比语言学相结合，与认知语言学相结合，与语言教学法相结合，与教育心理学相结合，与二语习得的相关规律相结合，与民族学理论相结合，与民族地区教育发展现状相结合，等等。壮语教学的实践经验和研究成果，对其他民族地区民族语的教学实践和语言习得，具有极大的借鉴意义。

四、对比语言学与壮语教学相联系

对比是当代语言研究的一种重要手段。运用对比语言学的经典理论和方法论指导外语教学，已得到各界的肯定，教学方法也较为成熟。这些语言教学理论与方法论同样适用于壮语教学。

对比语言学相关理论在壮语教学实践中的运用，不仅让学生更容易接受壮语和汉语的差异，而且更利于教师引导学生进行双语异同研究。在壮语的习得过程中，汉语是非常好的比较对象，可以通过与汉语普通话的对比，让学生掌握壮语和汉语之间的共性和差异性，并从中发现一定的对应规律，以加深学生对壮语的接受程度。

壮语和汉语的对比教学应该从读音、词汇、语法和文化背景四个方面出发。壮语教师对壮语和汉语规律性的知识进行梳理，根据阶段性的学情及民族文化背景，可以引导学生进行不同的对比。对比语言学理论与壮语教学的结合，为找到少数民族地区普通话的推广和壮语的传承与保护工作之间的最佳平衡点提供了路径。

（一）语音对比教学

就读音上来说，汉语和壮语具有一定差异，但也并非毫无联系。汉语和壮语都属于汉藏语系，两者系亲属语言，因此两者在语音上具有许多相似点。

一是汉语和壮语都是有声调的语言。现代汉语拼音只有四个声调，古代汉语中的一些声调已经在历史演变中被弃用或者被并入其他声调中，但在人们的交际使用中，言语行为的实际声调远远不止四个。壮语有九个声调，并且长短音还具有区分意义的作用。教学过程中，师生可以就汉壮双语的声调进行对比，确定两者调类、调值的对应关系，只要是有普通话基础的人，都可以学会壮语。二是壮语中有许多的汉借词，其中有很多词仅仅是对汉语中对应的某个词的读音进行一些微调，或是将辅音浊化，或是将翘舌音取消，或是将送气音改为不送气音，或是将发音部位前移或后移等，只要掌握相对应的发音规律，看着汉字也能念出壮语。例如专有名词广西民族大学，音标为 kuɑŋ²¹⁴ɕi⁵⁵min³⁵tsu³⁵tʰʌ⁵¹ɕyɛ³⁵，壮文为"Gvangjsih minzcuz dayoz"，音标为 kwaːŋ⁵⁵ɵi²¹ min⁴²ɵu⁴² ta³⁵jo⁴²。可见，这个词在汉语和壮语中的读音是非常相似的。同时还可以引用西南官话进行第三语对比学习。在教学中，教师可以通过对比汉壮语言的相同点引导学生更快接受壮汉双语教学，同时抓住两者的差异性进行反复比较，让学生的壮语发音逐渐"壮化"，为学生的听说读写扫清障碍。

对语音对应方法的掌握，有助于学生分析出某种语言内部或几种方言变体之间的对应关系。例如，壮语内部也分为北部壮语和南部壮语，加之地理环境及自然条件的切割，同一个区域内的壮语在读音上也会有明显的不同，但它们并非任意的、不可推导的，通过对比的方法，就可以得出对应规律，由此掌握不同地区的壮语发音。

（二）词语对比教学

词汇方面，可以将汉语的构词方法引入壮语教学中，运用汉语词语的类型结构分析方法，对壮语词汇进行识别分类，使学生在壮语组词、造句的时候符合壮语的基本语法规范。

在壮语中，有很多极具民族特色的词语，需要运用联想或想象来进行理解，汉语直译不仅无法表达其中包含的丰富义项，还容易使听话人产生误解。例如，壮语词汇有一个非常有趣的构词现象，即运用人体肢体部位和其他名词组合，组成另一个具有其他意义的词语，这些词大多有趣诙谐，且易于记忆和理解。例如，壮语 Hoz 意为"喉咙"，当它和 geng、gaed、caez 等搭配时，"hoz geng"字面意思为"喉咙硬"，词义为"嘴硬"；"hoz gaed"字面意思为"喉咙紧"，词义为"恼火"；"hoz caez"字面意思为"喉咙一起"，词义为"团结"。这些词的词义组成不是每个词素意义的简单堆砌，而是对词素意义的展开和延伸。还有一些词语，直接用几个肢体部位名称相搭配，组成新的词语，例如 Din 意为"脚"，Fwngz 为"手"，而组合后的"Din fwngz"一词却是"手艺、技艺"的意思。这些巧妙的构词法，在现代汉语当中并不常见，但是也有一些联合结构的词语（如"领袖""东西""矛盾"等），有类似的结构和解释方法。

壮语中还有色彩词的活用、动词的活用等词类特殊使用方式，这些都可以是壮汉双语词汇教学中对比的重点。通过对壮语特殊构词的学习和研究，与汉语词语构词进行对比分析，可以加深学生对汉壮双语中构词异同点的理解。词汇对比学习的最终目的，是让学生学会壮语的构词法则，正确理解并使用壮语词汇，掌握壮汉双语翻译的技巧与艺术，在语言活动中能够完成壮汉词汇之间的快速转换。

（三）语法对比教学

语法这个术语有两个含义，一个指语法规律，即客观存在的语法事实；一个指语法学（知识或理论），即语法学者对客观语法事实的说明，带有主观性。所谓语法，也可以理解为词、短语、句子等语言单位的结构规律。语法能够表现出某种语言中明显的民族性，所以通过汉壮双语语法方面的对比学习，更容易掌握两种语言的民族特性。

由于语法的抽象性和特殊性，语法学习是一个复杂的问题，也是语言习得过程中一个艰巨的环节。但是相比起语音和词汇部分，语法又是一个最为稳定的内容。例如，在壮语中，定语前置是比较典型的语法现象。一般来说，壮语中的定语是放在中心语之后的，也就是"中心语 + 定语"结构，比如词语"金鸡"，壮语读作 gaeq gim，字面意思为"鸡金"；短语"猪头肉"，壮语读作 noh gjaej mou，字面意思为"肉，头，猪"；短语"死猪的肉"，壮语读作 noh mou dai，字面意思为"肉，猪，死的"。这和现代汉语使用中"定语 + 中心语"的常用结构恰恰相反，因此形成鲜明的对比，但是在古代汉语中却经常能看到定语后置的使用方式，这在一定程度上说明了壮语的语法发展是遵循或者参照古代汉语的。

在教学过程中，教师与学生可以将壮语的基本语法使用规则归纳出来，并与现在汉语、古代汉语，甚至与一些极具特色的、具有特殊使用规则的方言进行对比分析，从而引导学生在语言学习过程中由单纯的语言本体分析向探寻语言的客观规律和普适性原理发展、深入。

（四）文化背景对比

语言是文化的载体。但文化与语言不属于同一个层次：文化和语言是蕴含关系，文化是上位概念，作为文化载体的语言只是文化的一个内容。在学习一种或多种语言时，是不能跳过文化背景直接讲语言的，每一种语言都蕴含着不同的文化魅力。虽然汉语和壮语属于同一个语系，演变发展过程中两者相互影响，使用时多有借词，造句规则也多有相似，但二者还是具有许多不同的地方，这些差异从根本上也体现出壮汉民族之间的文化差异。

汉语是一定程度上是基于汉文化而产生并发展的一套独立的符号系统，壮语则是古代百越地区劳动人民祖辈流传下来的交际工具，是对壮族文化、部族文化的一种继承和改进，由此，就说明两种语言具有不同的民族性。两种语言文化背景的对比，也可以理解成对这两种语言发展史的研究。对不同语言背后不同文化背景的理解，也有利于学生从共时和历时两个方面分析不同的语言本体，找出不同语言之间的交叉点，从而总结出这些语言的发展规律。

值得注意的是，在国家大力推广和普及普通话的情况下，民族语和地方方言的使用或多或少会受到一些影响，这就要求教师在教学环节进行正确的解释及引导。壮语既是一种少数民族语言，也是中华民族多元文化中不可或缺的一部分；壮语教学并不是汉语教学的对立面，壮语教学和汉语教学一样，都在一定程度上充实了语言学及语言教学的理论和实践内容。

民族语教学和汉语教学，是传承和发展中华民族传统文化辨证统一的两个方面。学好并规范使用汉语，可以促进各个民族之间的沟通和发展，而学好壮语，不仅可以更好地满足壮族地区人们的交际需要，还可以更好地保护和继承壮族先民留下的文化瑰宝。

五、教学实践中的建议

对比语言学中诸多的理论和方法，在语言教学中的应用已越来越成熟，但仍然有深入融合的空间和可能。

笼统地说，在壮语教学实践中，教师应当充分运用对比语言学的知识，深入分析汉壮双语的异同点，帮助学生更好地掌握壮语的语音、词汇、语法架构等。而具体来说，根据学情不同，学生的认知能力和语言背景有差异，壮语授课教师还应该考虑以下两个方面。

一是针对母语不是壮语的学生。对于母语是汉语的学生，学习壮语是有一定难度的，教师应当加强学生的民族认同感，充分调动学生的学习积极性，引导其着重分析壮语与汉语的共同点，帮助其掌握一门新的语言；对于母语是其他民族语的学生，教师要引导其找出壮语与其母语之间的联系和差异，让学生在掌握理论和方法的前提下，学会自主对比出其母语与汉语之间的联系与差异。新的一门语言的学习，一般都会伴随着中介语的产生，它具有渗透性与动态性，并随着学习者的学习逐渐接近目标语。教师应当充分重视并利用中介语在语言学习中发挥的作用，以帮助学生提高壮语学习效率，减少习得过程中的负迁移，正确、科学地把控语言学习的过程。

二是针对母语是壮语的学生。对于有一定基础的壮族学生，要进行更深程度的引导，不能让其只停留在说母语的阶段，还要教会他们认识壮文，在会说会写的基础上，让学生对自己母语进行语法分析，能独立总结出壮语与汉语各个方面的异同。要着重培养学生对母语的记音能力，拓展学生的田野调研能力，使其掌握广西各地壮语语音的对应关系，使壮族学生真正成为壮语的使用者和传承人。

六、结语

综上所述，对比分析的方法在壮语教学中的运用是非常重要的，对比语言学与语言教学的关系是非常密切的。对比语言学的每一项研究成果，都影响着壮语教学的发展，而壮语教学实践中获得的所有经验教训，又反过来印证了对比语言学的理论知识，逐渐完善语言学的理论内容和教学范围，这二者相互影响，相互促进。随着少数民族地区对民族语言的保护及拯救工作开展越来越深入，壮语的学习也将变得越来越重要，壮语教学的前景也将越来越广阔，关于壮语教学和汉壮语言的对比研究也将收获越来越多的成果。

参考文献

［1］孙懿.艺术语言的言语功能［J］.佳木斯职业学院学报，2018（11）：381.

［2］许余龙.对比语言学：第2版［M］.上海：上海外语教育出版社，2010.

［3］田博.对比语言学视角下的德语教学策略研究［J］.辽宁工业大学学报（社会科学版），2016，18（3）：137-139.

［4］黄伯荣，廖序东.现代汉语：增订五版［M］.北京：高等教育出版社，2011.

［5］瞿霭堂，劲松.论文化和语言［J］.语言文化研究辑刊，2016（1）：21-37.

［6］吴磊.英语写作中中介语偏误的分析与建议［J］.智库时代，2019（9）：176，178.

广西中越边境壮族语言文化保护与传承
在壮汉双语教学中的运用及对策

黄诗婷

（广西民族师范学院左江流域民族文化研究中心　广西崇左　532200）

摘　要：本文以广西中越边境的壮汉双语教学为研究对象，对广西中越边境壮汉双语教学中壮族语言文化保护与传承的现状进行分析，总结该地区壮族语言文化的特点，具体分析目前壮族语言文化保护与传承在壮汉双语教学中的趋势，并提出促进壮族语言文化保护与传承的教学对策。

关键词：广西中越边境；壮汉双语教学；传承；对策

文化是一个民族的灵魂，是一个民族长盛不衰的源泉。壮族的语言文化作为中华民族文化的重要组成部分，保护和传承壮族语言文化是一项长期的任务。学校是学生接受民族文化及传承语言文化的重要根据地，语言是民族文化的重要载体，在学校开展壮汉双语教学对壮族地区的语言文化的发展与传承具有重要作用。培养学生的文化自信和对本民族的文化保护意识，培养适应民族地区发展需要的少数民族人才，开发少数民族学生创新思维，传承民族优秀传统文化。

一、广西中越边境壮族语言文化的特点

广西在中国与东南亚的贸易往来中起到非常重要的作用，有壮、汉、苗、瑶、侗、毛南、仫佬、回、京、水、彝等世居民族。广西壮族自治区百色市、崇左市和防城港市与越南接壤，靖西市、那坡县、凭祥市、大新县、宁明县、龙州县、防城区、东兴市8个边境县（市、区）地处中越边境，壮族人口居多，同时还有汉族、瑶族、苗族、侗族、京族、仫佬族、回族、水族、土家族等。广西中越边境地区的壮族语言文化特点与其他民族既有相同之处，也有不同之处。

（一）口头相传

壮语是由壮族人民世世代代不断积累，互相传承下来的，包含着壮族人民丰富的生活经验和雄厚的文化财富，是壮族文化底蕴的重要载体。壮族的民族语言文化通过口口相传得以不断发展，其中既有神话故事、民间歌谣，也有壮族人民作为行为准则的俗语等。壮族神话故事反映出当时壮族的社会性质、社会环境及

人与自然之间的矛盾，在这些神话故事里被赋予神奇力量成为神或半神的人物身上，寄托了壮族人民征服大自然的愿望。居住在中越边境的广西壮族自治区那坡县壮族，流传着世代传唱的民歌。即使历史发展变化莫测，他们仍能把具有本民族特色的民风朴素、婉转动听的民间歌谣保存下来，正是这些民歌的存在，那坡县享有"广西民族音乐富矿"的声誉，它的壮族民歌也被称为"活化石"。这些民歌有叙事歌、农事歌、赞颂歌和礼仪歌等，既有表现当地农民的传统的风俗习惯的，也有表达对美好生活的向往的，还有反映生活经历的，等等。通过优美动听的旋律和壮族独特的腔调及语言去表达壮族文化的整体意境，是壮族远古歌谣文化的遗留。壮语俗语也是壮族语言文化的重要组成部分，是壮族人民在社会生产活动中创造出来的。壮语俗语在内容上巧妙地运用了比喻、夸张、对仗等修饰手法，具有简洁明快、形象生动、富有韵律、朗朗上口的特点。壮语俗语是壮语文学作品中的精髓，同时也是壮族人的行为准则。无论是神话故事、民歌还是俗语，这些壮族语言文化通过代代口头相传保存至今，最能体现出该地区语言的文化特色。

（二）种类多样

广西是多民族聚居地，民族语言使用范围较广。语言的多样性是广西重要的文化财富和文化名片。广西中越边境除了壮族，还有其他少数民族。所谓一方水土养一方人，不同民族居住在不同环境、不同的区域中，会说不同的语言，每一种语言都反映出本民族独特的语言文化，这些民族的语言特色汇成一条永不干涸的文化长河。

（三）民族词逐渐被代替

广西中越边境大部分地区壮语属于壮语南部方言，壮语最大的特点就是保留了很多古老的民族词汇。这些地区 40 岁以上的壮语使用者几乎不用汉语借词，而年轻一代在普通话普及的影响下，在使用自己民族语的过程中，增加了很多汉语借词，古老民族词汇慢慢被汉语借词替换，甚至消失。有些幼儿阶段的壮族孩子的父母开始让自己的小孩放弃自己本民族的语言，他们认为学习壮语已经没有用了。这些情况会导致壮语的使用在年龄段上出现断层现象，这对壮语语言使用较少的民族地区来说，限制了壮语语言发展空间，难以抵御外来文化冲击。

二、广西中越边境壮汉双语教学中壮族语言文化保护与传承的发展趋势

广西中越边境是一个多民族杂居的地区，民族语言丰富，除了与本民族的人

接触，该地区壮族人民还会与其他民族往来，过程中会出现双语或者多语交流，使得本民族语言文化更复杂；加上中越语言文化接触频繁，在国际化和现代化的背景下，如何在壮汉双语教学中做好壮族语言文化保护和传承工作是值得我们关注的问题。目前，广西中越边境在壮汉双语教学中壮族语言文化保护与传承的发展趋势主要有以下三个方面。

（一）壮汉双语学校的增设

学校是学生接受教育的地方，也是学生接受传统文化并有意识地传承传统文化的地方。广西中越边境部分地区开始重视双语教学的开设，从 2019 年秋季学期起，平果市壮汉双语学校在原有平果县希望小学、凤梧镇中心小学的基础上增加到 7 所，新增太平镇中心小学、耶圩中心小学、新圩小学、袍烈小学、凤梧镇堆圩中心小学 5 所学校。这些开展壮汉双语教学工作的学校，在教授汉语课程的同时，将增设壮语课程作为普通科目进行教学。壮汉双语学校的增设意味着将有更多少数民族学生能够熟练掌握并应用两种语言，在积极推广和普及普通话的同时，让学生切身体会壮族语言文化与汉族语言文化的差异，在教学中培养学生保护民族文化的意识，增强民族认同感。在双语教学过程中，以壮语、汉语两种语言展开教学，将每一个学生培养为双语双文化人才，不仅有助于改善学生的学习思维，促进学生自身的发展，对于该地区的语言文化保护和传承也有着重要的意义。

（二）壮汉双语专业教师队伍的增加

合格的壮汉双语教师，特别是优秀的壮汉双语教师对推行壮汉双语教学具有重要意义。对教师自身而言，以壮语为媒介开展壮族语言文化的教学，不仅需要具备扎实的双语基础，还要具备将自身的知识通过教学模式传授给学生，将壮族的语言文化融进所教科目，以学生为中心，使学生具备保护和传承壮族语言文化的能力。近年来，高校在少数民族语言人才培养方面的投入只增不减，从事民族语言教育或者民族科研的教师队伍也在逐年扩大。位于广西中越边境的本科院校——广西民族师范学院，自 2018 年起开始从壮汉双语乡镇招收高中优秀毕业生，定向培养专科层次的小学壮汉双语教师，学制为三年。与其他师范专业的学生不同，壮汉双语师范生在这三年内享受学费、住宿费全免的优待，并且还享有一定的生活补贴。这些学生中，广西中越边境乡镇的学生占多数，这对广西中越边境壮族语言文化的传承具有重要意义。除了加强高校人才培养，通过集中对该地区选派的壮汉双语骨干教师开展民族理论、基础教育、民族文化教育及专业知识等专题培训，同样是提升壮汉双语教师教学水平的有效途径。壮汉双语教师不仅是汉族语言文化的传播者，还是壮族语言文化传播者，更是决定学生能够保护与传承壮族语言文化的关键因素和民族文化得到保护和传承、民族教育事业进步的重要标志。

（三）壮汉双语微课的使用

对学生而言，汉语作为国家通用语言，是每个学生在未来发展中必不可少的交流工具；壮语是民族文化传承的重要载体，也是广西中越边境壮族学生日常交流的基础语言。课堂上课是学生接受知识的基本方式。微课作为一种新兴的线上课堂模式，是指授课者经过精心的教学设计，围绕某个知识点或教学环节开展的简短、完整的以视频形式展示的教学活动，是学生在课堂以外的地方获取专业知识的方式之一。微课的特点是课时短、知识点精练，不受空间和时间的限制。在经济较发达的乡镇双语学校，微课正逐步以课外预习或者课后补习的方式进入学生的日常生活。新媒体的产生，给教学方面带来了便利，广西中越边境的少部分壮汉双语教育教师也开始使用微课辅助学生学习。教师在制作微课的过程中，了解学生需要解决什么问题，从学生的角度出发去设计微课内容，在教学设计的基础上，结合学生在壮汉双语学习中遇到的问题，达到授道解惑的目的，学生也以新的方式接受壮族语言文化。

三、促进壮族语言文化保护与传承的教学对策

无论是传统的教育还是壮汉双语教育，城乡教育差异是普遍存在的问题，教育差异大，导致偏远少数民族地区对双语教育的认知不足，不利于壮语在双语学校的推广。近年来，广西中越边境少数民族地区以双语教育为代表的民族教育进步明显，有较大的发展空间。城市学生与农村学生都拥有同等受教育的权利，但部分农村地区的教育水平相对落后，很难拥有城市已有的教学条件，以至于整体区域双语教育水平难以提升。无论是城市地区还是农村地区，在某些硬件设施无法在短时间解决的情况下，我们应设想在软性条件上进行提升，如在教学课程、教师教学方式及媒体传播等方面加大建设力度。

（一）增加民族文化课程

汉语、英语等语言仍是当今学校学生语言学习的主流，从教育整体而言，授课内容在满足本校教学大纲要求下，广西中越边境壮民族地区可以适当发展与本地区壮族相关的特色课程。壮汉双语教学不能仅局限于开设一门汉语课和壮语课，可以以双语为媒介开展教学，让学生能够将双语熟练地应用到民族体育、音乐、美术等科目中。除了理论课，也可以尝试开展关于壮族特色工艺的实践课，

将本民族现有的文化现象与理论体系结合起来，利用壮族文化学习壮族语言文化；增设民族文化科目的考核体系，在考核中检验学生学习情况，促进学生的民族个性的发展。在高校中，这些课程增设可以让双语教育方向的师范生具备关于双语教育技能方面的能力，使广西中越边境的壮族语言文化更好沿着传与承的方向发展，从根本上解决教师资源缺乏及教师的学历、资历不合理的问题。通过师范类院校的专业教育和培训，建设一支满足广西中越边境壮汉双语教育的实际要求且具有双语教学能力的优秀师资队伍十分有必要。

（二）以"壮"学"壮"

民族语言是民族文化的载体，广西边境壮汉双语民族学校的双语教师在进行双语教学过程中，要把壮族语言文化的保护和传承作为教学目标，了解学生的民族背景，制定符合多数学生学习的教学方案，使中越边境的壮族语言文化的传承保持本地区的民族特性。同时结合本地区现有的优秀壮族语言文化，学校可以定期邀请本地区壮族语言文化传承人到学校开展本民族语言文化方面的展示，吸引更多的壮族学生对本民族文化产生兴趣。利用广西中越边境地区民族语言文化资源丰富的优势，以该地区的"壮"去学习标准"壮"。双语教师肩负着重要的责任，不仅要充分利用学校平台传播，还要结合青少年成长阶段，利用青少年价值观形成的最佳时期，培养出具备民族语言文化发展需要的民族人才，继续传承壮族语言文化。

（三）利用媒体传播

广西中越边境少数民族地区地理位置较偏，经济和文化比不上发达地区，为了传承优秀壮族语言文化，学校相关部门及相关协会可以结合青年一代学生的兴趣爱好，借助多媒体等新兴传媒，鼓励学生对壮族语言文化进行挖掘和传承。广播是传媒的代表之一，广播播放的内容流传速度快、范围广，在大多数小学、初中、高中以及大学校园中，课余时间播放普通话和英语广播并不少见。实施壮汉双语教学的学校可以专门成立一支壮汉双语广播队伍，在原有的校园广播的基础上增加壮语广播，让壮汉双语教学走出课堂，面向全校，借助广播力量来传播壮族语言文化，促进壮汉民族语言文化交流，让非双语教育或非壮族学生了解和感受壮族优秀的语言文化，展示壮族语言文化的重要性和存在意义。这也在一定程度上增强壮族学生的民族归属感、民族荣誉感及壮汉民族之间的团结，促进校园文化多样性的发展，提高壮族学生对壮族语言文化保护与传承的积极性。

四、结语

　　广西中越边境壮族语言文化保护与传承在壮汉双语教学过程中是一项艰巨而又具有重大意义的任务，对壮族语言文化的保护不仅需要考虑民族周边的文化环境和学生自身发展的需要，还要面对生活在共同区域的不同民族各自的特点，这都是实施教学对策时需要考虑的因素。壮汉双语各种教学手段的顺利实施，需要各民族地区团结合作，从长远利益出发。广西中越边境的壮族的优秀语言文化要得到保护和传承，更需要学生学习更多的文化知识，要把保护和传承壮族语言文化事业当作自身使命，努力实现该地区壮汉双语教学的特色，努力实现广西中越边境壮族语言文化的可持续发展。

参考文献

［1］韦兰明.论壮族地区民族文化课程的建构：基于壮汉双语教育模式创新的思考［J］.广西民族研究，2015（2）：165-171.

［2］尚巾斌.民族杂居区民族语言的文化保护与功能传承［J］.贵州民族研究，2017，38（7）：230-233.

［3］刘妍.广西高校双语教学的现状分析［J］.民族高等教育研究，2018，6（3）：29-35.

语言文字研究

崇左"三套集成"的编撰及其借鉴意义

何明智

（广西民族师范学院左江流域民族文化研究中心 广西崇左 532200）

摘 要： 崇左（20世纪80年代属南宁地区）各县市编撰的"三套集成"，是古壮字使用情况的集大成者。其编撰的意义，不仅在于文本的记录和流传，还在于从中学习、运用和普及方言壮文和标准壮文。研究包括左江土语区在内的壮语南部方言送气音的特性，有助于左江土语区壮族学习和使用方言壮文。

关键词： 崇左"三套集成"；壮语南部方言送气音；方言壮文

"三套集成"包括《中国民间故事集成》《中国歌谣集成》《中国谚语集成》。其最早是在1979年冬由当时中国民间文艺界的三位泰斗——钟敬文、贾芝和马学良第一次提出构想。至1984年，文化部、国家民族事务委员会和中国民间文艺家协会签发《关于编辑出版〈中国民间故事集成〉〈中国歌谣集成〉〈中国谚语集成〉的通知》，由此拉开了全国编撰"三套集成"的序幕。之后，在部分专家的倡导下，"三套集成"总编委会决定，在原定编撰省卷本的基础上，增加编辑县卷本。崇左（当时的南宁地区）各县市积极响应上级号召，多方筹措人力物力，最终如期完成县卷本的全部编撰工作。

一、崇左"三套集成"编撰的特点

根据当时的理念及相关通知的规定，各地"三套集成"一般按统一的文本格式和编排格式进行编撰。尽管如此，崇左各县市的编撰工作仍然根据自身所拥有材料的特点，编出了独具特色的作品——崇左"三套集成"，这是古壮字使用情况的集大成者。

崇左一带的古壮字在实际运用中可分为古体古壮字和今体古壮字两种。田野调查结果表明，崇左各县市除龙州县的金龙镇、大新县的下雷镇外，其他少数地区目前仍保留和继续使用古体古壮字和今体古壮字。据《古壮字字典》所载，古体古壮字"是壮族先民在长期的生活生产斗争中仿效汉字"六书"的构字方法创造并不断发展形成的一种民族文字"，以象形字、会意字、形声字、借汉字等形式完成思维的表达。至于古体古壮字产生于何时，学界一般以唐永淳元年（682年）澄州刺史韦敬辦所撰写和立下的《六合坚固大宅颂》碑为起点，因此碑文中有方块壮字出现。但《古壮字字典》的序言部分写道："这是一个尚待学术界考究的问题，现在尚难定论。"而《从壮汉古籍探析傣音古壮字的历史与传承》一文，则从《诗经》《酉阳杂俎》等典籍中所出现的疑似古壮字切入，力证"傣音古壮字当在西周初年到春秋中期之前就已经成形流通。先秦时期，壮族民间的平民百姓都已熟练地运用傣音古壮字来标注汉字。唐代时期傣音古壮字已经广泛流通了。到了宋代时，傣音古壮字在更多的文人文献里出现，如范成大的《桂海虞衡志》、庄禅的《鸡肋篇》和周去非的《岭外代答》等古籍中皆有大量的傣音古壮字出现。到了清代，傣音古壮字成为左江流域壮族布傣民间的神话、故事、传说、经书、歌谣、药方、碑刻、家谱、契约、教科书等生活领域的主要文字，在民间广泛流传"。

而在已流传上千年的壮族山歌中，部分山歌已失传近半个世纪，很多山歌已经自然消亡，无法搜集，有的则残缺不全。但在这些山歌需要重新编排时，尽管已无法使用原汁原味的古体古壮字记载，却能借用汉字即今体古壮字进行记写、传播，从而展示出古壮字强大的生命力。在这些用纯汉字（今体古壮字）所记载的山歌中，以凭祥山歌为例，尽管全部使用汉字来记载，但在辨读时仍需认清哪些汉字是用译音、哪些用谐音、哪些借用汉音、哪些用字义、哪些一字多用（即在不同的语言环境读不同的音），读者只有充分熟悉这些"语法"，才能读懂。此外，有两个字需要特别说明，一个是"企"字，代替"挚爱"；另一个是"攸"字，代替阿妹。这两个字既不是用音，也不是用义，而是依前人习惯沿用至今。

在龙州县搜集到《孤儿苦叹歌》，其搜集时间为1987年，搜集地点在八角乡四平村，搜集者为农林。农林时年20岁，当时的搜集工作受限，如龙州县金龙乡（今为金龙镇）一带的古壮字歌谣多以"迷信"的面目出现，其各种民间的仪式歌种多不符合当时搜集栏目中的"劳动歌""时政歌"等任何一项。在崇左"三套集成"搜集过程中，金龙的古壮字歌谣未被纳入搜集范畴，故只能在金龙以外的地区搜集民间歌谣，且搜集者水平有限，他们仅可对歌谣记音而无法重现原装古壮字——

哥苦下来想黑央（哥苦下来自叹穷）
夜睡偷哭米人天（夜晚偷哭无人懂）
有死丢刘能小（父母死去我年幼）
到处去由两地芒（只好到处去谋生）
恩日去在吃地短（一天一地吃一餐）

曲岁去在地两月（一年一处住两月）

内刘亦米后帮靠（今日我无依无靠）

正叩庙堂去提香（只好上山当庙公）

借用汉字来表达古壮字字义的做法也并非现代才出现，在越南李朝与陈朝时期文人编辑的民间故事集、杂凑中国古籍的越南中古志怪小说《岭南摭怪》一书中，就有很多直接借用汉字的古壮字。其中的《鸿庞氏传》有言："民有事则扬声呼龙君曰：'逋乎何在？不来以活我些。'龙君即来，其显灵感应，人莫能测。"逋，汉语词汇，汉语拼音读 bū，形声字。"辶（辵 chuò）"为形旁，"甫"为声旁。逋本意为逃亡，也引申指逃亡在外的人，另引申有拖欠、拖延之意，如"逋租宿债勿复收（沈约《宋书》）"。在古壮字或岱喃字中，"逋"被借用为"父"或"大佬"的意思。

大新县下雷镇的古壮字因搜集时间较早，受人为的"政治"因素的影响较少，故歌谣中的古体古壮字（其中又以经书类歌本为主）能保存下来。以《巫经》为例，其记写情况如下：

密籾个桄龐（一粒米像果那么大）

汤籾个桄每（一穗稻谷的颗粒有梅子那么大）

提密籾罗啥（拿一粒米放进嘴里）

羚密籾罗患（拿一把谷粒撒出去）

贫三百姓籾（分成三百种稻谷名称）

不鲁朴民齐（不知道把它们全部播种）

不鲁枝民度（不知道怎样全部栽种它们）

值得注意的是，《苦叹歌》和《巫经》都出现了"叩"字，但在前者中表示"进入"，而在后者中表示"大米"。前者因是纯粹的借汉字，故以"叩"字出现；后者为古体古壮字，遵循六书中形声字造字的基本原则，最终以"籾"字的面目出现。这种情况在天等县的歌谣中随处可见，以《选妻》为例，其记写情况如下：

勦刀勦麦好（选刀选利刃）

羻妑羻妖盟（选妻选壮妻）

壨圣底立荷（坐在屋檐下）

瞀竖哝努噉（越看越入迷）

二、崇左"三套集成"的借鉴意义

（一）全民性的壮语普及活动

"三套集成"的编撰是史无前例的巨大工程，是经过采录者、县市、地区再到省的层层筛选，尽可能地挖掘和保存了散见于各地的民间资料文本。但因其部分篇目人为整理的痕迹较重，其本真性一直被质疑。更因其"侧重展示的是一个有机整体中的'文本'部分，对传承人、受众、表演情景、传承时空、社会结构和文化传统等活态的、立体的因素少有关注"而渐受冷落。尽管如此，就崇左各地的"三套集成"而言，其诸多可圈可点的做法至今仍起到极为重要的借鉴作用。

由于材料的缺失，当时崇左各县市在人力和物力方面的投入情况不得而知，但可从其他地区的材料中佐证当年的盛况。据西藏山南地区的一份总结材料显示，在"三套集成"整个工作环节中，山南地区可谓不遗余力。尤其在财力和物力方面，规定地县财政必须在财力有限的情况下拨出专款，从物质上保证集成工作的顺利开展。在具体业务工作上，地区文物抢救办公室以"集中兵力打歼灭战"为指导思想，组织精干的业务人员在两年内走遍 12 县，严格按"科学性、全面性、代表性"的原则搜集各类品种的原始资料。山南地区 12 个县先后投入500 余人，共行走 1600 余公里，采访 3100 人次，普查了 110 个乡，基本完成约294 万字的县卷本。其中《山南地区民谣集成》第一分册 13.3 万字，《山南地区民间故事集成》第一分册 12.9 万字，《山南地区谚语集成》第一分册 9 万字。

相形之下，崇左各县市在人力和物力方面的投入并不比山南地区少，所取得的成就亦不比山南地区低。更让人惊叹的是，崇左各县市的"三套集成"除一般的搜集、汇编成册之外，由于各类歌谣（含部分谚语）均采用方言壮文的方式对所搜集到的各类文本进行注音，如前文提到的《苦叹歌》的方言壮文注音为：

dojgo nongznaz sieng haek ywenh

gwna nonz laeg hae mij gwenh

boz miz haih doek laeuz naengz seij

daujcwj baeh youz diz songhmwngz

anhvaenz baeh yuj ginh diz donj

guo bih beah yuj songh mbwenh

neiy laeuz yiz nij laengh banghgauj

cingj gaeu miuzdangz baeh daex yiengh

《选妻》的方言壮文注音为：

Lweg dauj lweg mag ndaez

Haj baz haj meh maengh

Maengh youq daw laez haz

Leh ndaez nungz ndaez nengh

其他的文本如谚语，也对个别完全采用古壮字记写的句段进行方言壮文注音，如流传在天等县各地的民间谚语：要岜列衙下，要八列母代（买地看是否长茅草，娶妻看岳母面貌）。注音为：Aeu maz leh nya naz, aeu baw leh meh daij。流传于天等县进结镇结安村一带的谚语：品毒梅开鸡，人多梅讲事（下雨不卖鸡，人多不谈事）。注音为：Pwnj doeg buh kaij gaeg, gwna lai buh gang saeh。从实际的搜集整理过程看，崇左各县市"三套集成"的参与者，无论是搜集者还是翻译者（记录在册者，最年轻的 18 岁，最年长的 50 多岁），只需经过简易的壮语记音训练，即能轻松自如地使用壮文这一工具对各类版本进行注音。同时，将整理后的文本反馈给原歌提供者时，原歌提供者也能轻松自如地辨认出搜集者或翻译者所记的音正确与否。从这一角度上说，将"三套集成"活动视为一场轰轰烈烈的全民性壮语普及活动也毫不为过。

（二）方言壮语的记音特点

壮语南部方言属壮语方言之一，在区域划分上可分出左江、德靖、砚广 3 个典型土语区，自称有土话、侬话、岱话等种类。由于该方言区在地域上与越南接壤，语言上与国外相应的 Tho 族、Nong 族、Tay 族可通。

左江土语分布在广西崇左的江州、天等、大新、宁明、龙州和凭祥等地。操本土语的人口约有 209.96 万（2017 年），占当地总人口的 89.43%，他们自称为"本地人"或"土人"。

左江土语在语音上有自己的特点，主要表现为：有送气的清音声母 ph、th、phj、khj、khw 等；长高元音带韵尾时，不带过渡音（但大新县部分地区带过渡音）；汉语借词中多了一套颚化音声母 tj、thj、θj、lj；在声调方面，同调类的字在各地的调值比较一致；本土语有一些特殊词，如 min^2 "他"（龙州县），其用法在其他方言区中没有相同用法。

据覃晓航的观点，包括左江土语在内的壮语南部方言送气音的产生的原因是借自汉语送气音词、复辅音中有擦音成分以及地域条件制约壮语南北方言送气音的形成。历史上，自秦始皇统一岭南后设南海郡、桂林郡、象郡，临尘县（今崇左）即为象郡的治所。据《后汉书》记载："光武中兴，锡光为交趾，任延守九真……建立学校，导之礼义。"锡光、任延因此被认为是首开岭南华风的两位太守。在这样的背景下，壮语在历史发展的过程中有机会吸收大量汉语词汇，同时汉语中又有大量的送气音词汇，因此壮语南部方言在发展过程中逐渐融入送气音，其大部分为汉语借词不足为奇。因壮语南部方言与汉语关系密切，左江土语区的壮族人民学习和使用方言壮文并不费力。

三、结语

20世纪80年代初,民间文学界的一大批有识之士,面对社会转型时期中国现代化与传统文化的激烈碰撞,怀着高度的文化自觉,发起了一场大规模的文化遗产保护行动,将民间口传文化编成人们今天看到的具有广泛研究价值的4000多卷县卷本内部资料和已出版的90卷省卷本的巨著——"中国民间文学三套集成",即《中国民间故事集成》《中国歌谣集成》《中国谚语集成》。就崇左各县市而言,除龙州县的金龙镇和大新县的下雷镇目前还残存和使用古体古壮字外,其余地区的古体古壮字已经基本绝迹。崇左"三套集成"的编撰,成为各县市古体古壮字最后的有形可见的文本,记录文本的生命力不在于作品本身的流传,而在于不断被阅读和学者的学术话语之中。崇左"三套集成"编撰的意义,不仅在于文本的记录和流传,还在于从中学习、运用和普及方言壮文和标准壮文。因此,今天的壮语语文教育,仍然参照"三套集成"的模式,引导学生有意识地去搜集、整理一些民间的山歌、故事等,编写成类似乡土教育类的壮汉双语相对照的小册子。如此,既能提高学生的动手能力,又可增加学生的学习兴趣,当壮汉双语的教育越来越有意思,有发展前景时,会有越来越多的人才被吸引进来,进而投身其中。

参考文献

[1] 广西壮族自治区少数民族古籍整理出版规划领导小组办公室.古壮字字典 [M].南宁:广西民族出版社,2012.

[2] 农瑞群,何明智.从壮汉古籍探析傣音古壮字的历史与传承 [J].广西民族师范学院学报,2016(5):76-80.

[3] 谭璐.当"三套集成"遭遇语境研究:兼论文本研究的当下与未来 [J].民族文学研究,2015(3):5-11.

[4] 丹丹.山南地区"三套集成"基本完成普查、搜集工作 [J].西藏艺术研究,1991(3):83-84.

[5] 覃晓航.壮语南部方言P' t' K' 的来源 [J].中央民族大学学报,1995(4):82-87.

[6] 万建中.《中国民间文学三套集成》学术价值的认定与把握 [J].广西民族大学学报(哲学社会科学版),2010(1):84-88.

湘桂边苗话 XA 式状态形容词比较研究 *

王巧明

（广西民族师范学院文学与传媒学院　广西崇左　532200）

摘　要： 湘桂边苗话是以湘桂边界青衣苗为语言使用主体的一种归属未定的汉语方言。该方言与周边其他汉语方言一样存在 XA 式状态形容词，但数量不多。其构成成分 X 和 A 都与湘方言具有较高的相似度。

关键词： XA 式；苗话；状态形容词

一、引言

　　湘桂边界的广西壮族自治区桂林市龙胜各族自治县、资源县和湖南省邵阳市绥宁县、城步苗族自治县、新宁县等地的苗族（青衣苗）人民说的是一种归属待定的汉语方言。李蓝（2004）根据城步苗族自治县五团苗族的自称将其定名为"人话"，定性为"民汉语"，认为这是一种少数民族汉语，郭晓芹（2010）、阳柳艳（2013）、胡萍（2018）等也支持这一观点。除了"人话"和"平话"的自称，城步苗族自治县汀坪苗族自称为"团里话"（李蓝，2004），新宁县的麻林和黄金两乡的瑶族自称"峒话"（胡萍，2018）。虽然各地自称不一，但使用该语言的主体民族为苗族，其他民族多称之为"苗话"，且主要分布在湘桂交界地带，本文为称说方便，称之为"湘桂边苗话"。

　　方言里的 XA 式状态形容词的基本功能是表示高程度量，一般都可以翻译成"很 A"，如"焦生、捞轻、信白"，意思是"很生、很轻、很白"。据龚娜（2011）统计，XA 式状态形容词在官话、湘语、赣语、客家话、徽语中均有分布，湘桂边苗话也有此类状态形容词。本文选取广西壮族自治区桂林市龙胜各族自治县伟江乡、资源县车田苗族乡，湖南省邵阳市城步苗族自治县五团镇、兰蓉乡及绥宁县关峡苗族乡这 5 个点进行调查。

　　* 基金项目：2021 年度广西哲学与社会科学规划课题"桂湘边苗族平话程度范畴特殊表现形式深度调查研究"（批准号：21FYY014）；2021 年度广西民族师范学院博士科研启动项目"广西车田苗族'人话'研究"（编号：2021BS009）。

二、湘桂边苗话里的 XA 式状态形容词

龚娜（2011）以 136 个形容词语素为基础，对湘方言的 XA 式状态形容词进行了详细的调查研究。为方便与湘方言进行比较研究，本文以这 136 个形容词性语素为基础对湘桂边苗话进行详细调查，收集到各点的 XA 式状态形容词如下：

伟江乡（8 个）：梆紧｜焦清｜焦生｜焦干｜焦□ iai⁴⁴ 湿｜拉粗｜捞松｜捞轻

车田苗族乡（31 个）：滴苦｜梆硬｜包粉｜绯红｜焦干｜焦青｜焦清｜焦润｜焦生｜拉薄｜拉瘦｜拉粗｜拉脆｜拉稀｜捞空｜捞轻｜捞松｜令光｜令尖｜令燎｜麻直｜墨黑｜喷香｜清臭｜清甜｜铁紧｜铁新｜铁重｜稀烂｜稀散｜斩齐

五团镇（26 个）：巴硬｜梆紧｜绯红｜焦干｜焦青｜焦清｜焦生｜拉薄｜拉粗｜拉脆｜拉碎｜拉稀｜拉细｜捞空｜捞轻｜捞松｜令光｜令尖｜麻直｜劈陡｜铁紧｜铁新｜稀烂｜稀散｜信白｜斩齐

兰蓉乡（19 个）：梆紧｜梆硬｜绯红｜焦干｜焦青｜焦清｜焦生｜拉粗｜拉稀｜捞空｜捞轻｜捞松｜令光｜令尖｜麻直｜且新｜稀烂｜稀散｜斩齐

关峡苗族乡（23 个）：kun²¹³ 浊｜ma⁵⁵ 直｜笔陡｜冰清｜绯红｜共黄｜焦干｜焦生｜捞粗｜捞空｜捞轻｜捞松｜令光｜令尖｜溜青｜溜清｜抹黑｜清苦｜清甜｜稀烂｜稀泻｜雪白｜斩新

以上数据想必还有遗漏，但应该不多。总体上，湘桂边苗话的 XA 式状态形容词不发达。最少的伟江乡仅收集到 8 个，最多的车田苗族乡只收集到了 31 个，五团镇、兰蓉乡、关峡苗族乡都在 20 个左右。

5 个点均出现的 XA 式状态形容词共 4 个："焦干""焦生""捞轻""捞松"，有 4 个点出现的共 6 个："焦清""捞空""拉粗""令光""令尖""稀烂"。这 10 个 XA 式状态形容词可以看作是湘桂边苗话内部一致性较高的。

与湘桂边苗话接触比较多的汉语方言主要是湘语娄邵片和西南官话桂柳片。从目前的研究来看，西南官话的 XA 式状态形容词是较少的。据龚娜（2011）统计，《柳州方言词典》只收录 5 个 XA 式状态形容词。邓丽（2011）整理出桂林话 XA 式状态形容词共 33 个，如下：

梆硬｜梆紧｜胖臭｜胖酸｜胖苦｜胖涩｜死慢｜死笨｜死重｜死懒｜死犟｜稀烂｜稀碎｜稀冷｜斩新｜斩平｜斩齐｜焦黄｜焦黑｜焦干｜精瘦｜骏黑｜飘轻｜溜光｜驹咸｜驹甜｜驹臭｜菲薄｜寡青｜扎白｜蜡黄｜丁咸｜□［lin⁴⁴］精

其中以"死"为"X"的有 5 个，本文认为这 5 个中的"死"是程度副词，应该排除在 XA 式状态形容词之外，桂林话常见的 XA 式状态形容词共 28 个，数量不多。湘桂边苗话的 XA 式状态形容词在数量上与桂林话差不多。

拥有大量的 XA 式状态形容词是湘方言的一个特点。据本文统计，有详细调查材料的湘方言点，XA 式状态形容词均在 100 例以上。为更好地与湘方言进行比较，本文又以这 136 个形容词语素为基础，对在湘桂边界分布较广的新化话的 XA 式状态形容词进行了调查。调查代表点为龙胜各族自治县江底乡建新村，共收集到"新化话"的 XA 式状态形容词 145 条，由于数量较多，此处不赘。

从总数上来说，湘桂边苗话的 XA 式与湘方言的相差很大。但逐个进行比较，情况则大不一样。去除各点均出现的重复项，5 个点一共有 52 个 XA 式状态形容词，其中有 38 个与龙胜各族自治县的新化话一样，分别是"信白""雪白""拉薄""清臭""捞粗""拉脆""劈陡""包粉""焦干""令光""墨黑""绯红""共黄""令尖""梆紧""铁紧""捞空""滴苦""稀烂""斩齐""焦青""捞轻""焦清""冰清""焦润""稀散""焦生""捞松""拉碎""清甜""拉稀""拉细""喷香""稀泻""斩新""梆硬""令燸""麻直"，约占总数的 73%，具有很高的相似性。与桂林话相同的只有 4 个，即"梆紧、梆硬、焦干、稀烂"，占总数的 8%。

三、XA 式状态形容词中的 X

本文将在 5 个点收集到的 XA 式状态形容词进行汇总，共计 107 条，为方便进行内部比较，在对语素"X"进行统计时，不去除重复项，括号里的数字为语素或词语出现的次数，数据如下：

以下为语素 X 出现 2 次以上的 XA 式状态形容词：

焦（19）：焦干（5）｜焦生（5）｜焦清（4）｜焦青（3）｜焦润（1）｜焦□iai⁴⁴_湿（1）

捞（15）：捞轻（5）｜捞松（5）｜捞空（4）｜捞粗（1）

拉（14）：拉粗（4）｜拉稀（3）｜拉薄（2）｜拉脆（2）｜拉瘪（1）｜拉碎（1）｜拉细（1）

令（9）：令光（4）｜令尖（4）｜令燸_脆（1）

稀（8）：稀烂（4）｜稀散（3）｜稀泻（1）

铁（5）：铁紧（2）｜铁新（2）｜铁重（1）

梆（5）：梆紧（3）｜梆硬（2）

绯（4）：绯红（4）

清（4）：清甜（2）｜清臭（1）｜清苦（1）

斩（4）：斩齐（3）｜斩新（1）

麻（3）：麻直（3）

溜（2）：溜清（1）｜溜青（1）

以下为只在某点中出现 1 例的 XA 式状态形容词：

kun²¹³浊 ¦ ma⁵⁵直 ¦ 巴硬 ¦ 包粉 ¦ 笔陡 ¦ 冰清 ¦ 滴苦 ¦ 共黄 ¦ 抹黑 ¦ 墨黑 ¦ 喷香 ¦ 劈陡 ¦ 且新 ¦ 信白 ¦ 雪白

在湘桂边苗话里构造 XA 式状态形容词最活跃的语素 X 是 "焦、捞、拉、令、稀"。107 条 XA 式状态形容词，不同的语素 "X" 共有 28 个，其中含语素 "焦" 的 19 条，含语素 "捞" 的 15 条，含语素 "拉" 的 14 条，含语素 "令" 的 9 条，含语素 "稀" 的 8 条，排前 5 位的 X 共计 65 条，占总数的 60.74%。 "焦、稀" 也是在桂林话里构造 XA 式状态形容词较活跃的语素。

本文收集到 145 条龙胜新化话的 XA 式状态形容词，充当 X 的语素共计 46 个，排名前 5 位的是 "拉" 30 例、"稀" 19 例、"捞" 16 例、"焦" 7 例、"令" 5 例，与湘桂边苗话 XA 式状态形容词中排名前 5 位的语素 X 相同，只是出现次数的排位不同。即使在湘方言内部，新老湘语的一致性也没有这样高。以新湘语衡阳话为例，本文收集到衡阳话 XA 式状态形容词共 109 例，其中排名前 5 的语素 X 分别是 "眯、绷、精、稀" 各 6 条，"丁、寡、焦" 各 4 条，与龙胜新化话 XA 式状态形容词相同的只有 "稀""焦" 2 个语素。

由于湘方言的 XA 式状态形容词比较丰富，研究的学者也比较多。学者们对于 X 的性质主要有三种意见：第一种认为 X 是实语素，如伍云姬（1999）、曾毓美（2001）、彭兰玉（2005）等；第二种认为 X 是词缀，如张小克（2004）、陈永奕（2008）、龚娜（2011）等；第三种认为要具体情况具体分析，不可一概而论，如彭小球、罗昕如（2015）等。本文赞同第三种观点，并对湘桂边苗话 XA 式状态形容词中充当 X 的 28 个语素进行了具体分析，情况大致如下。

（一）X 意义明确

墨黑 ¦ 麻直 ¦ 雪白 ¦ 冰清 ¦ 笔陡 ¦ 斩新 ¦ 斩齐 ¦ 劈陡 ¦ 喷香 ¦ 绯红

这类 X 的语素义是比较明确的，X 多为名词性语素，如 "墨黑、麻直、雪白、冰清、笔陡" 等。其次为动词性语素，如 "斩齐、斩新、劈陡" 等。X 在 A 之前作描摹性状语，大多可以理解为 "如 X 一样 A"，例如，"麻直" 意为 "如麻一样直"，"劈陡" 意为 "如劈过一样的陡峭" 等。由于 XA 式使用频率较高，使得一些原本并非状中结构的词语，在类推力量的作用下，也变成了状中结构，如 "喷香" 原本为动宾结构，"绯红" 原本应为并列结构，现在也应理解为偏正结构，其语义重心已变为 "香" 和 "红"，而 "喷" 和 "绯" 的意义已经被虚化，仅用于摹状和表示程度量。

（二）X 在部分词中意义明确

稀泻｜稀散｜稀烂

铁重｜铁紧｜铁新

焦干｜焦生｜焦润｜焦清｜焦青｜焦□iai⁴⁴湿

这部分 X 在某些词语中可以解释，如"稀泻、铁重、铁紧、焦干"可以分别解释作"因稀而泻""如铁一样重""如铁一样紧""又焦又干"等，但在另外一部分词中意思已经非常晦涩，如"稀烂、铁新、焦生、焦青"等，不好再强作解释，只能理解为表摹状和表程度量的功能性词缀。

（三）X 意义不明

拉细｜拉稀｜拉碎｜拉脆｜拉粗｜拉瘪｜拉薄

捞松｜捞轻｜捞空｜捞粗

令慒｜令尖｜令光

清甜｜清苦｜清臭

溜清｜溜青

梆硬｜梆紧

巴硬｜ma⁵⁵直｜kun²¹³浊｜共黄｜滴苦｜包粉｜信白｜且新｜抹黑

这部分的 X 从字面上已无法看出其意思，其词汇意义基本完全虚化，所以 X 的摹状功能也大为减弱，主要功能是表程度量。

四、XA 式状态形容词中的 A

本文在湘桂边苗话的 5 个点共收集到 XA 式状态形容词 107 个，如果各点重复的条目只算 1 个，删除重复条目共计 52 个。充当这 52 条 XA 式状态形容词的 A 的形容词语素为 40 个。本文从认知角度，以主要认知感官对这 40 个形容词语素进行分类：

视觉：浊｜清｜粗｜新｜烂｜空｜尖｜光｜直｜稀｜散｜齐｜陡｜薄｜泻｜细｜碎｜瘪｜黑｜白｜红｜黄｜青｜生

触觉：松｜紧｜轻｜干｜硬｜脆｜重｜慒｜润｜清｜□iai⁴⁴湿

味觉：甜｜苦｜粉

嗅觉：香｜臭

从以上分类可以看出，湘桂边苗话能进入 XA 式状态形容词中形容词性语素 A 都是通过人的感觉器官就基本可以认知的事物属性。

把邓丽（2011）收集的 28 个 XA 式状态形容词中的 A 也进行分类：

视觉：黄｜黑｜青｜白｜碎｜新｜平｜齐｜瘦｜光｜薄｜烂

触觉：硬｜紧｜冷｜干｜轻
味觉：酸｜苦｜涩｜咸｜甜
嗅觉：臭

桂林的情况与湘桂边苗话也大体相同，能进入 XA 式状态形容词中的形容词性语素 A 都是通过人的感觉器官就基本可以认知的事物属性。

湘桂边苗话中能进入 XA 式状态形容词的 40 个形容词语素也均可进入龙胜新化话的 XA 式状态形容词，并且龙胜新化话能进入 XA 式状态形容词的形容词性语素比湘桂边苗话的要多得多，本文调查的 136 个形容词性语素有 85 个可以进入 XA 式状态形容词。

五、结语

XA 式状态形容词在湘桂边苗话里不发达，最少的伟江乡只有 8 个，最多的车田苗族乡也只有 31 个。这些 XA 式状态形容词的构成成分 X 和 A 与湘方言具有高度的相似性，这是内部独立发展的产物还是长期与湘方言接触的产物，还有待进一步深入研究。

参考文献

［1］陈永奕 . 长沙方言单音形容词生动式研究［D］. 广州：暨南大学，2008.

［2］邓丽 . 桂林话的状态形容词［J］. 桂林师范高等专科学校学报，2011,25（2）：6-10.

［3］龚娜 . 湘方言程度范畴研究［D］. 长沙：湖南师范大学，2011.

［4］郭晓芹 . 龙胜伟江苗话研究［D］. 桂林：广西师范大学，2010.

［5］胡萍 . 语言接触与湘西南苗瑶平话调查研究［M］. 长沙：岳麓书社，2018.

［6］李蓝 . 湖南城步青衣苗人话［M］. 北京：中国社会科学出版社，2004.

［7］彭兰玉 . 衡阳方言语法研究［M］. 北京：中国社会科学出版社，2005.

［8］彭小球，罗昕如 . 湖南益阳方言 XA 式状态形容词考察［J］. 湖南大学学报（社会科学版），2015（4）：105-110.

［9］伍云姬 . 语音要素在词汇语法化进程中所担任的角色：湖南方言实例剖析［A］// 伍云姬 . 汉语方言共时与历时语法研讨论文集 . 广州：暨南大学出版社，1999.

［10］阳柳艳 . 龙胜苗族"人话"研究［D］. 南宁：广西民族大学，2013.

［11］张小克 . 长沙方言的"bA 的"式形容词［J］. 方言，2004（3）：274-283.

［12］曾毓美 . 湘潭方言语法研究［M］. 长沙：湖南大学出版社，2001.

武鸣壮语平比句研究

马慧蓉

（广西民族大学文学院　广西南宁　530006）

摘　要： 平比句是表示比较主体和比较基准在某一特质上乃至整体上具有相同点或相似点的比较句类型。本文选取属壮语北部方言邕北土语区的在广西南宁市武鸣区西北部的广西南宁华侨投资区为方言点，以武鸣壮语平比句为研究对象，对武鸣壮语平比句进行分类，并从句法方面对其主要构成要素进行分析。

关键词： 武鸣壮语；平比句；构成要素；句法

一、引言

比较是人们认识世界的一种工具和方法，是世界上各种语言都存在的一种语法现象。通过比较，人们才得以感知世界万物之间的普遍性和特殊性。比较自然要有两个及两个以上的对象才比得起来，正如 Dixon（2008）所言："人类语言的典型比较图式是指比较两个参与者在与他们相关的一些可分级属性上的程度。"这两个参与者的存在形成比较的基础。本文把比较的一方称为比较主体（comparee），也称比较前项，把另一方称为比较基准（standard），也称比较后项；用于为双方作比较的词叫作比较标记（comparative marker），也称为比较词；双方比较后所得出的结果叫作比较参数（parameter），也称比较结果。为方便表述，本文将比较主体记作 X，比较基准记作 Y，比较标记记作 CM，比较参数记作 P。例如：

1.te^{24} θaːŋ^{24} kwa^{35} tak^{33}kou^{42} te^{24}. 他比他舅舅高。

他　高　过　舅舅　他

X　P　CM　　Y

2.ɣoːk^{55}tiŋ^{24} ɕau^{35} paːk^{35}θaːu^{35} huːŋ^{24} to^{42}toŋ^{31}. 客厅和厨房一样大。

客厅　　和　　　厨房　　大　相同

X　　CM$_1$　　Y　　P　CM$_2$

平比句是比较句的一种类型，但人们对它的研究较少。Haspelmath 和 Buchholz 对"平比（平等比较）"和"同比（类同比较）"作了区分，"平比表达相同的程度，同比表达相同的方式"。事实上，平等比较和类同比较在实际使用中很难区分。因此，本文不区分二者，而统一使用"平比"这一术语。刘炎认为，平比是比较主体与比较客体在某一方面具有相同或接近的量度。平比，重点应该落在"平"上。平，寻求比较双方在某些特质或某一方面乃至整体上的等同或相似；比，是指通过对两个及两个以上有可比性事物的比对，得出它们在某一性质或状态上的异同或高下。

通过分析并总结前人的观点，笔者认为，平比句是用来表达两个及两个以上的参照物在一定情况下具有可比的特质，突出它们在某些方面乃至整体上的相似、相近或相同的比较结构。下面从句法方面对武鸣壮语平比句进行分析。

二、武鸣壮语平比句的类型

Chappell 和 Peyraube 对汉语平比句进行考察，将汉语平比句分为两类：一是'compare'type-dependent marked；二是'surpass'type-head marked。另外，Haspelmath（2017）从类型学角度对世界的 119 种语言进行考察，总结出平比结构的五个构件，并根据比较标记的不同提出了六种平比句（equative construction）类型：一是单用基准标记；二是兼用程度标记和基准标记；三是主体与基准统一，兼用程度标记；四是用"达到 – 相等"概念动词为主要谓语；五是用"达到 – 相等"概念动词为主要谓语，加主体与基准；六是用"达到 – 相等"概念动词为次要谓语。参考 Chappell、Peyraube 及 Haspelmath 的分类，结合壮语的比较句特点，从比较标记切入，本文将武鸣壮语平比句分为联合型、相似型、达到型三个小类，具体介绍如下。

（一）联合型平比句：$X+CM_1+Y+P+CM_2/X+CM_1+Y+CM_2+P$

武鸣壮语联合型平比是指比较标记 $çau^{35}$（和）或 $toŋ^{31}$（同）连接比较主体和比较基准，构成联合名词词组。此外，$çau^{35}$（和）或 $toŋ^{31}$（同）还与程度标记 $to^{42}toŋ^{31}$（相同）/ $ça^{24}ɓau^{33}ko^{33}la:i^{24}$（差不多）/ $to^{42}lu^{33}$（相似）/$ʔit^{55}ji:ŋ^{55}$（一样）搭配使用，构成固定的比较格式。其中不同比较标记的使用会引起比较参数位置的变化。

1.$ʔan^{24}wa:n^{33}nu:i^{42}$ $çau^{35}$ $ʔan^{24}$ gau^{24} $çaɯ^{42}$ $nɯŋ^{35}$ $huŋ^{24}$ $to^{42}toŋ^{31}$.

  碗   这 和 个 我 买 那 大 相同

这个碗和我买的那个一样大。

2.$an^{24}taŋ^{35}nu:i^{42}$ $çau^{35}$ an^{24} $nɯŋ^{35}$ ki^{33} $θa:ŋ^{24}$ he^{33} $ça^{24}$ $ɓau^{33}$ $ko^{33}la:i^{24}$.

  凳   这 和 个 那 的 高 差 不 多少

这个凳子和那个（凳子）差不多高。

3.ti:u³¹pu³³ nu:i⁴² ki³³ θak⁵⁵ he³³ ɕau³⁵ ti:u³¹ nɯŋ³⁵ to⁴²lu³³.

　衣　这　　颜色　　和　条　那　相似

这件衣服和那件（衣服）的颜色相似。

4.ɕe³³la:u⁴² ɕau³⁵ ko²⁴ha:i³³ ʔit⁵⁵ji:ŋ⁵⁵ pjo:m²⁴.

　大姐　和　海哥　　一样　　瘦

大姐和海哥一样瘦。

5.ɕe³³la:u²⁴ tok³³ θaɯ²⁴ toŋ³¹ po⁵⁵luŋ³¹ θa:m²⁴ ʔit³³ji:ŋ⁵⁵ du:i²⁴.

　大姐　读书　　同　伯父　　三　　一样　好

大姐读书同三伯父一样好。

6.ka:i³⁵ɣu:i⁵⁵ nu:i⁴² toŋ³¹ ka:i³⁵ nɯŋ³⁵ ɕa²⁴ ɓau³³ ko³³la:i²⁴ kwa:ŋ³⁵.

　块地　　这　同　块　那　差　不　多少　宽

这块地同那块差不多宽。

（二）相似型平比句：X（+P）+CM+Y

相似型平比是壮语平比句中最常用也最典型的表达。一般是以相似义动词
lu³³（像）充当比较标记，表比较主体在某一方面与比较基准类似。lu³³和语气词
ni 连用，表"像……一样"，ni 在句中充当程度标记，起到强调的作用，它一般
会随着说话人语气的强弱自然出现或隐去。

1.te²⁴ θa:ŋ²⁴ lu³³ ta⁴²po⁵⁵ te²⁴.

　他　高　像　父亲　他

他像他父亲（一样）高。

2.ko²⁴fai⁴² nu:i⁴² huŋ²⁴ lu³³ ti:u³¹ te:n³⁵ka:n³³ ni³³.

　树　这　大　像　条　电杆　一样

这棵树粗得像根电线杆。

3.kan²⁴ lu³³ wa:i²⁴ ni³³.

　勤　像　牛　一样

像牛一样勤奋。

（三）达到型平比句：X+P+CM+Y/X+CM+Y+P

达到型平比句主要是以达到义动词充当 CM，即根据比较的不同点，通过不
同的动词表比较主体在某一方面上达到了比较基准的数量或程度等。这类词有
mi³¹（有）、toŋ³¹（同）、piŋ³¹（平）、pan³¹（成）、ta:ŋ³⁵（等于）。这些词都有一个
共同点，即都表示 X 向 Y 的方向发展，并达到了 Y 的程度。因此称这类句子
为达到型平比句。

1.ki³³ jaɯ³⁵ dauɯ²⁴ɣuːi⁵⁵ θaːŋ²⁴ piŋ³¹ ko²⁴ʔoːi³³ lo³⁵.

　的　草　地里　高　平　甘蔗　了

地里的草长得平甘蔗高了。

2.ki³³ hau⁴² kau²⁴ ɕam⁵⁵ toŋ³¹ ki³³ muɯŋ³¹ lam⁴² ɣoŋ³¹puːi²⁴ piŋ³¹ put³³put³³.

　的　稻子　我　也　同　你　倒　下去　　平平的

我的稻子也同你的（一样）倒下去平平的。

3.tak³³luɯk³³ ʔi³⁵ te²⁴ mi³¹ an²⁴ taːi³¹ θaːŋ²⁴ lo³³.

　儿子　小　他　有　个　桌子　高。

他的小儿子有桌子高了。

4.kik⁵⁵ pan³¹ mau²⁴ ni³³.

　懒　成　猪　一样。

像猪一样懒。

5.fuɯn²⁴pit⁵⁵ taːŋ³⁵ ɕoŋ²⁴keːm³⁵，θai³³ pan³¹laːi²⁴ ɕeːŋ⁵⁵ ku³³ma³¹.

　鸭毛　如　韭菜　拣　那么　干净　做什么

鸭毛等于韭菜，拣那么干净做什么。

三、武鸣壮语平比句主要构成要素分析

前文提到，比较句主要由比较主体（X）、比较基准（Y）、比较标记（CM）、比较参数（P）四个主要要素构成。下文将从句法方面对这四个要素进行分析和研究。

（一）X 和 Y 的句法分析

在壮语平比句里，比较主体 X 有可能是一个词，也有可能是一个短语，比较基准 Y 也同样如此。二者在句法上是平行的，因此本文将二者放在一起讨论。二者多由以名词、代词为主的名词性短语构成，有时也由以动词为主的谓词性短语构成。

1.X 与 Y 为名词性短语

（1）me⁵⁵laːu⁴² ɕau³⁵ ta⁴²koŋ²⁴ ʔit⁵⁵jiːŋ⁵⁵ pjoːm²⁴.

　奶奶　和　爷爷　　一样　瘦

奶奶和爷爷一样瘦。

（2）ki³³ tin²⁴ muɯŋ³¹ lu³³ ki³³ kau²⁴.

　脚　你　像　我

你的脚像我的。

（3）te²⁴ ʔaːi³⁵ piŋ³¹ muɯŋ³¹ θaːŋ²⁴ lu³⁵.

　他　大概　平　你　高

他大概跟你一样高了。

在例（1）中，主语 me^{55}la:u^{42}（奶奶）和 ta^{42}koŋ^{24}（爷爷）都是名词。此处，联合型平比句的 X 和 Y 被联结起来，形成联合词组来充当句子主语。例（2）的主语 ki^{33} tin^{24} mɯŋ^{31}（你的脚）是个偏正词组，包含比较双方所要比较的事物 tin^{24}（脚），ki^{33} 是一个不定量词，后跟代词或名词表一类人或事物。但在 Y 中，省略了比较的点，ki^{33} kau^{24}（我的）被当作 X 的参照物，表 X 的长度与 Y 的相类似。例（3）的主语 te^{24}（他）和宾语 mɯŋ^{31}（你）都是代词，表 X 在高度上达到 Y 的程度。但相对于单个名词或代词，X 和 Y 在实际表达中更倾向于使用短语。当 X 和 Y 属于同一类事物，此时主语部分可以合并，一般多由偏正词组、同位词组等来充当。如以上三例可以分别转换成：

（4） θo:ŋ^{24} pau^{42} nu:i^{42} ʔit^{55} ji:ŋ^{55} pjo:m^{24}.

　　　 两 　个 　这 　一样 　瘦

这两人一样瘦。

（5） ki^{33} tin^{24} ɣau^{31} to^{42} lu^{33}.

　　　 的 　脚 　我们 　相似

我们的脚相似。

（6） θo:ŋ^{24} pau^{42} θau^{24} ʔa:i^{35} θa:ŋ^{24} to^{42} toŋ^{31}.

　　　 两 　个 　你们 　大概 　高 　　相同

你们两个大概一样高。

此外，在部分平比句中，X 在一定语境下可以省略，并且能通过联系上下文来确定主体从而理解句子意义，这时后面的程度标记不能省略。如：

（7） çau^{35} ta^{42}po^{55} te^{24} ʔit^{55} ji:ŋ^{55} kan^{31}.

　　　 和 　父亲 　他 　一样 　　勤

和他父亲一样勤快。

（8） ɗa:t^{35} lu^{33} fu:i^{31} ni^{33}.

　　　 热 　像 　火 　一样

热得像火一样。

（9） ŋaɯ^{31} pan^{31} mau^{24} ni^{33}.

　　　 笨 　成 　猪 　一样

和猪一样笨。

2.X 与 Y 为谓词性短语

（1） ta^{55}koŋ^{33} çam^{55} toŋ^{31} ɗam^{24}na^{31} ʔi:t^{55}ji:ŋ^{55} kɯk^{33} ɣe:ŋ^{31}.

　　　 打 　工 　也 　同 　种田 　一样 　辛苦

打工就和种田一样辛苦。

（2）te²⁴ ɕiːŋ³⁵ko²⁴ lu³³ tai³³ ni³³, ho³³tiŋ³⁵ ʔi³³ɣaːi²⁴.

  他 唱歌 像 哭 一样，难听 要死

他唱歌像哭一样，难听得要命。

（3）ŋon³¹nuːi³¹ fun²⁴tok⁵⁵ ɕam⁵⁵ huŋ²⁴ toŋ³¹ ŋon³¹poːn³¹.

  今天 下雨 也 大 同 前天

今天下的雨跟前天的一样大。

例（1）构成主语的两个动宾短语 ta⁵⁵koŋ³³（打工）、ɗam²⁴ na³¹（种田）主要表 X 和 Y 的辛苦程度是一致的。例（2）中 X 是主谓短语，主语是 te²⁴（他），谓语是 ɕiːŋ³⁵ko²⁴（唱歌），Y 是动词 tai³³（哭），表主语唱歌的难听程度与哭相似。例（3）中 X 是主谓短语 ŋon³¹ nuːi³¹ fun²⁴ tok⁵⁵（今天下雨），在这里 Y 也应该是一个主谓短语，但为了避免重复使表意更简洁，ŋon³¹poːn³¹fun²⁴tok⁵⁵（前天下雨）中的 fun²⁴ tok⁵⁵（下雨）被省略。这样的省略在壮语表达中十分常见。

（二）CM 的句法分析

比较标记 CM 是比较句的标记词，可分为基准标记和程度标记。Bisang（1998）认为汉语的"像……那么""有……那么""跟……一样"是典型的平比结构，并认为程度标记与基准标记是平比结构的基本组成要素。基准标记如英语的 than、日语的 to 等；程度标记如英语的 more、日语的 onaji 等。有些语言只有基准标记而没有程度标记，但目前还没发现单用程度标记而没有基准标记的语言。因此，Haspelmath（2017）提出了"No language has only a degree-marker, leaving the standard unmarked"（没有哪种语言只有一个程度标记，且不对比较基准做标记）的看法。根据武鸣壮语平比句实际情况，本文认为壮语既有基准标记，也有程度标记，且武鸣壮语平比句三个类型中的 CM 各有其特点。

1. 联合型平比句的 CM

武鸣壮语联合型平比句的 CM 为基准标记 + 程度标记。基准标记：ɕau³⁵（和）、toŋ³¹（同）；程度标记：to⁴²toŋ³¹（相同）、ʔit⁵⁵ jiːŋ⁵⁵（一样）、to⁴²lu³³（相似）和 ɕa²⁴ɓau³³ ko³³ laːi²⁴（差不多）。在日常表达中，人们更倾向于使用 ɕau³⁵ 来连接比较双方，toŋ³¹ 的使用频率较低。当 ɕau³⁵ 作为基准标记时，以上这四个程度标记都能与之搭配，并构成较为固定的比较格式。

（1）ʔan²⁴ taːŋ²⁴ muɯŋ³¹ ɕau³⁵ ʔan²⁴ te²⁴ huŋ²⁴ to⁴²toŋ³¹.

  个 身体 你 和 个 他 大 相同

你的身体和他的一样大。

（2）ʔjoːm³⁵ wai³⁵, ʔan²⁴ ɗɯːn²⁴ ɕau³⁵ ʔan²⁴ puːn³¹ ʔit⁵⁵ jiːŋ⁵⁵ luːn³¹.

    看   喂   个 月亮 和 个 盘 一样 圆

看啊，月亮和个盘子一样圆。

（3）ki³³ pjaːi³³ te²⁴ ɕau³⁵ pau⁴² me⁵⁵ he³³ to⁴² lu³³ liːu⁴² puːi²⁴.

    走 她 和 母亲 相似 完 去

她走路的姿势和她妈妈的十分相似。

（4）tu³³ waːi³¹ nuːi⁴² ki³³ kot⁵⁵ he³³ ɕau³⁵ tu³³ mɯŋ³⁵ ɕa²⁴ ɓau³³ ko³³ laːi²⁴.

    牛 这 骨架 和 只 那   差 不 多少

这只牛的骨架和那只牛的差不多。

学术界将这类词语称为"和"类虚词。赵元任（1979）认为，汉语同等比较的明比形式"X 跟 Y 一样 A"中的"跟"（同、和）可以用作介词，也可以用作连词。参考他的说法，平比句里的基准标记可以是介词，也可以是连词。当它是介词时，表与 Y 相比的话，X 达到 Y 的程度或拥有 Y 的性状；当它是连词时，则表示 X 和 Y 都具有相同或相似的程度或性状。程度标记通常由是副词来充当，一般用来修饰 P，表示 X 和 Y 在相似、相近或相同等程度的高低。同样的，壮语用 ɕau³⁵ 这一语法形式来表达介词、连词两个语法功能。这二者之间又是什么关系呢？吴福祥提出，在 SVO 型语言中"伴随介词＞并列连词"是伴随介词的重要演变类型。壮语属于 SVO 型语言，因此本文推断，壮语 ɕau³⁵ 的衍生方向也是"伴随介词＞并列连词"。

（1）kau²⁴ ʔi³³ ɕau³⁵ mɯŋ³¹ puːi²⁴ hau²⁴.（介词）

    我 要 和 你 去 街

我要和你上街。

（2）te²⁴ puːi²⁴ ɕau³⁵ me⁵⁵ taːi²⁴ kwe³³ hau⁴².（介词）

    他 去 和 外婆   割稻谷

他去和外婆割稻谷。

（3）wun³¹ laːu⁴² ɕau³⁵ lɯk³³ ȵe³¹ ku⁵⁵ heːn²⁴ ɣaːn³¹ he³³.（连词）

    老人   和   小孩 做   守家

老人和小孩负责看家。

（4）ta⁴² po⁵⁵ haŋ³³ ɕau⁴² pja²⁴ ɕau³⁵ no⁵⁵ mau²⁴.（连词）

    父亲 喜欢 买 鱼 和   猪肉

父亲喜欢买鱼和猪肉。

那么，ɕau³⁵（和）、toŋ³¹（同）在武鸣壮语联合型平比句里是介词还是连词呢？韦景云、覃晓航（2006）提出了区分方法：它前后位置的词能互换而意义不变的是连词；它单独在句首出现或前有其他词作状语时是介词。验证如下：

（1）te^{24} ɕau^{35} po^{55} te^{24} θaːŋ^{24} to^{42}lu^{33}.

　　　他　和　爸　他　高　　相似

他和他爸一样高。

⇒ po^{55} te^{24} ɕau^{35} te^{24} θaːŋ^{24} to^{42}lu^{33}.

　爸　他　和　他　高　　相似

他爸和他一样高。

（2）koːn^{33} pit^{55} kau^{24} ɕau^{35} koːn^{33} tak^{33} ɕaːi^{24} ɕa^{24} ɓau^{33} ko^{33} laːi^{24}.

　　笔　我　和　支　特才　　差　不　多少

我的笔和特才的差不多。

⇒ koːn^{33} tak^{33} ɕaːi^{31} ɕau^{35} koːn^{33} pit^{55} kau^{24} ɕa^{24} ɓau^{33} ko^{33} laːi^{24}.

支　特才　　和　　笔　我　　差　不　多少

特才的（笔）和我的笔差不多。

（3）ki^{33} niːn^{31} kuːi^{33} te^{24} toŋ^{31} ki^{33} mɯŋ^{31} ʔit^{55} jiːŋ^{55}.

　的　年纪　　他　同　的　你　一样

他的年纪同你的一样。

⇒ ki^{33} mɯŋ^{31} toŋ^{31} ki^{33} niːn^{31} kuːi^{33} te^{24} ʔit^{55}jiːŋ^{55}.

的　你　同　的　　年纪　他　一　样

你的（年纪）同他的年纪一样。

从上述例句可知，X 和 Y 互换位置并不会影响句子意义的原意。因此可以断定，ɕau^{35}、toŋ^{31} 在武鸣壮语联合型平比句中充当连词。但在一定语境下，如果 X 被省略，ɕau^{35}、toŋ^{31} 则单独出现在句首，这时就成了介词。如：

（1）ɕau^{35} ta^{42}me^{55} θaːŋ^{24} to^{42}toŋ^{31}.

　　和　母亲　高　相同

和母亲一样高。

（2）toŋ^{31} ɣam^{42}ta^{55} ʔit^{55}jiːŋ^{55} hom^{31}.

　　同　河水　　一样　浑

同河水一样浑浊。

另外，程度标记 to^{42} toŋ^{31}（相同）、to^{42} lu^{33}（相似）只能与 ɕau^{35} 搭配使用，to^{42} 放在 toŋ^{31}/lu^{33} 前面当词头用，表"相互"之意，且 P 的位置只能在程度标记之前。其具体结构为：X+ɕau^{35}+Y+P+ to^{42} toŋ^{31}/to^{42} lu^{33}。

（3）ki³³ piːk³⁵ nuːi⁴² ɕau³⁵ ki³³ pi²⁴kwa³⁵ ɓoŋ²⁴ to⁴²toŋ³¹.

　　　芋头　　这　和　　去年　　松软　　相同

这芋头和去年的一样松软。

（4）tiːu³¹ wa³⁵ kau²⁴ θuːi³¹ tan³³ nuːi⁴² ɕau³⁵ tiːu³¹ mo³⁵ nɯɯn³⁵ ɣai³¹ to⁴²lu³³.

　　　条　裤子　我　现在　穿　这　和　条　新　　那　长　　相似

我现在穿的裤子长度和那条新的相似。

韦茂繁（2014）提出带比较标记 ʔit⁵⁵ jiːŋ⁵⁵ 的语法格式是借自汉语的，ʔit⁵⁵ jiːŋ⁵⁵ 在壮语中的用法也与在汉语中的用法相似。因此，ɕau³⁵、toŋ³¹ 与 ʔit⁵⁵ jiːŋ⁵⁵ 搭配时，其具体结构表现为：X+ɕau³⁵/toŋ³¹+Y+ʔit⁵⁵ jiːŋ⁵⁵+P。此外，当 toŋ³¹ 作为基准标记时，它只能和 ʔit⁵⁵ jiːŋ⁵⁵（一样）、ɕa²⁴ ɓau³³ ko³³ laːi²⁴（差不多）搭配使用。

（1）ɕaːk⁵⁵ma³¹ ɕau³⁵ ɕaːk⁵⁵bi³¹ ʔit⁵⁵jiːŋ⁵⁵ ke:n³⁵.

　　　麻绳　　和　龙须草绳　一样　　结实

麻绳和龙须草绳一样结实。

（2）paːi⁵⁵toŋ²⁴ toŋ³¹ paːi⁵⁵ θai²⁴ ʔit⁵⁵ jiːŋ⁵⁵ roːŋ⁵⁵.

　　　东方　同　西方　　一样　　亮

东边同西边一样亮。

（3）ki³³ ɣaːn³¹ mɯn³⁵ nuːi⁴² toŋ³¹ mɯn³⁵ ʔɯn³⁵ ɕa²⁴ ɓau³³ ko³³laːi²⁴.

　　　的　房子　处　这　同　　处　那　差　不　多少

这里的房子同那里的差不多。

2. 相似型平比句的 CM

壮语相似型平比句，主要是指用 lu³³（像）来充当 CM。其主要表现为：X（+P）+lu³³+Y。除了单用 lu³³ 作为 CM，还有 lu³³……ni³³（像……一样）格式，ni³³ 在这里是一个语气副词，一般情况下可以省略。

（1）an²⁴na³³ te²⁴ lu³³ ta⁴²me⁵⁵，ɕe⁵⁵ɣa²⁴ he³³ ɕi⁴² lu³³ ta⁴²po⁵⁵.

　　　脸　　她　像　妈妈　　眼睛　　却　像　父亲

她的脸像妈妈的，眼睛却像父亲的。

（2）tiːu³¹mai²⁴ nuːi⁴² θai³⁵ lu³³ pjom²⁴.

　　　线　这　细　像　头发

这条线像头发丝一样细。

（3）ŋau³¹ lu³³ kop⁵⁵ ni³³.

　　　蠢　像　蛙一样

像蛙一样蠢笨。

例（1）是由两个小句组成的比较句，an²⁴ na³³ te²⁴（她的脸）、ɕe⁵⁵ ɣa²⁴ he³³（眼

睛)分别是两个小句的主语,两个动词 lu³³ 是谓语,ta⁴² me⁵⁵(母亲)、ta⁴² po⁵⁵(父亲)分属两个小句的宾语。在这里 P 没有出现,其结构为 X+lu³³+Y,意在强调 X 在某一方面与 Y 相似,而非相似的程度。例(2)是主谓结构,主语是 tiːu³¹ mai²⁴ nuːi⁴²(这条线),形容词 θai³⁵(细)是谓语,lu³³ 是介词,和 pjom²⁴(头发)组成介词短语充当补语对 θai³⁵(细)进行补充说明,构成 X+P+lu³³+Y 结构。这是壮语相似型平比句使用最广泛也最典型的结构。此外,在具体语境中,X 是可以缺省的。如例(3)形容词 ŋauɯ³¹(蠢)充当谓词性主语,lu³³(像)是谓语,充当基准标记,kop⁵⁵(蛙)是宾语,这时 ni³³(一样)充当程度标记且不能省略,强调 ŋauɯ³¹(蠢)的程度是一致的,构成了 P+lu³³+Y+ni³³ 的格式。

　　壮语的大部分介词多由动词虚化而来,在相似型平比句中 lu³³ 既可以是动词,也可以是介词。可见 lu³³ 还处在动词向介词过渡的阶段,因此兼具动词和介词的用法。那怎么判断 lu³³ 的这两种词性呢?这要靠动词和介词所具备的句法功能进行分析。lu³³ 做动词时,表示"在形象上相同或有某些共同点"。lu³³ 是及物动词,后带宾语且可做谓语或谓语中心语,受副词修饰,又能构成"V 不 V"并带宾语表示疑问,可以重叠表强调。如:

　　(1)tak³³ luɯk³³ɓaːu³⁵ nuːi⁴² ɕan²⁴ lu³³ ta⁵⁵ɕe³³ he³³ liːu⁴²lak³⁵ puːi²⁴.

　　　　个　男孩　这　真　像　姐姐　　十分　去
　　这个男孩真是十分像他姐姐。

　　(2)muɯŋ³¹ ʔjoːm³⁵ ŋaːu³⁵ ɣiːn²⁴ nuɯŋ³⁵ lu³³ ɓau³³lu³³ tu³¹waːi³¹ he³³?

　　　　你　看　块　石头　那　像　不像　　牛
　　你看那块石头像不像一头牛?

　　(3)ta⁵⁵luɯk³³ he³³ lu³³ lu³³ koŋ²⁴laːu⁴² he³³ liːu⁴² puːi²⁴.

　　　　女儿　像　像　父亲　完　去
　　女儿十分像父亲。

　　lu³³ 作介词时,主要对谓词性短语进行修饰、附加或补充。lu³³ 不能单独作为句子成分,而是与名词、代词等组成介词短语,在句中充当定语、状语或补语等成分,且它不能重叠,其后也不能跟助词。如在下面的例子中,lu³³ 都是放在谓语后面充当介词,介引所要比较的对象 Y,并构成介词短语来充当补语,对主体的状态进行补充说明。

　　(1)haːm⁵⁵luːn³¹ muɯŋ³¹ kan²⁴ ʔuːt⁴² ʔuːt⁴² lu³³ mau²⁴ ni³³.

　　　　昨晚　你　　打呼噜　　像猪　一样
　　昨晚你打呼噜打得像猪一样。

（2）pou⁴²lauɯ³¹ kik⁵⁵ lu³³ muɯŋ³¹ ni³³？

　　哪个　　懒　如　你　　一样

谁像你一样懒？

（3）ki³³ fauɯ³¹ ɕap⁵⁵ lu³³ ti:t³³ ni³³，ɕi⁴² ɓau³³ tan³³pu⁵⁵ la:i²⁴ ɣɯ⁵⁵？

　　手　冷　像　铁　一样　又　不　穿衣服　多

手冷得像铁一样，怎么不多穿衣服？

3. 达到型平比句的 CM

壮语达到型平比句主要是指用 mi³¹（有）、toŋ³¹（同）、piŋ³¹（平）、pan³¹（成）或 ta:ŋ³⁵（等于）这些词来充当 CM。

（1）ko²⁴ma:k³⁵ŋa:n⁴² nu:i⁴² ki³³ an²⁴ he³³ ʔa:i³⁵ mi³¹ me⁵⁵fauɯ³¹ huŋ²⁴ hu³⁵.

　　龙眼树　　　　这　　果　　大概　有　　大拇指　大

这棵龙眼树的果实大概有大拇指那样大了。

（2）lɯk³³ kau²⁴ kwa:i²⁴ toŋ³¹ lɯk³³ muɯŋ³¹ ɕi⁴² pan³¹ hu⁵⁵.

　　孩子 我　乖　同　孩子　你　　就　成了

我孩子有你孩子（那么）聪明就好了。

（3）kau²⁴ ʔa:i³⁵ θa:ŋ²⁴ piŋ³¹ ki:m³¹ha:ŋ³¹ te²⁴.

　　我　可能　高　平　下巴　　他

我可能平他的下巴那样高。

（4）wun²⁴ ɣo⁴² θu:n³⁵ ta:ŋ³⁵ma³¹，muɯŋ³¹ ɗai³³ ɕiŋ²⁴ pan³¹ te²⁴ ʔa⁵⁵？

　　人　懂　算　　非常　　你　得　精　成　他　啊

人家会算计得很，你能像他一样精明啊？

（5）ta⁴²koŋ²⁴ kɯ²⁴lau³³ ta:ŋ⁴² kɯ²⁴ɣam⁴².

　　爷爷　喝酒　　等于　喝水

爷爷喝酒像喝水一样。

壮语 mi³¹ 即汉语的"有"，在平比句里表"达到一定的数量或程度"的意思。在例（1）中，mi³¹ 充当句子谓语，表示 X 达到 Y 的数量或程度，这时 mi³¹ 和 toŋ³¹ 可以替换使用而不改变句子的意思，构成 X+mi³¹/toŋ³¹+Y+P 结构。但在例（2）中，mi³¹ 不能替换 toŋ³¹ 来使用，即动词 mi³¹ 无法进入 P+CM 的结构。这说明 toŋ³¹ 兼具动词和介词两种词性，mi³¹ 只能是动词。另外，piŋ³¹ 是汉借词，即汉语的"平"。它只用在表达高度方面，指 X 在高度上达到了 Y 的标准。例（3）中的 piŋ³¹ 在谓语之后出现，说明它是介词，介引比较基准 ki:m³¹ha:ŋ³¹ te²⁴（他的下巴），并对 kau²⁴（我）的高度进行补充说明。还有，pan³¹ 在平比句里也是介词，表"达到，等于"的意思，多用于形容人或事物的性质。如例（4），单

看 ɕiŋ²⁴ pan³¹ te²⁴（像他一样精明），pan³¹ 是表示 X 的 ɕiŋ²⁴（精明）达到了 Y 的程度。但因为句子是反问句，所以实际是在表达 X 不如 Y 精明。此外，taːŋ⁴² 可译作"等于"，在平比句里作谓语，这时 P 可以缺省。如例（5）taːŋ⁴² 作谓语，前一小句表明 ta⁴²koŋ²⁴ kuɯ²⁴ lau³³（爷爷喝酒）像 kuɯ²⁴ ɣam⁴²（喝水）一样稀松平常。

（三）P 的句法分析

比较参数 P 是比较主体 X 和比较基准 Y 经过比较后得出的结果，通常由形容词或动词性短语充当，一般在句子中作谓语或补语。下面分别从形容词和动词性短语两方面对 P 进行分析。

1.P 为形容词

在平比句里出现在 P 位置的以形容词居多，例如：

（1）ki³³ kaːk³³ɕuːi³³ mo³⁵ nuːi⁴² toŋ³¹ ki³³ kau³⁵ nuɯŋ³⁵ ʔitⁿⁿⁿⁿjiːŋ⁵⁵ ɓaːŋ²⁴.

　　　椽子　新　这　同　旧　那　一样　薄

这新的椽子和那旧的一样薄。

（2）ki³³ fauɯ³¹ muɯŋ³¹ ɗam²⁴ luː³³ ɕaːu³³meːu³⁵ ni³³, waːi³⁵ puːi²⁴ θuːi³⁵ fauɯ³¹ puːi²⁴!

　　　手　你　黑　像　猫爪　一样　快　去　洗手　去

你的手黑得像猫爪一样，快去洗手！

（3）pa³³peːn³³ nuːi⁴² na²⁴ pan³¹ kip⁵⁵ɕiːn²⁴ ni³³.

　　　木板　这　厚　成　砖头　一样

这块木板像块砖头一样厚。

在联合型平比句里，P 一般充当句子谓语。如例（1）中 ɓaːŋ²⁴（薄）受副词修饰构成偏正短语充当句子谓语，指新的椽子和旧的一样薄。另外，在相似型平比句和达到型平比句中，P 多紧跟在主语后做谓语，如例（2）中的 ɗam²⁴（黑）和例（3）中的 na²⁴（厚）。

2.P 为动词性短语

动词性短语充当 P 与形容词性短语充当 P 相比，较为少见。

（1）te²⁴ ɕau³⁵ me⁵⁵pa³³ kau²⁴ ʔitⁿⁿⁿⁿjiːŋ⁵⁵ haŋ³³ kuɯ²⁴ɕa³¹.

　　　他　和　姑妈　我　一样　喜欢　喝茶

他和我姑妈一样喜欢喝茶。

（2）muɯŋ³¹ luː³³ te²⁴ hun³⁵ ɗai³³ waːi³⁵ li³³？

　　　你　像　他　起得　快　吗

你像他一样起得快吗？

（3）ko^{24}ku^{31} ta:ŋ^{35} ta^{42}po^{55} te^{24} ni^{33} kik^{55} ku^{55}ho:ŋ^{24}.

克哥　　等于　父亲　他　一样　懒　做工

克哥同他父亲一样懒得做工。

其中，P 多在借自汉语的 X+ɕau^{35}＋Y＋ʔit^{55} ji:ŋ^{55}+P 结构中充当谓语，如例（1）的 han^{33} ku^{24}ɕa^{31}（喜欢喝茶）就是该句的谓语，han^{33} 是心理活动动词，ku^{24}ɕa^{31} 在此处充当句子的宾语。或在带有平比结构的疑问句中作谓语，如例（2）的 hun^{35} ɗai^{33} wa:i^{35}（起得快）是中补短语充当谓语，由形容词 wa:i^{35}（快）作补语修饰中心语 hun^{35}（起），前有助词 ɗai^{33}（得）作标记。此外，P 在达到型平比句或疑问句中也是充当谓语，如例（3）形容词 kik^{55}（懒）作动词用，表对主语的说明，ku^{55}ho:ŋ^{24}（做工）在这里是一个名词，表对主语的延伸，二者构成动宾短语充当谓语。

四、结语

李向农、魏阳阳（2019）认为，"和"类平比结构在东亚地区的广泛分布在世界范围内并不是普遍现象，具有区域化特征，这很可能是周边地区语言复制汉语"和"类平比结构的结果。从武鸣壮语平比句的句法来看，壮语语法深受汉语的影响。因此，本文推测武鸣壮语中出现的联合型平比句极有可能是语言接触的结果。另外，相似型平比句是武鸣壮语平比句使用中相对较为广泛也最具有典型性的句子。其结构为 X+P+CM+Y，也就是说它的语序为 P+Y，其基准标记前置于比较基准。这与 Haspelmath（2017）基于世界 119 种语言的调查提出的平比结构三个类型学特征中的特征二相吻合：如果平比结构的语序表现为"比较基准—比较结果"，那么其基准标记后置于比较基准；如果平比结构的语序表现为"比较结果—比较基准"，那么其基准标记前置于比较基准。此外，武鸣壮语达到型平比句的使用受其比较标记的限制，因此其使用范围极为有限。

参考文献

[1]马建忠.马氏文通［M］.北京：商务印书馆，1983.

[2]吕叔湘.中国文法要略［M］.北京：商务印书馆，1956.

[3]赵元任.汉语口语语法［M］.吕叔湘，译.北京：商务印书馆，1979.

[4]覃晓航.壮语特殊语法现象研究［M］.北京：民族出版社，1995.

[5]韦景云，覃晓航.壮语通论［M］.北京：中央民族大学出版社，2006.

［6］韦景云，何霜，罗永现.燕齐壮语参考语法［M］.北京：中国社会科学出版社，
　　2011.

［7］何霜.现代壮语句法［M］.南宁：广西民族出版社，2014.

［8］何霜.忻城壮语语气词研究［M］.南宁：广西民族出版社，2011.

［9］韦茂繁.下坳壮语参考语法［M］.南宁：广西民族出版社，2014.

［10］李旭练.都安壮语形容词性相对比较句研究［J］.民族语文，1998（3）：74-80.

［11］朱德熙.说"跟……一样"［J］.汉语学习，1982（1）：5.

［12］李向农，魏阳阳.汉语"和"类平比标记的兼用功能及在民族语言的扩散［J］.
　　汉语学报，2019（1）：47-56，95-96.

［13］赵卫囡.壮语比较句的结构类型［J］.现代语文（语言研究版），2016（6）：
　　74-76.

［14］孙占锋.现代汉语平比范畴研究［D］.上海：华东师范大学，2009.

［15］赵卫囡.壮泰语比较句对比研究［D］.南宁：广西民族大学，2016.

［16］郑慧仁.东北亚语言比较标记的类型学研究［D］.北京：北京大学，2013.

壮族农具命名研究

韦孟伶

（广西民族大学文学院　广西南宁　530006）

摘　要： 壮族先民创造了辉煌的稻作文化和农耕文化。农具作为农耕文化的重要载体，在壮侗民族发展史上具有举足轻重的地位。本文以南宁武鸣区的壮族人民在传统农业时期种植业使用的农具为主，探寻壮族人民使用农具的命名方式、方法，总结和归纳壮族农具命名的两个特点：一是古老性、普遍性；二是区别性。

关键词： 壮族；农具；命名

壮族是一个具有悠久历史的农业民族，自古以来都在华南大地上繁衍生息。壮族属于汉藏语系壮侗语族壮傣语支民族，其祖先是古代的百越人。百越先民在远古时代就创造了辉煌的稻作文化，壮侗语族民族早于汉族掌握人工培植水稻技术，壮族是我国最早种植水稻的民族之一。这也说明壮族是一个农业文明发展起步较早、较成熟的民族，各具特色的农具是其农业发展进步的经典符号。

农具是对农业生产过程中使用工具的总称。广义的农具既包括农业、林业生产中的整地、播种、中耕、收获、加工、灌溉、运输和修剪整枝工具，也包括副业生产中的养蚕、养蜂、养鱼、捕鱼和畜牧生产工具等。本文讨论的壮族农具以南宁武鸣区壮族人民在传统农业时期种植使用的农具为主，同时也包括部分与农民日常生产生活密切相关的其他副业生产工具。

一、农具的命名方式、方法

壮族先民在辉煌的稻作文化和农耕文化里，创造和引入了可以帮助他们提高生产效率的农具。对于这些农具的命名，壮族有自己明显的民族特色和地域性色彩。

人类对世界的认知是遵循着某种规律进行的，几乎都是以意识为中心认识世界，壮族对农具的命名也是如此，从自身的生理结构出发，按如下顺序认识所有的事物：

一是睁开眼睛，事物就展现在眼前。人类一开始就对事物的外貌特征，即形状和颜色产生认知，认识到这个事物是长、短、高、矮、圆、方，或红、黄、黑、绿、白等，或看起来不规则的形状，如龙骨车"ci^1 lun^2 kot^7"长得像长长的龙骨头一样。

二是事物具有的作用，即用途。最初人类认识一切事物均考虑它是否能帮助解决生存这个首要问题，即对农具的用途方面的考虑。农具的用途是农具产生的最重要的价值。

三是引入不属于壮族先民创造的农具。农具来源于哪个民族或地区，在哪个民族或区域中使用，它原先的名字叫什么，便连带着农具名字都借用过来。农具的名字有时全部借用，有时借用一半，一半有自己的民族词。如镰刀"$li:m^2$"是从汉族借入的，汉语名叫作"镰刀"，壮族先民借入这个农具时，也借入了它的汉语名称；在收获农具里"镰刀 $li:m^2$"只是总称，它还细分为好几种具有不同名字、不同作用的镰刀，如茅刀（用来割草一类的镰刀）"$li:m^2$$nu^3$"，"$li:m^2$"借自汉语"镰"，"$nu^3$"则是壮族的民族词，意思是"草"，茅刀在壮语里的名称一半是民族词，一半借自汉语。

（一）以外貌特征命名

部分农具是根据其外貌特征来命名的，这些农具具有容易被辨认的特征，或者是有明显区别于其他农具的突出特点，人们据此对农具进行命名。

$can^3$$lu:n^2$——圆铁锹，壮族名为圆铲。圆铁锹底部是弧形（$lu:n^2$）的，属于耕垦农具的一种，易于直插至土中，可用来作畦、作沟、挖取植物的根茎等。

$can^3$$pin^2$——平铁锹，壮族名为平铲。平铁锹底部是平（$pin^2$）的，属于耕垦农具的一种，较容易将平地上的物品铲起，一般用于肥料的调制、将细碎土壤和肥料铲起并撒布于土壤中等。

$tu^2$$lun^1$$ce^2$——手推车，亦叫独轮车。独轮车以只有一个车轮（$tu^2$ lun^1）为标志，有两个车把。它属于小型运输农具的一种，在传统农业时期，被用来运送谷物、肥料等物。宋应星描绘并记述南北方独轮车的驾法为"北方独辕车，人推其后，驴曳其前""南方独轮推车，则一人之力是视"。

$ha:n^2$$tin^1$——带钉扁担。这种扁担分别在两头钻两个洞，每头钉上两根木钉（$tin^1$$fai^4$），木钉之间留有一定的距离，以便放置箩筐的绳子。带钉扁担属于运输农具的一种，在传统农业时期，没有车子运送东西，只能依靠人力挑运。这种扁担专用于挑有绳子的箩筐，以运送玉米、稻谷、花生等农作物。

$ha:n^2$$\theta om^1$——尖扁担。其形状为两头尖（$\theta om^1$），中间扁平或呈细圆柱形。尖扁担属于运输农具的一种，在传统农业时期，这种尖扁担一般用于人力挑运茅草、稻穗、柴火等。

（二）以作用命名

每一种农具都各自有不同的用途，不同的用途使农具之间形成区别。人们便抓住农具最具特色的一种用途来给其命名。

no¹——小锄头。小锄头分为柄和镬两部分，柄的材料多为木料，其断面呈圆形，长短不一；镬多用熟铁制成，柄与镬所成的角度，为 70 ～ 80 度。小锄头属于耕垦农具的一种，在传统农业时期，其用途很广，既可用来整地、除草、挖掘小面积的土地，又可以用来挖取菜根、水沟和种植小苗等。

ku:k⁵——山地锄。山地锄的形状和小锄头一致，是小锄头的放大版。其亦分为柄和镬两部分，柄的材料多为较坚硬的木材，这样柄坚实可以着力；镬部比较厚且窄。山地锄属于耕垦农具的一种，在传统农业时期，用于开掘山地。"ku:k⁵"在壮语里意为动词"锄"，即以用途命名。

çai¹——犁。犁的构件复杂，有手把、犁把、犁柱、档楔、犁床、犁辕、千斤、托头等部分。在传统农业时期，犁是最重要的耕垦农具，用于田地的翻土、耕种、松土、破碎土块等。"çai¹"在壮语里意为动词"犁"，即以用途命名。

ɣa:u⁵——铁耙。铁耙分为框架和齿杆两部分，框架为木制，齿杆有木制和铁制两种。铁耙属于碎土农具的一种，在传统农业时期，用于水稻田的碎土。"ɣa:u⁵"在壮语里有"过滤"的意思，在水稻田里碎土，就是要不停地过滤掉大土块，让土质变软，即以用途命名。

kwa:k⁵——除草锄。除草锄分为柄及镬两部分，柄的材料多为木料，长度在 200 厘米以上，镬的形状有半月形、截头圆形、长方形、切口凹形等，用熟铁打成。除草锄属于中耕除草移植农具的一种，在传统农业时期，它的重要性仅次于犁，用于玉米、木薯、甘蔗等作物的耕种、除草和埋肥料等，作用极多。"kwa:k⁵"在壮语里也有"锄"的意思，即以用途命名。

ko:n⁶——戽斗。戽斗是用木桶、笓斗或竹筐，在相对应的位置，系以麻绳制成。它属于灌水农具的一种，在传统农业时期，用来进行小面积的农业灌溉。由于受取水量和输水距离的限制，戽斗不适合大面积的农业灌溉。"ko:n⁶"在壮语里有"灌、抽"的意思，即以用途命名。

plo:n⁵——玉米脱粒器。玉米脱粒器分成两个部分，由木板和橡胶轮组成，选一块大小合适的木板，再从橡胶轮上裁一块大小合适的橡胶，粗糙面向外，平滑面和木板钉在一起，简易的玉米脱粒器便制作完成。玉米脱粒器属于脱粒农具的一种，在传统农业时期，用来进行玉米的脱粒工作。"plo:n⁵"在壮语里有"掰"的意思，"玉米脱粒"是"plo:n⁵hau⁴tuk⁷"，即以用途命名。

ɕoːn⁶——木枕。木枕由木柄和铲板两个部分组成，木柄长约 100 厘米，木柄下端有一个槽沟，把长方形的木制铲板夹在槽中，用铁钉固定起来。木枕属于谷物调制农具的一种，在传统农业时期，用在稻谷、玉米等粮食晒过后，把它们聚拢成堆。"ɕoːn⁶"在壮语里有"聚集"的意思，谷物晾晒后，要将它们收起来，首先要聚集成一堆，即以用途命名。

taŋ⁴ke⁵——木耙。木耙整体都是用木制成的，有齿杆和木柄两个部分。齿杆的数量一般有 6～8 根，断面呈长方形，木柄长约 150 厘米。木耙属于谷物调制农具的一种，从传统农业时期至今仍在使用，用来在晒稻谷和稻秆时，收集、摊开稻秆和稻谷，在摊开稻谷后，把稻谷里打谷时没清理的稻秆撮拢过滤出来。"ke⁵"在壮语里意为"撮拢"，即以用途命名。

taŋ⁴kjaːu²——木机。木机由一块有锯齿缺刻的长方形木板，呈直角附着在木柄上。它属于谷物调制农具的一种，是谷物在晒谷场或者地席上晒干的时候，用来搅拌翻晒谷物的，是必需的搅拌工具。"kjaːu²"在壮语里意为"搅、搅拌"，是一个借自汉语的词，即以用途命名。

ɣaŋ¹——筛子。筛子整体呈圆形，直径在 60 厘米左右，有孔，筛孔呈三角形或者正方形，孔径在 0.15～0.4 厘米之间。它属于谷物调制农具的一种，用于精选谷粒、去除泥沙或浮糠。"ɣaŋ¹"在壮语里意为"筛、筛选"，即以用途命名。

ɣaŋ¹ɕa⁴——米筛。米筛形状大小和筛子相似，唯一的区别在于其筛孔比筛子的大，孔径在 1.5～2 厘米之间。米筛属于谷物调制农具的一种，用来把晒场上混入谷粒中的断秆筛选出来。

（三）专名译自汉语

在众多的农具中，名称来自汉语转译的农具都给壮族农业带来了很多经济效益，具有实用性。如属于耕垦农具的三齿铁耙"jaːu³ θaːm¹ŋa¹"、十字镐"kwaːk⁵ɕip⁸ɕi⁶"，属于碎土农具的六角耙"lu⁶ko⁶pa⁶"等。通常引入年代较早的农具用老汉语借词，如施肥农具粪桶"toŋ³hai⁴"，灌溉农具龙骨车"ɕi¹luŋ²kot⁷"，收获农具茅刀"liːm²nɯ³"，脱粒农具打谷桶"toŋ³faːt⁸hau⁴"等。而新近引入的农具，壮语北部方言多按汉语西南官话的语音来借用，如谷物调制农具箩筐"lo²"，加工农具碾子"niːn³"、磨"mu⁶"、镐"kaːu³"、木榨"ɕa⁵"等。

二、农具的命名特点

（一）古老性、普遍性

如耕垦农具——犁，犁用于田地的翻土、耕种、松土、破碎土块等。商朝的甲骨文中就有关于犁的记载，南宋周去非《岭外代答·风土》中有"踏犁形如匙，长六尺许。末施横木一尺余，此两手所捉处也。犁柄之中，于其左边施短柄焉，此左脚所踏处也……踏犁五日，可当牛犁一日，又不若牛犁之深于土"的记载。

标准壮文称犁为"çai¹"，田东县称"çai¹"，田林县称"çwai¹"，云南省文山壮族苗族自治州丘北县称"çai¹"，环江毛南族自治县则称"kjwai¹"，隆安县称"tsai¹"，而靖西市称"thai¹"。

耙，是用于水稻田的碎土农具。标准壮文称之为"ɣaːu⁵"，南宁市邕北地区称"laːu⁵"，田林县称"lwaːu⁵"，南丹县称"ɣaːu⁵"，隆安县则称"hlaːu⁵"，而德保县称"pja²"。这些农具的名称在壮语方言中有一致性，在同语族的语言中显示出共同性。由此可见，部分农具的名称具有古老性和普遍性。

（二）区别性

人们给事物命名的目的是将这个事物区别出来。客观事物的性质特征是复杂多样的，人们感受到的只是其中的一部分。在给事物命名时，人们总是抓住自己感受最深的一种或几种特征，用同样具有这样特征的其他事物之名来称代。虽然各民族对具体事物的命名方式不一样，但古今中外，人们在观察和描述事物的过程中，几乎都十分关注事物的外部特征，如颜色、形状、用途等，并以此作为给事物命名的依据。农具作为一种人造事物，大多是从外貌特征和用途角度进行命名，几乎不会从颜色角度进行命名，其名称也体现了这一原则。例如：

按外貌特征命名：

"çaːn³luːn²"圆铲，底部是弧形（luːn²）的；

"tuʔlun¹çe²"独轮车，只有一个车轮（tuʔlun¹）；

"haːn² θom¹"尖扁担，两头尖（θom¹）。

按用途命名：

"kuːk⁵"山地锄，"kuːk⁵"一般在壮语里意为动词"锄"，用于开掘山地；

"çai¹"犁，"çai¹"一般在壮语里意为动词"犁"，用于田地的翻土、耕种、松土、破碎土块等；

"ɣaŋ¹"筛子，"ɣaŋ¹"在壮语里意为"筛、筛选"，用于精选谷粒，去除泥沙或浮糠。

三、结语

语言是人类的思维工具和交际工具。作为农耕民族的壮族，其先民借鉴其他民族的智慧创造了辉煌的农耕文化。在劳动过程中，他们把创造的农具分类概括，用语言中的词来表达，形成具有自己民族特色的历史和文化。一些农具词汇在使用和发展过程中形成各自的特点，被打上了深刻的民族烙印。

参考文献

［1］张均如，梁敏，欧阳觉亚，等.壮语方言研究［M］.成都：四川民族出版社，1999.

［2］王闰吉.论《释名》的理据［D］.桂林：广西师范大学，2001.

［3］廖敏.中国古代农具命名研究［D］.成都：西南大学，2009.

［4］覃彬刚.壮语食用植物的命名研究［D］.南宁：广西民族大学，2016.

［5］丁晓蕾，王思明，庄桂平.工具类农业文化遗产的价值及其保护利用研究［J］.中国农业大学学报（社会科学版），2014（3）：137-146.

［6］韦树关.从语言看壮侗语族民族对中国农业的贡献［J］.广西民族学院学报（自然科学版），2000（4）：275-278，285.

［7］贺大卫，蒙元耀.壮语稻作词汇及其文化内涵试析［J］.广西民族研究，2004（3）：60-66.

語言文字研究

布依语"鼠"义词的方言研究

王跃杭

（中央民族大学少数民族语言文学学院　北京　100081）

摘　要：本文将调查获取的布依语91个点表示"鼠"义的词进行分类，并对各种类型的分布情况及来源进行探讨。本文认为，类型1"nu¹"来源于原始侗台语；布依语、北部壮语从原始侗台语中分化后才产生了"nɑi⁵"；类型3的vau³/fau³在布依语土语未分化之前的原始布依语中就已经存在；读作送气塞擦音的类型6"tsha⁴"，是布依语黔西土语（第三土语）中后起的。其他类型的"ðuan²""kui³""na⁴""ʔdui⁵"等并非语言借用，而是布依语内部语言结构变化所致。

关键词：布依语；"鼠"义词；方言；侗台语

一、引言

在语言研究中，核心词的研究在语言对比、语言亲疏远近的探讨上具有重要地位。对于目前流行于国际的斯瓦迪士的"核心词"来说，"鼠"一词并不在其中，但必须认识到，斯氏所列的核心词是其基于印欧语系拟定的。郑张尚芳提出华澳语系假说，其在《华澳语言比较三百核心词表》中把"鼠"一词作为汉语、藏缅语、侗台语、苗瑶语、南亚语和南岛语对比研究的关键核心词之一。可见，"鼠"一词在亚洲语言研究中具有重要地位。邢公畹、金理新等都对侗台语中的"鼠"进行过较为细致的探讨。

近些年来，作为壮侗语族台语支的布依语研究成果较多，但关于布依语方言土语的研究，大多集中在语音层面的对比上，关于方言词的变异研究较为少见。究其原因，这和布依语内部较为统一、方言词汇较少有一定的关系。

本文把各地布依语中的"鼠"一词作为研究对象，旨在探讨"鼠"在各地方音中的差异及其地理分布特征，探讨这种差异的来源途径并与同语支的亲属语言——壮语和傣语进行对比分析。本文认为，对布依语"鼠"义词的研究将是一个探讨方言变异、语言发展演变、语言接触与影响的重要切入点。

本文的语料来源于国家社会科学基金项目——"布依语方言地理学研究"，该项目共调查了93个方言点，其中"45织金板桥‒龙井"和"83平坝白云‒

邢江"缺"老鼠"一词的材料。因此，本文讨论的布依语"鼠"一词的材料有91 个方言点。"布依语方言地理学研究"项目的 93 个方言点的土语可分为黔南土语、黔中土语和黔西土语 3 类，其中，黔南土语（第一土语）51 个点：

01 镇宁简嘎翁解、02 镇宁六马板腰、03 镇宁沙子弄染、10 贞丰平街下岩、11 贞丰长田郎所、12 贞丰长田坪寨、13 贞丰鲁贡打嫩、15 贞丰永丰岩鱼、16 贞丰沙坪尾列、17 贞丰沙坪者砍、18 册亨冗渡威旁、19 册亨弼佑秧佑、20 册亨秧坝大伟、21 册亨巧马平安、22 册亨百口移民点、23 安龙平乐顶庙、26 荔波朝阳八烂、27 荔波黎明关拉内、28 荔波茂兰尧朝、29 荔波甲良益觉、30 三都九阡姑偿、31 三都周覃板光、32 荔波甲良甲高、33 罗甸沫阳跃进、34 罗甸龙坪五星、35 罗甸茂井东山、36 罗甸红水河官固、37 罗甸沫阳里怀、38 罗甸逢亭逢亭、40 惠水打引建华、41 惠水断杉满贡、47 望谟边饶邑饶、48 望谟蔗香新寨、49 望谟昂武渡邑、50 望谟桑郎桑郎、52 望谟平洞洛郎、53 紫云火花龙头、55 紫云猴场大田、56 紫云四大寨喜档、57 兴义南盘江南龙、58 兴义洛万一心、59 安龙万峰湖港湾、60 兴义仓更下寨、61 安龙坡脚者干、62 安龙兴隆排冗、63 安龙龙山肖家桥、64 兴仁屯脚铜鼓、86 长顺鼓扬三台、87 长顺敦操敦操、90 独山董岭麻巩、91 独山麻尾普上。

黔中土语（第二土语）20 个点：

24 贵阳乌当偏坡、25 贵阳花溪桐木岭、39 惠水摆金清水苑、42 平坝路塘、43 黔西五里、44 西秀旧州罗官、45 织金板桥龙井、46 织金官寨化塔、76 西秀黄腊黑秧、78 贵定巩固石板、80 贵定窑上大塘、81 西秀旧州罗官、82 龙里湾滩河走马、83 平坝白云邢江、84 龙里龙山中坝、85 长顺摆塘板沟、88 都匀毛尖摆桑、89 都匀平浪甲壤、92 平塘大塘平坡、93 平塘掌布场边。

黔西土语（第三土语）22 个点：

04 镇宁募役发恰、05 镇宁江龙朵卜陇、06 镇宁扁担山革老坟、07 镇宁丁旗杨柳、08 镇宁双龙山簸箩、09 六枝月亮河陇脚、14 贞丰鲁贡烂田湾、51 望谟打易长田、54 紫云白石岩岩上、65 六枝关寨下麻翁、66 水城猴场打把、67 水城米箩俫么、68 水城发耳白岩脚、69 盘州羊场张家寨、70 普安茶源细寨、71 普安龙吟石古、72 晴隆鸡场紫塘、73 晴隆花贡新寨、74 关岭断桥木城、75 关岭新铺大盘江、77 普定马官草塘、79 普定定南陇财。

二、布依语"鼠"的形式及其分布

老鼠，俗称耗子，是啮齿目鼠科动物的统称。"鼠"字，书母、鱼部，《说文解字》："鼠，穴虫之总名也，象形。"在中国，居民点附近常见的老鼠主要为家鼠、田鼠和仓鼠。作为现存的最古老的哺乳动物之一，老鼠与人类历史发展关系密切。在生产力低下的古代社会，老鼠被当作食物。从人类发展历史上看，人类语言中"鼠"的动物名称是早期固有的，其在同一种语言内部应具有较大的一致性，甚至体现在同语支或语族中。

在不同的布依语土语中，各地用来表示"鼠"的词不尽相同。本文对收集到的 91 个点的"鼠"一词进行分类整理，得出各土语的 9 种不同类型（表 1）：

表 1　布依语土语中"鼠"的分类

类型	读法	黔南土语	黔中土语	黔西土语	计数土语
1	nu^1	6	8		14
2	nai^5	11		18	29
3	$vau^3/wau^3/fau^3$	12	11		23
4	$suan^3/ruan^3/ðuən^2$	10			10
5	kui^3	6			6
6	$tsha^4$			4	4
7	$ðap^8$	3			3
8	na^4		1		1
9	$?dui^{35}$	1			1

类型 1 "nu^1"的读法较为统一，辅音元音无明显变化，调查点中只有贵州省黔南布依族苗族自治州平塘县大塘镇平坡村（黔中土语）的读音元音较长，更接近于 $nuə^{35}$ 读法。从土语上看，该读法的点分布在黔南土语区（13、16、19、20、21、41、61、86）和黔中土语区（39、78、82、84、85、92），黔西土语并无该读法。从地理分布特征上看，该读法的地域性特征明显，只集中分布在两个区域，一是黔南土语区中的册亨、安龙和贞丰一带，另一区域是黔中土语区的长顺、惠水、平塘、龙里、贵定等县的接壤地区，其他县市并无分布。

类型 2 "nai^5"的读法在内部较为一致，各地语音无明显变化，都读作 nai^5，只分布在黔西土语区（04、05、06、09、14、51、54、65、66、67、68、69、70、71、72、73、74、75）和靠近黔西土语区的黔南土语西部地区（02、03、10、11、12、47、57、58、59、60），这些地区是布依族聚居区的西端。黔南土语区的中东部和黔中土语区都没有该读法。

类型 3 "vau^3"主要分布在黔南土语区（17、18、22、36、48、49、50、52、55、56、62、63、）和黔中土语区（24、25、42、43、44、46、76、80、81、88、89），因各土语点擦音声母清浊分化情况不同，绝大部分都读作 vau^3/wau^3，只有

黔西土语区的点 43 读作 fau^3。

类型 4 "suan^3" 都分布在黔南土语区（01、15、26、27、28、29、30、31、32、53）。该类型主要分布在两个片区，一个是集中分布在荔波县和三都水族自治县一带，另一个是镇宁、贞丰、望谟 3 个县接壤一带的乡镇地区。

类型 5 "kui^3" 的土语点有 33、34、35、37、38、91，该类型只分布在黔南土语区中部的罗甸县和独山县一带，具有明显的地域性分布特征。

类型 6 "tsha^4" 读法的点较少，只有黔西土语区中的镇宁布依族苗族自治县北部的丁旗街道（07）、双龙山街道（08）和邻近的普定县马官镇（77）、定南街道（79）4 个点，地域性特征明显，其他地区无此分布。

类型 7 "ðap^8" 的读法特殊，《布依语调查报告》中的 40 个点（惠水党古、贵筑青岩、荔波翁昂 3 个点缺此项）均无该类型读法，在本次调查点中只有惠水打引（40）、长顺敦操（87）、独山董岭（90）3 个点有该读法，这 3 个点在地域上也较为相近。

类型 8 和类型 9 读法在调查点中都各只有 1 个点。类型 8 的 "na^4" 出现在黔中土语区的平塘掌布（93），《布依语调查报告》中也仅有"平塘凯西""清镇西南"有该读法。类型 9 "ʔdui^{35}" 出现在黔南土语区的安龙平乐（23）。

从上面描述的布依语"鼠"义词的各种类型的分布地区可知，虽然布依语"鼠"在各地的表达形式多样，各种类型互相交错分布，但其分布特征仍具有一定的规律性。黔西土语区只存在类型 2 和少量类型 6；黔中土语区只存在类型 1、类型 3 和一个点的类型 8；黔南土语区由于面积较为广阔，"鼠"的类型相对比较复杂，存在 7 种"鼠"义的不同词汇类型，只缺少类型 6 和类型 8，但不同类型的地域分布特征也比较明显。

三、布依语与亲属语、接触语的"鼠"的关系

为了更好地对布依语内部不同方言点"鼠"的形式及地理分布特征进行阐释，本文用与布依语同属壮侗语族台语支的语言——壮语和傣语的"鼠"进行对比分析，以得出更广阔的认识和理解。"鼠"一词在壮语中的读法如表 2 所示：

表 2 "鼠"在壮语中的读法

方言点	武鸣	横州	邕北	平果	田东	田林	凌乐	广南（沙）
读法	nau^1	nou^1	nau^1	nou^1	nu^1	nu^1	nu^1	ðui^6
方言点	丘北	柳江	宜州	环江	融安	龙胜	金城江	南丹
读法	nai^5	nu^1	nu^1	nou^1	nu^1	nou^1	nou^1	noːŋ^1

续表

方言点	东兰	都安	上林	来宾	贵港	连山	钦州	邕南
读法	nou^1	nou^1	nou^1	nou^1	nou^1	nu^1	nou^1	nou^1

方言点	隆安	扶绥	上思	崇左	宁明	龙州	大新	德保
读法	nou^1	nou^1	nɯn^1	nou^1	nəu^1	nu^1	nu^1	nai^5

方言点	靖西	广南（侬）	砚山（侬）	文马（土）				
读法	nou^1	nu^1	nu^1	mei^6 nu^1				

由此可将"鼠"一词在壮语方言 36 个点中的读法分为 3 类（表 3）。

表3　壮语方言中"鼠"的读法分类

类型	1	2	3
读法	nu^1/nau^1/nou^1 等变体	nai^5	ðui^6
计数	33	2	1

通过表 3 可以看到，壮语的"鼠"义表达中，nu^1 及其变体在 36 个点中有 33 个点，与布依语的类型 1 相同。只有广南（沙）的"ðui^6"和丘北、德保的"nai^5"与该类型来源不同。从地理上看，丘北、德保位于壮语区的西端，而布依语中类型 2"nai^5"读法主要分布于黔西土语区，也是处于布依语区的西端。可见，"nai^5"读法无论是在布依语还是壮语中，都处在语言区的边缘地带。

此外，值得深思的是壮语区的分布面积比布依语区更广大，南北方言的差异也比较大，且划分为多个土语；而布依语被认为是内部较为统一、没有方言之分的语言，但"鼠"一词在壮语各方言土语的一致性却远大于布依语内部的情况。

除壮语外，与布依语亲缘关系最近的还有傣语。"鼠"一词在傣语中的读法见表 4：

表4　"鼠"在傣语中的读法

方言点	芒市	孟连	景洪	金平	元阳	武定	元江	马关	绿春
读法	lu^1	nu^1	nu^1	nu^1	nu^1	nu^1	nu^1	nu^1	nau^1

从表 4 可以清楚地看到，傣语 9 个方言点中的"鼠"的读法具有一致性，都是"nu^1"及其语音变体，没有其他来源形式，与布依语的类型 1 和壮语中的 33 个点的类型来源一致。同样，傣语分为四大方言，各大方言之间有不同层次的语音和词汇上的差异，但"鼠"在其中的表现却极为一致，其一致性远大于没

有方言差异、内部更为统一的布依语。

通过对比分析壮语方言和傣语方言的"鼠"可知，布依语的"鼠"在各地方言中表现得更加复杂。对于这种差异，本文认为有两种可能，一是受到语言接触和影响的作用，布依语可能从其他语言或者方言中吸收了其他形式的"鼠"一词；二是由布依族社会文化变迁所导致的布依语内部自身结构的变化发展所致。

从语言接触与影响的角度来探讨。从地理区位来看，布依语主要分布在贵州西南部，除亲属语言壮语和水语外，与布依语频繁接触的主要有苗语西部方言、彝语、仡佬语等（仡佬语方言差异较大，系属问题目前学术界暂无统一定论）。试比较布依语与接触语言的"鼠"的读法（表5）：

表5　布依语与接触语言的"鼠"

语言	布依语 （黔西五里）	布依语 （织金官寨）	布依语 （水城发耳）	布依语 （贞丰）	布依语 （安顺黄腊）	布依语 （六枝关寨）
读法	fau^3	vau^3	nai^5	nu^1, $ðuan^{31}$	veu^3	nai^5

语言	苗语 （大南山）	彝语 （大方）	仡佬语 （大方红丰）	仡佬语 （贞丰坡帽）	仡佬语 （安顺湾子）	仡佬语 （六枝居都）
读法	$ɣua^{13}$, $naŋ^{21}$	hua^{33}	$ma^{42}ɬja^{35}$	$mo^{42}lo^{42}$	$lɔ^{55}$	$ɬi^{35}$

苗语（大南山）、彝语（大方）、仡佬语的"鼠"的读法各不相同，仡佬语内部方言虽有差异，但来源应当相同。一般说来，借词借入都有其语音理据性，即借词在借入语和目标语之间应当语音相同或相近。用同上述语言（方言）邻近的布依语各地土语点与之比较，可发现，布依语的"vau^3/fau^3/veu^3""nai^5""nu^1""$ðuan^{31}$"等多种类型，包括分布在其他地区的"kui^3""$tsha^4$""na^4""$ʔdui^5$"，无论何种类型，其语音形式与上述语言和方言都没有明显的对应关系。因此，可以基本确定，布依语内部的"鼠"义词的差异并非由于布依语与苗语、彝语、仡佬语等语言接触导致。布依语内部多种"鼠"义词的来源及其产生机制可能是由布依族社会文化变迁导致的。

四、布依语"鼠"的来源探究

（一）类型1来源

nu^1，与布依语最为相近的壮语、傣语中，绝大多数地区为该读法。该读法在侗台语中较为普遍，一致性很高。侗台语中的"鼠"的读法如表6所示：

表6　侗台语中的"鼠"的读法

类型／地点	泰语	老挝	西傣	德傣	龙州	邕宁	武鸣	柳江	布依
读法	nu¹	nu¹	nu¹	lu¹	nu¹	nu¹	nu¹	nu¹	nu¹

类型／地点	侗南	侗北	仫佬	水语	毛南	佯僙	锦语	莫语
读法	nɔ³	nɔ³	ŋɔ³	nɔ³	nɔ³	nɔ³	ŋɔ³	ŋɔ³

资料来源：金理新《汉藏语系核心词》，民族出版社，2012。

李方桂构拟的台语支原始共同语的辅音为 *hn，元音为 *uu，金理新构成的侗台语的共同形式为 *q-nu～*q-nuʔ，其中台语支是前一种形式，侗水语支是后一种形式。在来源上，邢公畹用汉语的"鼠"来与该读法对应：广州话 *sy3<ɕjwo<sthjaɡ。其认为古汉语的不送气 *t– 可以和侗台语的 *hn 对应。

值得说明的是，虽然该读法在侗台语分布中一致性很高，但在布依语的 91 个调查点中，只有 14 个点有该读法，这并不是布依语中最普遍的读法。此外，从地理分布上看，nu¹ 分布也并不广泛，地域限制明显。

通过在侗台语内部进行比较可知，类型 1 与其语族内部其他亲属语言有着密切的语源关系。而侗台语的"鼠"与其他语族的"鼠"的读法的关系如何，本文比较赞同金理新的探讨，二者的关系详见表7：

表7　侗台语中的"鼠"与其他语族的"鼠"的读法

地点	养蒿	腊乙坪	先进	石门	瑶里	虎形山	文界	长垌	陶化
读法	naŋ¹¹	nen³³	naŋ²¹	Nau³³	Nei⁴⁴	Nɯŋ²²	Ne⁴²	Nen³¹	Nɤŋ³³

地点	江底	湘江	十里香	棉花坪	三江	公坑	罗香	大坪
读法	naːu²³¹	—	Nau²³²	Na³³	nɔ²¹	Na³³⁴	—	—

资料来源：金理新《汉藏语系核心词》，民族出版社，2012。

通过对比苗瑶语族各地语言，金理新认为苗瑶语"鼠"的这种一致性构拟的共同形式为 *naːu<*nuː，同原始侗台语的"鼠"相似，由此得出侗台语跟苗瑶语"鼠"一词有共同的来源的结论。此外，金理新根据藏缅语族各语支语词的对比，构拟原始藏缅语的"鼠"有藏语型的 *b-yu，缅语型的 *g-ʀak，又因台湾南岛语内部的"鼠"彼此一致性极差，而提出侗台语、苗瑶语跟藏缅语、汉语的"鼠"不同，也跟南岛语的"鼠"无关的观点。由此可见，布依语表示"鼠"义的"nu¹"读法的来源应最为古老。

（二）类型 2 来源

"nɑi⁵"是调查点中最多的读法，主要分布在黔西土语区和黔南土语的西部地区。在黔西土语区中，除镇宁、普定的 4 个调查点为 tsha⁴ 外，其他调查点都无一例外地读成"nɑi⁵"。这个读法与壮语北部方言区的丘北、德保的读法一致，但在壮语南部方言、傣语各个方言点中并未找到相应读法，这说明用"nɑi⁵"来表示鼠，是原始布依语和壮语北部方言从台语支分化出去后才产生的。从地理位置上看，出现在壮语北部方言区西部的"nɑi⁵"也出现在布依语区的西部边缘地带，符合壮傣民族向西向北迁移的历史过程。

（三）类型 3 来源

vau³ 读法在布依语区中分布较广，分布在黔南土语区的西南部和广大的黔中土语地区，该读法通常与 nu¹ 读法邻近分布，即同一个地区不同的小片区往往分别用"vau³"和"nu¹"来表示"鼠"。

关于 vau³ 读法的来源，在公开发表的资料中未查到相关论述。鉴于布依语中常有语音交替构成新词的方法，本文认为"鼠"的 vau³ 和"蝙蝠"vau² 读法有声调交替关系。李方桂曾指出，vaau B2 在傣语中的意思是"风筝"，可能与侗台语中的 vau²"蝙蝠"的读法有关。值得注意的是，该读法并未在同语支中找到对应，在黔中土语区的点 43（黔西五里）读作带清辅音的 fau³。占升平曾对布依语唇齿擦音清浊分化的过程进行过探讨，认为黔南土语的单浊双清和黔西土语的单清双浊是不同历史层次演变所致。不论其历史分化先后情况怎样，原始布依语在分化成现代各个土语之前，vau³/fau³ 类型的"鼠"就已存在，并非土语分化后产生。

（四）类型 4 来源

"suan³"主要分布在布依语区最东端的荔波县和三都水族自治县一带。布依语中指动物或小孩在地上"爬行，匍匐"也用"ðuən²"，而"鼠"作为常见的爬行动物，在语义上当与"爬"有着紧密关系。此外，在黔西南的贞丰、安龙、册亨一带，常常存在 vau³ 和 ðuən² 的共存，前者通常指"家鼠"，后者通常指野外的鼠，类似于"松鼠"。在没有"vau³"这个词的地方，ðuən² 的语义范围扩大，包含了 vau³ 的语义。

由此可见，布依语区各地不同语词的产生往往是因为对事物意义的分类或区别有不同的精细划分。其来源应该与不同地区的布依族先民的认知行为有关。由于布依族先民迁移和分化，且受地理环境因素的影响，居住在不同地区的布依族先民，所能接触到的动物类别不同，故其认知差异体现于各地的语词中。

（五）类型 5 来源

"kui³"是黔南州罗甸一带的读法。表示"鼠"的该读法在亲属语言中没有找到相关的对应。

（六）类型 6 来源

tsha^4 主要分布在黔西土语区中的镇宁、普定一带。布依语中的塞擦音 ts（包括送气的 tsh）通常被认为是后起的，是原始布依语经过分化以后产生的，主要分布在第三土语区和部分第二土语地区，与其他土语的发音部位相近的声母对应。由此可见，"鼠"的"tsha^4"读法的来源相对较晚，其在土语中的声母分化证明了这一观点。

（七）其他类型来源

类型 7 的"ðap^8"读法特殊，分布地区比较集中，只有惠水打引（40）、长顺敦操（87）、独山董岭（90）3 个点有该读法。类型 8 的"na^4"和类型 9 的"ʔdui^{35}"读法很少，由于收集到的资料有限，本文尚未对此下定论。

五、结语

本文从具体的语言材料出发，对布依语中 91 个点的"鼠"的表达形式进行分类并描述其分布特征，随后用同属于古语支的壮语、傣语与其进行对比，分析其中的异同。研究发现，虽布依语整体内部较为一致，分布地区也较为狭小，但被认为是早期固有词的"鼠"在布依语中的表现却参差不齐，这种内部差异甚至大于分布更广、方言更加复杂的壮语和傣语的情况。布依语"鼠"的各种来源有其自身的机制，继承了原始侗台语的类型 1 "nu^1"来源最早；布依语和北部壮语从台语中分化出来之后才产生了类型 2 "nɑi^5"；从类型 3 的 vau^3/fau^3 辅音清浊分化可以推断，其在布依语土语未分化之前的原始布依语中就已经存在。这三种类型是布依语"鼠"义词主要类型，在布依语中的读法最广泛。读作送气塞擦音的类型 6 "tsha^4"，是布依语第二、第三土语中后起的。其他类型中的"ðuən^2""kui^3""na^4""ʔdui^{35}"等并非借自所接触的苗语西部方言、彝语、仡佬语等语言（方言），是由布依族内部自身社会文化变迁和布依语内部语言结构变化所致。

对布依语"鼠"进行研究，尤其是对其不同类型的来源进行探讨，但因语料不够丰富等导致论述分析不够全面。本文大胆地从一个词"鼠"的表达出发，做一个初步的、尝试性的探索，为今后进行更深入的探索和研究提供思路。

参考文献

[1] 王士元. 汉语的祖先 [M]. 李葆嘉，译. 北京：中华书局，2005.

［2］张均如，梁敏，欧阳觉亚，等.壮语方言研究［M］.成都：四川民族出版社，1999.

［3］周耀文，罗美珍.傣语方言研究［M］.北京：民族出版社，2001.

［4］周国炎.仡佬族母语生态研究［M］.北京：民族出版社，2004.

［5］李方桂.比较台语手册［M］.丁邦新，译.北京：清华大学出版社，2011.

［6］金理新.汉藏语系核心词［M］.北京：民族出版社，2012.

［7］邢公畹.汉台语比较手册［M］.北京：商务印书馆，1999.

［8］占升平.布依语中唇舌擦音和舌尖擦音的演变［J］.黔南民族师范学院学报，2010，30（4）：1-4.

布依语纺织词汇语义场特征的文化语义学分析

王封霞

（中央民族大学中国少数民族语言文学学院　北京　100081）

摘　要：布依语词汇系统中有大量用来表示纺织生产实践概念的词汇，这个词汇体系被称为纺织词汇体系。它们依据某种语义特征聚合成布依语纺织词汇语义总场。本文根据语言田野调查的第一手材料，运用语义场理论和方法分析布依语纺织总语义场体现出的层级性、中层语义场缺乏上位词、场内存在与汉语无法——对应的义位等特征，并试图结合文化语义学理论来解释这些特征中深层的文化因素。

关键词：布依语；纺织语义场；层级性；上位词缺乏；民族性；文化语义学

一、引言

语义场中的"场"是源于物理学概念中相互作用的场。后来语言学家将其引入语言学，用于表示一种语言词汇以某种共同的语义特征相互制约、相互作用构成的语义场。布依语纺织词汇体系以"纺织生产活动"这一共同语义特征构成一个大的语义总场。这个总语义场由一套用于表示纺、织、染、整、绣、缝的词汇体系组成，是一个庞大、完整和复杂的词汇网络场。语言是文化的重要组成部分，语义是语言的意义内容，语言的文化因素也体现在语言的意义中。庞大的布依语纺织词汇网络场蕴含着布依族特有的民族文化特征。

二、布依语纺织词汇语义场的特征呈现

语义场是由与某义词有紧密关系的词组成，它实际上是一个概念场，拥有自身的特点。布依语纺织词汇依据共同语义特征聚合而成的总语义场，表现出层级性、中层语义场缺乏上位词、场内的义位无法与汉语——对应的特征。

（一）层级性的特征

关于语言的语义总场，贾彦德在《语义学导论》（1986）里指出：一种语言中的词可以按照某一共同的语义特征分出若干语义场，每个语义场内部根据语义场成员所共同具有的语义特征再细分为若干较小的场，这些较小的场就称为子场。子场往往还分为更小的子场，这样一次次分下去，直到不能再分，就叫最小

子场。对于语义总场的分析，贾彦德在《汉语语义学》（1992）里也指出要对词汇总场逐层划分，一直分到一个最小子场中的各个义位。划分语义总场能够较好地体现语义场的层级特征。

语义场层级特征是语义场自身内在的特征，是语义场的一种基本特征。如现代汉语总语义场从纵向上分，可以分为 11 个层级。层级特征往往体现母场与子场之间的关系。这种层级特征也较为突出地体现在布依语纺织词汇语义场里。布依语纺织词汇以"纺织生产活动"这一共同的语义特征聚合成总语义场，总语义场内的义位分别依据"纺织工具""纺织加工动作""纺织成品"3 个语义特征聚合成 3 个子语义场，即"纺织工具词汇语义场""纺织加工动作词汇语义场""纺织成品词汇语义场"。本文以布依语纺织词汇总语义场的部分义位进行说明，具体情况如图 1 所示：

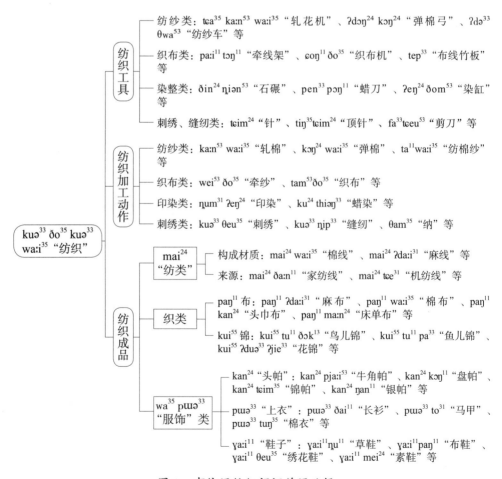

图 1　布依语纺织词汇总语义场

这三个子语义场亦是总语义场的二级语义场。三个子语义场内的义位分别按照内部语义联系划分各自的子语义场。如纺织工具子语义场依据"工具"这一语义特征的联系形成"纺纱类工具词汇义场""织布类工具词汇义场""染整类工具词汇义场""刺绣、缝纫类工具词汇义场"4个子语义场，同时这4个子语义场是总语义场中的第三层子语义场。纺织工具词汇语义的下级子语义场，如纺纱类工具词汇子语义场中的义位 tɕa³⁵kaːn⁵³waːi³⁵ "轧花机"、ʔdəŋ²⁴kəŋ²⁴ "弹棉弓" 和 ʔdə³³θwa⁵³ "纺纱车" 等，依据"纺纱功能"这一语义特征联系成一个子语义场。

语义场中的义位既相互联系，又相互区别。这些义位常常聚合成子语义场。依据这个原理，子语义场中又包含若干个子语义场。布依语纺织词汇义场中依据某种紧密的联系聚合成一个子语义场。如以 mai²⁴ "线" 作为上位词的纺类纺织品词汇语义场中的4个义位 mai²⁴waːi³⁵ "棉线"、mai²⁴ʔdaːi³¹ "麻线"、mai²⁴ðaːn¹¹ "家纺线"、mai²⁴tɕe³¹ "机纺线" 里，mai²⁴waːi³⁵ "棉线" 和 mai²⁴ʔdaːi³¹ "麻线" 以"构成材质"这一共同的语义特征相互联系，但因受到上位词 mai²⁴ "线" 的共同支配，两者又相互区别，形成一个二元对立的子语义场，mai²⁴ðaːn¹¹ "家纺线" 和 mai²⁴tɕe³¹ "机纺线" 也以同样的方法相互联系与区别，构成二元对立的子语义场。

此外，布依语纺织词汇语义场中的某一个义位常常可以独立成为一个语义场，能够再划分出若干个子语义场。如 paŋ¹¹ "布" 是织类成品词汇语义场中的一个义位，支配着 paŋ¹¹ʔdaːi³¹ "麻布"、paŋ¹¹waːi³⁵ "棉布"、paŋ¹¹kan²⁴ "头巾布"、paŋ¹¹maːn²⁴ "床单布" 等义位，它们在 paŋ¹¹ "布" 的共同支配之下聚合成一个子语义场。

因此，布依语纺织词汇语义场内部的义位与义位之间相互联系，在外部上义位之间紧密联系，形成一个大的语义总场，且在内部上义位之间又能相互区别，形成一个个子语义场，使场与场在整体上形成鲜明的层级特征。

（二）中层语义场缺乏上位词的特征

在布依语纺织词汇语义场中，层级较高的语义场的上位词比较缺乏，相反层级较低的语义场的上位词较为齐全。具体情况如图2所示：

图 2　布依语纺织词汇语义场第一、第二层级

从图2来看，布依语纺织词汇语义场第二层级的三个语义场是根据下一级纺

织词汇的共同语义特征概括出来的，但在布依语纺织词汇系统甚至在布依语词汇系统中并无相对应的词汇，使得第三层级的语义场无上位词。这个角度体现了布依语纺织词汇系统中缺乏层级较高、概括性较强、加细程度较低的词；相反，层级较低、加细程度较高的词却非常丰富，如表示具体工具的名称、加工动作、纺织成品名称的词。此处以纺织工具语义场为例，如图3所示：

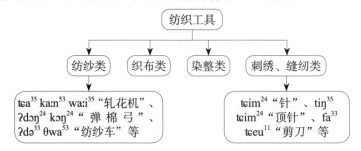

图3　布依语纺织工具词汇语义场

上图是布依语纺织工具词汇语义场，该语义场包括3个层级，语义场中的第三层级亦是布依语纺织词汇总语义场的第四层级。从图3可知，布依语纺织工具词汇语义场的第一层级和第二层级是根据下一级的共同语义特征概括出来的，在布依语词汇系统中无对应的义位。但是第三层级中的义位却很丰富，而这些义位均是纺织工具具体的名称，为概括程度低、加细程度高的词。

由此，本文认为在布依语纺织词汇语义场中概括程度较高的上位词较为缺乏，概括程度较低的具体指称概念的词较为丰富。

（三）场内的义位无法与汉语一一对应的特征

本文在将布依语纺织词汇语义场中的义位对译为汉语时，发现在汉语中找不到直接相对应的义位，而只能用解释性的短语形式来表达。例如：

taːu⁵³ 庹的四分之一。

ðaːi¹¹ðo³⁵ 牵纱时把它放在经纱里，使经纱交叉的金竹棒。

wɯɯət³⁵ðaːi¹¹ 牵纱的动作之一，按照布成品图案的需要在手板上将纱线交叉好后挂在牵纱起始点。

laːn¹¹/poŋ³³ 缝的动作之一，针法比较粗糙，针步比较大，目的是将两片布料简单地缝合。

ɕeu³¹ 缝的动作之一，针法是斜针，针步比较小，针步之间密集，目的是使缝合处更加牢固。

tɕau¹¹ 缝的动作之一，缝纫时把线缠卷在针尖，缝缀之后，针步呈山字形，不仅使缝合处更加牢固，还可达到装饰的效果。

两种语言无法完全对应，不仅体现在表达意义不是一一对应以及不同语言的词相联系的概念不尽一致上，还体现在一种语言里独有的词汇。这是由于"每个民族都有自己代表性的物质生产、生活方式，与之相关的名词术语、动作行为均有其本民族约定俗成的指称"。有学者认为"独有的义位，具有独特的文化负荷，带有独特的文化标记"。布依族是"勤于耕，善于织"的民族。布依族纺织历史悠久，从陶纺轮、石纺轮看，早在远古的新石器时代，布依族先民已能将野生植物的纤维捻成细线，织成粗布，学会原始的纺织技术，穿上衣服。在《元史·泰定帝本纪二》里就已经有布依族纺织的棉布作为朝廷贡品的记载。历经悠久历史的沉淀，布依族能生产出种类丰富、质地优良的纺织品。这种特点体现在布依语独有的词汇中。本文以布依语纺织成品"布子"语义场中的义为例，布依语纺织词汇 paŋ¹¹ "布"子语义场的义位数量丰富。例如：

paŋ¹¹ða:n¹¹ "家织布、土布"、paŋ¹¹tɕe³¹ "机织布"、paŋ¹¹wa:i³⁵ "棉布"、paŋ¹¹ʔda:i³¹ "麻布"、paŋ¹¹puɯ³ /paŋ¹¹tan⁵³ "服饰布"、paŋ¹¹kan²⁴ "头巾布"、paŋ¹¹ma:n²⁴ "床单布"、paŋ¹¹ʔda:t³⁵/paŋ¹¹ʔda:n³⁵ "孝布"、paŋ¹¹kɔp³³ "四片综的布"、paŋ¹¹piu²⁴ "两片综的布"、paŋ¹¹pik³⁵ "青色布"、paŋ¹¹fon³¹ "黑色布"、paŋ¹¹tau³³ "蓝色布"、paŋ¹¹ɣa:u²⁴ "白色布"、paŋ¹¹ʔbuk³⁵ "厚布"、paŋ¹¹ðek³³ "薄布"、paŋ¹¹pja³¹ "织得稀的布"、paŋ¹¹nak³³ "织得密的布"、paŋ¹¹la:ŋ³⁵ "素布"、paŋ¹¹ða:i¹¹ "花布"、paŋ¹¹neŋ¹¹ "蚊子纹布"、paŋ¹¹wa:i³⁵θa:n²⁴ "棉花籽纹布"、paŋ¹¹pi³³ "饭豆纹布"、paŋ¹¹ðak³⁵ɣa¹¹ "茅草纹布"、paŋ¹¹tɕiəŋ¹¹θa¹¹ "锅脚纹布"、paŋ¹¹wa:i³⁵ɕeu²⁴ "花椒纹布"、paŋ¹¹wa:i³⁵ɕeu²⁴θam²⁴ "花椒纹三布"、paŋ¹¹wa:i³⁵ɕeu²⁴ɕat³⁵ "花椒纹七布"、paŋ¹¹wa:i³⁵ɕeu²⁴pet³⁵ "花椒纹八布"、paŋ¹¹wa:i³⁵ɕeu²⁴ku⁵³ "花椒纹九布"、paŋ¹¹wa:i³⁵ɕeu²⁴ɕip³³ŋi³³ "花椒纹十二布"等。

义场中的义位以材质、来源、用途、综的数量、颜色、质地、花纹等语义特征作为区别性特征。义场中部分义位无法与汉语确切对应。例如：

paŋ¹¹wa:i³⁵ɕeu²⁴θam²⁴ 布料格纹内的图案是点点星星形，类似于花椒，间隔的格子由三条经纱织成。

paŋ¹¹wa:i³⁵ɕeu²⁴ɕat³⁵ 布料格纹内的图案是点点星星形，类似于花椒，间隔的格子由七条经纱织成。

paŋ¹¹wa:i³⁵ɕeu²⁴pet³⁵ 布料格纹内的图案是点点星星形，类似于花椒，间隔的格子由八条经纱织成。

…………

以图案名称对组成格纹的经纱进行命名，但为了方便对应到汉语，本文以直接对译的方式，将 paŋ¹¹ wa:i³⁵ ɕeu²⁴ θam²⁴ 直译为"花椒纹三布"，paŋ¹¹ wa:i³⁵ ɕeu²⁴ çat³⁵ 直译为"花椒纹七布"，paŋ¹¹ waːi³⁵ çeu²⁴ pet³⁵ 直译为"花椒纹八布"。但在汉语中"花椒纹三布""花椒纹七布""花椒纹八布"不是成立的短语。布依语纺织品布词汇语义场生动形象地展现布依族地区布纺织品数量丰富的特征，独有的义位更是体现了布依族地区独特的纺织工艺及审美观。

布依族地区除了能纺出质地优良的棉布，还盛产锦、刺绣和印染等。尤其印染工艺在布依族地区较为著名，盛产蜡染的镇宁布依族苗族自治县扁担山镇石头寨享有"蜡染之乡"的美誉。蜡染工序复杂，工具类型繁多，体现在布依族人们对蜡染工具词汇语义切分的细腻上。例如：

pen³³loŋ¹¹ 蜡刀

pen³³loŋ¹¹ʔduə³³ma³³（用于做花瓣的）蜡刀

pen³³loŋ¹¹sɑu¹¹ma³³（用于做花边的）蜡刀

pen³³loŋ¹¹ta¹¹tɔk²⁴（用于勾勒直线的）蜡刀

pen³³loŋ¹¹tu¹¹nak²⁴（用于点蜡的）蜡刀

pen³³loŋ¹¹ɬɔŋ³³lin¹¹ 两片叶蜡刀

pen³³loŋ¹¹ɬaːŋ³³lin¹¹ 三片叶蜡刀

pen³³loŋ¹¹ɬei⁵³lin¹¹ 四片叶蜡刀

pen³³loŋ¹¹xa³⁵lin¹¹ 五片叶蜡刀

pen³³loŋ¹¹sɔk³¹lin¹¹ 六片叶蜡刀

pen³³loŋ³³tsak³⁵lin¹¹ 七片叶蜡刀

pen³³loŋ¹¹tçhik¹¹ŋei²⁴lin¹¹ 十二片叶蜡刀

综上所述，布依语纺织词汇语义总场上下关系的层级特征明显，但在层级性关系中，因概括性高、加细程度低的词较少，导致中上层的语义场缺乏上位词；而概括性低、加细程度高，表示具体指称物的词的数量却非常丰富。

三、文化语义学的解释

（一）文化语义学

"文化语义学（cultural semantics）"由国外学者首先提出，这个名称来源于日本学者中村敏的著作《文化语义学初探》和《文化意味论》。在 20 世纪 90 年代中后期，国内学者开始讨论文化结构影响下的语义研究，如詹人凤《现代汉语语义学》（1997）从文化角度对语义场分类进行全新的思考和考量；杨喜昌《对俄语动词的文化语义学分析》（1997）和孙凯、付长友《对俄汉对应词的文化语义学分析》（1999）从文化差异的角度分析俄汉词的对应情况；胡东平《文化义场假说》（2000）尝试提出"文化义场假说"。但真正明确"文化语义学"概念并进行专门研究的是吴国华和马清华两位学者。吴国华《文化词汇学》（1996）将语义学理论与文化视角相结合，把义素划分为社会性义素和个人义素。之后吴国华、杨喜昌《文化语义学》（2000）中明确提出文化语义学术语和文化语义学研究的对象、任务及方法。书中认为文化语义学作为文化语言学的分支学科，侧重系统探讨词语的民族文化语义特点，以及受民族文化制约的非理性意义的形式化分析手段等。马清华《文化语义学》（2000）一书则被认为是国内文化语义学的首创之作，书中首先阐述清楚语义和文化的相互独立性，认为"文化只不过是与语义发生关系的界面之一"，界定了文化语义学研究的范围。书中还明确指出文化语义学研究的任务，即"研究人类基本文化结构对语义的作用规律，立足语义学，发掘文化和语义交互作用的规律，并进行科学的范畴化和体系化，揭示语义的文化本质，完善和深化语义理论和语言类型学研究，指导具体的文化语义研究"。自文化语义学被提出后，其理论和方法得到广泛的运用。人们运用文化语义学的理论和方法，从文化语义学的视角来分析具体的语言现象，如杨元刚《汉英词语文化语义对比研究》（2005）、张锐《俄汉语动物词文化语义对比》（2008）、张强《英汉语动物词文化语义对比》（2010）、张丹《汉语方位词的文化语义研究》（2014）、许钟宁《颜色名词语的文化语义》（2014）、李伟《福建畲族"凤凰装"服饰符号的文化语义探析》（2015）、石文蕴《满语服饰词语文化语义研究》（2016）、尹鹏阁《满语饮食服饰词语文化语义研究》（2018）、王枫《文化语义学视域下的琴棋书画类熟语研究》（2019），等等。

（二）语义切分细度具有文化因素

词对客观世界概括的程度是语义场呈现层级性特征的基础。"语义场中，位于层级高的语义概括程度就高，反之，层级低的语义概括程度就低。"kan²⁴"头帕"、maːu³³"帽子"、pɯə³³"上衣"、wa³⁵"裤子"、ɣaːi¹¹"鞋子"以 wa³⁵pɯə³³"服饰"这一共同特征聚合成 wa³⁵pɯə³³"服饰"语义场。义场内的义位依据性质、功能、外貌特征等加以区别，相比于上位词 wa³⁵"服饰"而言，义位概括得更为具体，语义特征更为丰富，所处的层级更低。以布依语纺类成品词汇语义场为例，布依语纺类成品词汇语义场以 mai²⁴"纱、线"作为上位词，其义位有 mai²⁴waːi³⁵"棉线"、mai²⁴ʔdaːi³¹"麻线"、mai²⁴θi²⁴"丝线"、mai²⁴mau³¹ɕiən²⁴"毛线"、mai²⁴ðaːn¹¹"家纺线"、mai²⁴tɕe³¹/mai²⁴ɕɯ³¹"机纺线"、mai²⁴ʔbuk³⁵"粗线"、mai²⁴ðek³³"细线"、mai²⁴to¹¹"机纺粗线"、mai²⁴laːŋ³⁵"机纺细线"、mai²⁴piu²⁴"单股线"、mai²⁴ɕop³⁵"双股线"等。这个语义场中的义位以材质、来源、质地、构成作为区别性特征，其语义特征更加丰富于上位词

mai^{24} "纱、线"。

而语义切分细度与文化因素有关。马清华《语义分割细度的文化成因》（1999）指出："凡文化上重视的事项或文化上的特色事项，一般区别细致，类义词多；反之，倾向于概括，用词也少。"如民族风情、习俗和饮食、动作、起居、器具、婚姻等在文化方面起重要作用的事物，往往得到细致的分割。布依语纺织词汇语义场中低层级的语义场的义位最为丰富，概括性较高的高层级语义场的义位较少。如纺织成品词汇语义场中的 3 个层级，第一层级在布依语中无对应的上位词，第三层级以第一个构词语义作为上位词构成子语义场，其语义场内的义位数量丰富。据不完全统计，以 ɣaːi^{11} "鞋子"为上位词聚合的语义场有17 个义位。例如 ɣaːi^{11}paŋ^{11} "布鞋"、ɣaːi^{11}ɲu^{11} "草鞋"、ɣaːi^{11}tɕi^{11}jiən^{53} "七眼鞋"、ɣaːi^{11}θuŋ^{33}tɕin^{53} "带松紧带鞋"等，每个义位指称相对应的鞋子名称。

此外，布依语纺织词汇语义场中，其他较低层级的语义场的义位的数量也较为丰富，语义切分亦细腻。这体现了纺织在布依族人民日常生活中的重要性。这种语义切分方式亦是徐志民《欧美语义学导论》（2008）中提出的语言对现实"切割"的方式受到文化因素的影响的具体体现。

（三）语义场具有民族性特征

语言中最活跃的因素是词汇。词汇最能敏感地反映社会生活和社会思想的变化。关于语言文化特性的探讨，学术界的讨论已经很成熟。在语言文化性的视域下探讨文化语义，学术界也早就有讨论。后来有学者明确指出语义场的民族性特征最明显的体现，是不同民族语言的意义大多不是一一对应的，与不同语言的词相联系的概念也不尽一致。对于这个概念的解释和证实，语言学家从不同的角度，运用不同语言作为例子进行论证，但其共同特点是论证"两种语言之间大多的意义不能一一对应"。如特里尔（J. Trier）指出："每种语言都按照自己的方式分解现实，从而确定仅为该语言所特有的现实要素。固定在一种语言中的现实要素，无论如何不会以同一种形式在另一种语言中再现，同样，这些要素也不是现实简单的、机械的反映。"徐志民在《欧美语义学导论》（2008）里将一种语言里不能与另外一种语言直接对应的词汇称为"文化限制词"或"文化局限词"；胡东平《文化语义场假说》（2000）认为，语义场具有民族性特征是由于"语义场内词义的文化性"，如同一个颜色语义场中，英语的 red 注重的是其贬义文化色彩，中国的"红"则表达"红军""红心""红灯记""红榜""满堂红"等，这是因为不同民族的语言联系不同及文化环境存在差异；马清华《语义分割细度的文化成因》（1999）则认为汉语用"稻、米、饭（米饭）"分别代表"植物或谷物、待炊的饮食、食物"3 个阶段，而英语则用 rice 一词概指"植物、谷物、待炊的饮食、食物"4 个阶段，这是因为文化上重视事项或文化上的特色事项的不同。

布依语与汉语两种语言除纺织词汇无法——对应外，其他领域的词汇亦是如此。例如，汉语的人体器官词汇发达，而布依语人体器官词汇较不发达。如在五官词汇中，布依语具体的器官词汇有 ðiə² "耳"、ʔdaŋ²⁴ "鼻"、ta²⁴ "眼"、xo¹¹ "喉"、pa³⁵ "嘴"，但却没有与上位词"器官"相对应的词；如体内器官词，汉语把人体的胸腔和腹腔分为上焦、中焦、下焦，统称"三焦"，而布依语中只有 ʔak³⁵ "胸腔"和 tuŋ³¹ "腹腔"。这与科技水平相关，马清华认为（1999）"科技水平影响语义分割的细度"。这种差异是医学对人体解剖认识的结果，也是民族文化特征性的表现。

因此，布依语纺织词汇语义场中 ta:u⁵³、ða:i¹¹ðo³⁵、wuət³⁵ða:i¹¹、la:n¹¹/poŋ³³、çeu³¹、tçau¹¹ 等在汉语中无法找到相对应的词汇，是由于语义场具有民族性的文化特征。

四、结语

综上分析，布依语纺织词汇语义场不仅具有自身层级性的特征，还具有中上层语义场缺乏上位词、低层语义场义位数量丰富、语义场中存在与汉语无法——对应的义位等民族性特征。究其原因则是语义切分的细度及词汇意义的产生受到文化因素的影响。

参考文献

[1] 胡东平.文化义场假说 [J].湖南农业大学学报（社会科学版），2000（1）：12-15.

[2] 贾彦德.汉语语义学 [M].北京：北京大学出版社，1992.

[3] 崔宝莹.满语渔猎词汇特点的语义场考察 [J].民族研究，2016（4）：35-41.

[4] 张志毅，张庆云.词汇语义学 [M].北京：商务印书馆，2005.

[5] 周国炎.走近中国少数民族丛书：布依族 [M].沈阳：辽宁民族出版社，2015.

[6] 王枫.文化语义学视域下的琴棋书画类熟语研究 [D].呼和浩特：内蒙古大学，2019.

[7] 吴建平.文化语义学理论建构探索 [D].厦门：厦门大学，2006.

[8] 马清华.语义分割细度的文化成因 [J].温州师范学院学报（哲学社会科学版），1999（4）：47-52.

[9] 徐志民.欧美语义学导论 [M].上海：复旦大学出版社，2008.

广西北海市营盘镇山角村佤话研究

——以渔业词汇为例

刘敏义

（广西民族师范学院文学与传媒学院　广西崇左　532200）

摘　要：本文通过实地调研和材料借鉴，从渔业词汇的角度切入，以营盘镇山角村佤话方言词汇为主体对象，将其分别与南康镇伞塘村佤话渔业词汇、营盘镇鹿塘村白话渔业词汇作对比，以期全面、深入地了解营盘镇山角村渔业词汇的基本概貌和发展状况。

关键词：山角村佤话；渔业词汇；海洋文化；社神文化

本文以广西北海市铁山港区营盘镇鹿塘村下辖山角村的佤话方言为研究主体，以渔业词汇为切入点，根据田野调查和查阅资料推定研究结果。从文化背景、语音变异、词汇变异 3 个方面探讨山角村佤话的使用状况和语言变异情况。

一、研究对象

营盘镇，地处广西北海市东南端海岸，位于铁山港区南部。北接南康镇，西与福成镇相连，东南部濒临北部湾，内有独具渔家风情的旅游景点"营盘青山头"。全镇行政区域总面积 99.8 平方千米，辖 2 个社区和 10 个村，其中山角村隶属营盘镇鹿塘村。营盘镇有着发达的渔业和珍珠养殖业，是广西主要的渔业生产基地之一和重要的珍珠养殖基地。此外，营盘渔港还有大西南黄金水道的美称。

营盘镇鹿塘村辖 12 个自然村，分别是大鹿塘村、小鹿塘村、牛屎港村、箣竹仔村、西板塘村、上潭村、下潭村、山角村、杀猪潭村、石牛岭村、九曲村、樟木根村，山角村便是其中之一。鹿塘村西连火禄村，东连白东村，南濒临北部湾，北接周屋塘村，内有 226 县道横贯，地理位置优越，交通相对便利。

鹿塘村村民均为汉族人，其管辖的 12 个自然村中只有山角村使用佤话方言（汉语粤方言的一种，下文简称"山角村佤话"），其他 11 个自然村都是使用白话（汉语粤方言的一种，下文简称"鹿塘村白话"）。山角村是鹿塘村唯一具有迁徙历史且讲佤话方言的自然村。这个村落西靠火禄港，南面临海，北接 226 县道，东面有小规模的鹿塘市场，衣食住行样样便利。

鹿塘村人口密集，地少人多，工业欠缺且手工业并不发达，依靠临海及人口优势，大多数村民从事渔业生产和农业种植工作，少数为个体工商户。以海为生，海洋文化深深地影响着这个村落。在长期的渔业生产中，山角村佤话出现大批渔业词汇，反映了当地丰富多彩的海洋文化。"社神"是鹿塘村一带村民心中护佑他们赶海作业和生活安康的保护神，山角村村民们会在一年四季定期祭拜社神，即"做社"，分别举行春社、夏社、秋社、冬社活动，以求社神护佑村民风调雨顺，平安康健，社神文化也深深地影响着这个村落。

伞塘村是隶属北海市铁山港区南康镇大塘村的一个内陆自然村落，伞塘村又分为大伞塘村和伞塘仔村，下文的伞塘村佤话指大伞塘村人所讲的佤话。该村经济以农业为主，主要种植甘蔗、水稻、花生、番薯等。伞塘村内有 228 国道笔直贯通，外有玉铁铁路经过，交通便利，产业发展迅速，农产品种类多样化。其方言多使用佤话和白话，下文将伞塘村佤话与山角村佤话作对比，探究二者在语言和文化上的异同。

二、研究现状

（一）国内研究现状

第一，关于广西北海粤方言的研究。从目前掌握的文献资料来看，学术界对北海市粤方言的研究多采用与内部方言词汇、普通话词汇、古代汉语词汇作比较的方法，佤话仅作为一个内部的方言点来比较，佤话研究并没有从粤方言的大框架内独立出来。偏重佤话和白话发展的趋同性研究和佤话的"共性"研究，忽视了佤话方言本身在特定的地理环境和民俗文化下形成的"个性"特征。尽管有学者注意到了白话和佤话的差异性研究，但仅停留在词汇层面，忽视对其原因的深究，即对白话和佤话在不同的社会环境、文化环境、语言环境下呈现出不一样特点的研究较少。

第二，关于群体迁移对粤方言发展变化及影响的研究。学术界主要关注归侨群体或华人群体迁移后的粤方言语言生活变化和发展趋向，偏重于国际性群体迁移，对国内群体性迁移后粤方言变化发展的研究较少，研究上倾向宏观的一面。总的来说，伴随着社会环境的变化，群体迁移无论是对迁入地语言还是对迁出地语言，都是相互冲突又吸收交融的过程，既有传承的一面，又有扬弃的一面。

第三，关于广西北海语言调查的研究。查阅文献材料得知，在家庭内部，相较于父辈和祖辈，中小学生北海白话的使用率大大降低，部分中小学生已不会说白话；在家庭外部，调查对象使用普通话和白话的比例较高，几乎不再使用其他方言，使用普通话比例大大提高。就当前北海语言的使用情况来看，越来越多人仅在家庭内部使用佤话交流，在家庭外部更多使用白话和普通话交流，其中使用白话的人数也逐渐减少，使用佤话的人数更是少之又少，可见方言保护形势十分严峻，人们要更加重视对佤话的研究和传承。

（二）国外研究现状

海外的粤方言研究多集中在东南亚地区，大多以华人社区为研究阵地，以研究粤、客、闽三大汉语方言为主。海外粤方言研究常以广东粤语为标准对其进行比较分析。研究粤方言分布和使用情况的论文较多，其次是关于语言变异和发展的研究，也有结合环境和文化影响来解读粤方言的研究。

总体来看，海外粤方言的研究还不够独立，研究还不够细化，且未涉及佤话。因此，本文尝试从粤方言细化的支系——佤话切入，对北海市铁山港区营盘镇山角村佤话渔业词汇进行对比研究，以期突破以往部分研究的局限，为佤话研究提供参考。

三、研究概况

（一）研究内容

本文主要通过实地调查和查阅资料，以渔业词汇为切入点，以山角村佤话方言为研究主体，把沿海且具有迁徙历史的村落——山角村和内陆村落——伞塘村作比较。在主体研究的基础上，分别对其渔业词汇进行比较研究，从而了解山角村佤话方言的部分语言面貌，探寻迁徙后的佤话在不同的地域环境、语言形式和文化背景下的演变状况。初步得出山角村佤话因受海洋文化和语言交杂的影响，而显示出的与内陆伞塘村佤话不同的特点。此外，本文还将山角村佤话与鹿塘村白话作比较研究，寻找白话和佤话在语言使用上的异同点，从而探究佤话在构词和发音上的规律，进一步加深对佤话方言的了解。

本文在佤话语音系统的基础上，首先，从声、韵、调和声韵调的配合等几个方面调研山角村的渔业词汇，展现渔业词汇的形貌及特点。其次，从地域文化、农耕文化和社神文化3个方面，对山角村佤话和伞塘村佤话的异同进行比较分析，把语言置身于社会大文化背景中，挖掘语言中的文化内涵，反观村落文化的景观。再次，从声、韵、调、构词和文化等角度，比较山角村佤话和鹿塘村白话的异同，寻找佤话发展和变异的规律。最后，对全文的比较分析进行概括总结，并指出本文的创新点和不足之处。

（二）研究意义

第一，关于山角村佤话方言的研究，前人研究较少，具有开拓性意义。本文选取沿海村落山角村与内陆村落伞塘村佤话中的鱼类和虾类词汇进行对比研究，较为新颖。

当前关于佤话的独立研究较少，并且忽视了在不同的语言环境和社会环境下不同佤话的个性特征。虽然学界对北海市粤方言的研究较为活跃，但是聚焦营盘镇的语言研究并不多，关于鹿塘村的研究论著几乎为零。佤话是北海方言中最具特色的一种方言，然而不同地域环境下的佤话方言词汇有所不同，表现在临海村落和内陆村落的佤话词汇特点上。分析这些语音词汇现象，有利于了解更多沿海和内陆村落文化碰撞出的火花。

第二，有利于了解山角村的村落文化。据了解，山角村属于灾后重建村落，当地常称之为"山角新村"。2015年2月铁山港区林业局组织开展"百村增绿"村屯绿化活动，山角村获得"北海市第二届文明村庄"称号。山角村是鹿塘村所辖12个自然村中唯一讲佤话的迁徙村落，其迁徙历史和社会背景虽已无可考证，但对了解山角村村落的特色语言文化至关重要，在渔业词汇上表现尤为明显。

第三，记录、保存和传承佤话方言语料。鹿塘村的12个自然村中，山角村是唯一讲佤话的村落，其他村落皆以白话为母语。普通话的普遍推行、白话的强势包围，以及佤话方言保护措施的缺失，导致越来越多的"90后""00后"年轻群体不再讲佤话或者讲的是"非标准"的佤话。佤话方言具有重要的语言学价值和史料价值，基于语言生态的多样性要求，人们应对佤话方言保护予以重视，完整地记录和保存其词汇面貌，为今后佤话的传承和进一步研究做准备。

第四，有利于了解山角村丰富多彩的海洋文化和奇异神秘的社神文化。因受地理位置和环境等因素的影响，在这个人口密集、工业欠缺和手工业不发达的村落，大多数村民从事渔业工作，少数为个体工商户，且村落位置紧靠火禄港，故海洋文化深深地影响着这个村落，表现为山角村佤话中有一批丰富的渔业词汇。"社神"是鹿塘村一带村民心中护佑他们生产作业和生活安康的保护神，山角村村民们会在一年四季定期祭拜社神，以求社神护佑他们风调雨顺，身安体健。

三婆庙是鹿塘村个别大村落祭拜的庙宇，三婆（妈祖）一直是渔民心中护佑他们赶海作业和生活安定的保护神。如牛屎港村和大鹿塘村的渔民们每年定期祭拜三婆，以求三婆护佑。尽管各村所信奉和敬仰的神灵不同，但意在祈求护佑的心愿相同。

（三）研究方法

本文主要采用实地调查、引文借鉴、方言描写、比较研究、数据统计等方法进行研究。

实地调查法：通过实地走访调查，获取山角村佤话、伞塘村佤话和鹿塘村白话渔业语音词汇的第一手材料，以及相关的补充词汇、熟语和歌谣等材料，并了解当地的文化背景。

引文借鉴法：通过借鉴陈滔《广西北海市五个粤方言点语音研究》中的调查资料，获得部分描述白话和佤话语音词汇的相关材料，并借鉴相关的研究方法。

方言描写法：运用音韵学原理，对山角村和伞塘村的佤话语音系统进行描写。

比较研究法：对山角村和伞塘村的渔业词汇作比较研究，形成本文的核心内容，得出在不同环境下佤话的不同特点。

数据统计法：将山角村和伞塘村关于佤话的渔业词汇汇编成数据库，以实现研究使用的查询和统计。

四、渔业词汇

（一）水产类

1. 鱼类。鱼类词汇见表1。

表1　鱼类词汇

名称	发音		
	鹿塘村白话	山角村佤话	伞塘村佤话
海马鱼（海马）	$xɔi^{13}ma^{13}$	$xai^{21}ma^{21}$	$xai^{33}ma^{21}$
石斑鱼	$ʃiak^{21}pan^{55}ŋi^{21}$	$sɛ^{21}pan^{13}ŋu^{55}$	$ʃiak^{21}pan^{55}ŋu^{55}$
大眼鲷（大眼鸡）	$tai^{21}ŋan^{13}kɐi^{55}$	$t'ai^{21}ŋan^{21}kɐi^{13}$	$t'ai^{21}ŋan^{21}kɐi^{55}$
龙舌鱼（龙脷鱼）	$luŋ^{21}lɐi^{21}ŋi^{21}$	$luŋ^{51}li^{21}ŋu^{55}$	$luŋ^{55}li^{21}ŋu^{55}$
金钱鱼（红衫鱼）	$xuŋ^{21}ɬam^{55}ŋi^{21}$	$xuŋ^{51}tsam^{13}ŋu^{55}$	$xuŋ^{55}ɬam^{55}ŋu^{55}$
蓝圆鲹（棍子鱼）	$kwen^{55}tɐi^{21}ŋi^{21}$	$kwen^{21}tɕɐi^{21}ŋu^{55}$	$kwen^{21}tɕi^{21}ŋu^{55}$
沙钻鱼	$sa^{55}tɕin^{21}ŋi^{21}$	$sa^{13}tsuan^{21}ŋu^{55}$	$sa^{55}ts'uan^{21}ŋu^{55}$
鳗鲶鱼（流鱼）	$leu^{21}ŋi^{21}$	$leu^{55}ŋu^{55}$	$lɐu^{55}ŋu^{55}$
斑猪鱼（沙古头）	$sat^{55}ku^{13}t'ɐu^{21}$	$sat^{13}ku^{21}t'ɐu^{55}$	$sat^{21}ku^{21}t'ɐu^{55}$
金鲳鱼	$kɐm^{55}tʃɶŋ^{21}ŋi^{21}$	$kɐm^{13}tʃiŋ^{24}ŋu^{55}$	$kɐm^{13}tʃiŋ^{15}ŋu^{55}$
绿鳍马面鲀（剥皮鱼）	$pɔ^{33}p'ei^{21}ŋi^{21}$	$pɔ^{21}p'i^{55}ŋu^{55}$	$pɔ^{21}p'i^{55}ŋu^{55}$

续表

名称	发音		
	鹿塘村白话	山角村佤话	伞塘村佤话
鳝鱼（鳝仔）	ʃin¹³tsɐi¹³	sun²¹tsɐi²¹	ʃun²¹tsai²¹
鱿鱼	jɐu²¹ŋ̩²¹	jɐu⁵⁵ŋ̩⁵⁵	jɐu⁵⁵ŋ̩⁵⁵
乌贼（墨鱼）	mat²¹ŋ̩²¹	mat⁵⁵ŋ̩⁵⁵	maŋ⁵⁵ŋ̩⁵⁵

2.虾类。虾类词汇见表2。

表2　虾类词汇

名称	发音		
	鹿塘村白话	山角村佤话	伞塘村佤话
螳螂虾（弹虾）	t'an²¹xa⁵⁵	t'an⁵⁵xa¹³	t'an⁵⁵xa⁵⁵
花虾	fa⁵⁵xa⁵⁵	va¹³xa¹³	fa⁵⁵xa⁵⁵
明虾	min²¹xa⁵⁵	min⁵⁵xa¹³	min⁵¹xa⁵⁵
中华管鞭虾（红虾头）	huŋ²¹xa⁵⁵t'ɐu²¹	huŋ⁵¹xa¹³t'ɐu⁵⁵	huŋ⁵¹xa⁵⁵t'ɐu⁵⁵
蓝尾虾	lam²¹mei¹³xa⁵⁵	lam⁵⁵mi²¹xa¹³	lam⁵⁵mi²¹xa⁵⁵

3.蟹类。蟹类词汇见表3。

表3　蟹类词汇

名称	发音		
	鹿塘村白话	山角村佤话	伞塘村佤话
小螃蟹（蟹仔）	xɐi¹³tsɐi¹³	p'ɔŋ⁵⁵xɐi¹³	xai²¹ŋ̩⁵⁵
大螃蟹（大蟹）	tai²¹xɐi¹³	t'ai²¹xɐi¹³	t'ai²¹xa²¹
石头蟹	sia⁴²t'ɐu²¹xɐi¹³	sɛ²¹t'ɐu²¹xɐi¹³	ʃia⁴²t'ɐu⁵⁵xai²¹
蛙形蟹（老虎蟹）	lɐu¹³fu¹³xɐi¹³	lɐu²¹fu²¹xɐi¹³	lao²¹fu²¹xɐi⁴³
青蟹（大蟹，钳大）	tɕ'in⁵⁵xɐi¹³	tɕ'aŋ¹³xɐi¹³	tɕ'in⁵⁵xɐi²¹
白蟹（冬蟹，钳小）	pak²¹xɐi¹³	p'jak²¹xɐi¹³	p'jak²¹xɐi²¹
花蟹（公蟹，壳花，无卵）	fa⁵⁵xɐi¹³	va¹³xɐi¹³	fa⁵⁵xɐi²¹
子蟹（母蟹，壳花，有卵）	tɕi¹³xɐi¹³	tɕi²¹xɐi¹³	tɕi²¹xɐi³³
沙蟹	sa⁵⁵xɐi¹³（仔 tsɐi¹³）	sa¹³hɐi¹³	sa⁵⁵hɐi²¹（仔 ŋ̩⁵⁵）

4.贝类。贝类词汇见表4。

表4　贝类词汇

名称		发音		
		鹿塘村白话	山角村佤话	伞塘村佤话
香螺（花猪螺）		fa⁵⁵tɕi⁵⁵lɔ²¹	fa¹³tsu¹³lɔ⁵⁵	fa⁵⁵tɕi⁵⁵lɔ⁵⁵
小蛤蜊（蛤蜊）		xɔ²¹lɐi⁵⁵	xɔ²³lɐi²¹	xɔ⁵⁵lɐi²¹
扇贝（飞螺）		fei⁵⁵lɔ²¹	fi¹³lɔ³⁵	fei⁵⁵lɔ⁵⁵
大蛤蜊（大蚝）		tai²¹xɐu²¹	t'ai²¹xɐu⁵⁵	t'ai²¹xɐu⁵¹
缢蛏（蛏子、大蛏）		tai²¹kait³³	t'ai³³kak³³	t'ai²¹ka⁵⁵
象拔蚌	母牛鞭螺	mbu¹³ŋɐu²¹pin⁵⁵lɔ²¹	mbu²¹ŋɐu²¹pin¹³lɔ⁵⁵	mu²¹ŋɐu⁵⁵pin⁵⁵lɔ⁵⁵
	公牛鞭螺	kuŋ⁵⁵ŋɐu²¹pin⁵⁵lɔ²¹	kuŋ¹³ŋɐu²¹pin⁵⁵lɔ²¹	kuŋ⁵⁵ŋɐu⁵⁵pin⁵⁵lɔ⁵⁵
文蛤（车螺）		tʂ'ɛ⁵⁵lɔ²¹	tʂ'ɛ¹³lɔ⁵⁵	tʂ'ɛ⁵⁵lɔ⁵⁵

5.虫类。虫类词汇见表5。

表5　虫类词汇

名称	发音		
	鹿塘村白话	山角村佤话	伞塘村佤话
方格星虫（沙虫）	sa⁵⁵tɕ'uŋ²¹	sa¹³ts'uŋ³³	sa⁵⁵ts'uŋ⁵⁵
泥丁（泥虫）	nɐi²¹tɕ'uŋ²¹	nɐi¹³ts'uŋ³³	nɐi⁵⁵ts'uŋ⁵⁵
红线虫（红虫）	xuŋ²¹tɕ'uŋ²¹	xuŋ¹³ts'uŋ³³	xuŋ⁵⁵ts'uŋ⁵⁵

（二）渔业职务类

渔业职务类词汇见表6。

表6　渔业职务类词汇

名称	含义	发音		
		鹿塘村白话	山角村佤话	伞塘村佤话
大工	即船长，是船上的最高指挥员，负责开船和指挥作业的人	tai²¹kuŋ⁵⁵	t'ai²¹kuŋ¹³	t'ai²¹kuŋ¹³
轮机长	负责全船机电和动力设备的技术负责人	len²¹kei⁵⁵tɕɔŋ¹³	len³³ki¹³tɕɐn²¹	len³³ki³³tɕiŋ²¹
水手	航海过程中船上的工作人员，负责从事下网、铺网、拖网、收网等海上作业	sui¹³zɐu¹³	sui²¹nɐu²¹	sui²¹nɐu²¹

（三）渔具类

渔具类词汇包括船的种类、船内部件和作业工具等方面的用语，在这里仅列举船的种类（表7）。

表7　船的种类词汇

名称	含义	发音		
		鹿塘村白话	山角村佤话	伞塘村佤话
灯光船	利用鱼喜灯光的特点进行捕捞的渔船，常用于捕捞鱿鱼	teŋ²¹kɔŋ⁵⁵ʃin²¹	teŋ¹³kɔŋ¹³sun³³	teŋ⁵⁵kɔŋ⁵⁵sun³³
艇仔船	当地专门用于捕捞螃蟹的渔船	t'ieŋ¹³tsɐi¹³ʃin²¹	ɛeŋ²¹tsɐi²¹sun³³	t'ieŋ²¹tsɐi²¹sun³³
大机船	当地专门用于捕捞鱼和虾的渔船	tai²¹t'ɐu²¹ʃin²¹	t'ai²¹ki¹³t'ɐu³³	t'ai²¹ki⁵⁵t'ɐu⁵⁵sun³³

（四）天文及渔汛鱼情类

天文及渔汛鱼情类词汇见表8。

表8　天文及渔汛鱼情类词汇

名称	含义	发音		
		鹿塘村白话	山角村佤话	伞塘村佤话
打台风（翻台风）	即台风，是一种强劲而极具破坏力的热带气旋	fan⁵⁵t'ɔi²¹fuŋ⁵⁵	fan¹³t'ai⁵⁵fuŋ³⁵	fan⁵⁵t'ai³³fuŋ⁵⁵
水上龙卷风（龙绞水、龙吸水）	别名"龙吸水"，是一种高速运转的呈漏斗状的强风漩涡	luŋ²¹kɔ¹³sui¹³	luŋ⁵⁵kɔ³¹sui²¹	luŋ⁵⁵kɔ⁵¹sui²¹
涨潮（水大）	涨潮是一种自然现象，海水上涨	sui¹³tai³³	sui²¹t'ai³³	sui²¹t'ai⁵⁵
退潮（水退）	退潮是一种自然现象，海水下退	sui¹³t'ui⁵⁵	sui²¹t'ui²¹	sui²¹t'ui²¹

五、山角村佤话和伞塘村佤话的渔业词汇比较

（一）从词形、词义比较两地渔业词汇的异同

1. 构词依据。

构词依据是指给事物起名所采用的依据，包括以下三类：一是根据事物本身的特征命名，如形状、纹理、颜色、动态、体质、大小等；二是根据事物的习

性、生长季节或性别等因素命名；三是间接命名，根据事物的特性和人们的心理体验间接命名，如比喻等。见表9。

表9　渔业词汇构词依据

名称	命名依据	鹿塘村白话	山角村佤话	伞塘村佤话
海马鱼（海马）	形状	xɔi¹³ma¹³	xai²¹ma²¹	xai³³ma²¹
石斑鱼	纹理	ʃiak²¹pan⁵⁵ŋi²¹	sɛ²¹pan¹³ŋu⁵⁵	ʃiak²¹pan⁵⁵ŋu⁵⁵
红线虫（红虫）	颜色	xuŋ²¹tɕ'uŋ²¹	xuŋ¹³ts'uŋ³³	xuŋ⁵⁵ts'uŋ⁵⁵
螳螂虾（弹虾）	动态	t'an²¹xa⁵⁵	t'an⁵⁵xa¹³	t'an⁵⁵xa⁵⁵
乌贼（墨鱼）	体质	mat²¹ŋi²¹	mat⁵⁵ŋu⁵⁵	maŋ⁵⁵ŋu⁵⁵
小蛤蜊（蛤蜊）	大小	xɔ²¹lɐi⁵⁵	xɔ²³lɐi²¹	xɔ⁵⁵lɐi²¹
大蛤蜊（大蚝）		tai²¹xɐu²¹	t'ai²¹xɐu⁵⁵	t'ai²¹xɐu⁵¹
远海梭子蟹（公／母）	性别（看有无卵子）	花蟹 fa⁵⁵xɐi¹³	花蟹 va¹³xɐi¹³	花蟹 fa⁵⁵xɐi²¹
		子蟹 tɕi¹³xɐi¹³	子蟹 tɕi¹³xɐi¹³	子蟹 tɕi¹³xɐi³³
白蟹（冬蟹）	季节（冬季生长快）	pak²¹xɐi¹³	p'jak²¹xɐi¹³	p'jak²¹xɐi²¹
沙钻鱼	习性／处所	sa⁵⁵tɕin²¹ŋi²¹	sa¹³tsuan²¹ŋu⁵⁵	sa⁵⁵ts'uan²¹ŋu⁵⁵
大眼鲷（大眼鸡）	比喻	tai²¹ŋan¹³kɐi⁵⁵	t'ai²¹ŋan²¹kɐi¹³	t'ai²¹ŋan²¹kɐi⁵⁵

从表9可知，鹿塘村白话、山角村佤话和伞塘村佤话三者的渔业词汇在构词依据上完全相同，佤话的渔业词汇是从白话中借词的。

用事物本身的特征命名是最为常见的一种命名方式，然而最为独特的是以性别和生长季节命名。据调查得知，部分母海鲜的售价比公海鲜的高，如子蟹（母）的价格高于花蟹（公），原因在于母蟹有红膏（卵子，当地称为"红膏"），肉质更肥美，其经济效益更高。又如母牛鞭螺售价比公牛鞭螺高，原因也在于此。因此，在给海鲜命名时，其性别会备受强调。在冬季生长的海鲜售价比在其他季节生长的更高。如白蟹在冬季会长红膏，变肥美，加上其他蟹类冬季生长缓慢，因此白蟹能在冬季赢得市场优势，经济效益更高。因此，在给海鲜命名时，其生长季节也会备受关注。由此可知，出于售卖获利的考虑，当地人民常以性别和生长季节命名渔业词汇。

2. 两地同形同义的渔业词汇。

从现掌握的词汇来看，两地的词汇皆是同形同义词，构成语素完全相同。示例见表10。

表 10　山角村佤话和伞塘村佤话渔业词汇比较

名称	山角村佤话	伞塘村佤话	构成语素对比
螳螂虾（弹虾）	t'an⁵⁵xa¹³	t'an⁵⁵xa⁵⁵	构成语素完全相同
方格星虫（沙虫）	sa¹³ts'uŋ³³	sa⁵⁵ts'uŋ⁵⁵	构成语素完全相同
白蟹	p'jak²¹xɐi¹³	p'jak²¹xɐi²¹	构成语素完全相同
香螺（花猪螺）	fa¹³tsu¹³lɔ⁵⁵	fa⁵⁵tɕi⁵⁵lɔ⁵⁵	构成语素完全相同
鳝鱼（鳝仔）	sun²¹tsɐi²¹	ʃun²¹tsai²¹	构成语素完全相同

（二）从语音比较两地渔业词汇的异同

1.声母变化。

（1）山角村佤话发舌尖前轻擦音［s］，伞塘村佤话发挤喉擦音［ʃ］。示例见表 11。

表 11　山角村佤话和伞塘村佤话渔业词汇声母发音对比

名称	山角村佤话	伞塘村佤话	声母对比
鳝鱼（鳝仔）	sun²¹tsɐi²¹	ʃun²¹tsai²¹	ʃun²¹ 声母 ʃ，发［s］
石头蟹	sɛ²¹t'ɐu¹³xɐi¹³	ʃia⁴²t'ɐu⁵⁵xai²¹	ʃia⁴² 声母 ʃ，发［s］

（2）山角村佤话当中发舌面不送气清塞擦音［ts］，但目前仅发现一个词例，伞塘村佤话发舌尖前不送气清塞擦音［tɕ］。示例见表 12。

表 12　山角村佤话和伞塘村佤话渔业词汇声母发音变化情况

名称	山角村佤话	伞塘村佤话	声母变化
香螺（花猪螺）	fa¹³tsu¹³lɔ⁵⁵	fa⁵⁵tɕi⁵⁵lɔ⁵⁵	tɕi⁵⁵ 声母 tɕ，发［ts］

（3）山角村佤话发全浊轻唇音［v］，伞塘村佤话发唇齿清塞音［f］。示例见表 13。

表 13　山角村佤话和伞塘村佤话渔业词汇声母发音变化情况

名称	山角村佤话	伞塘村佤话	声母变化
花虾	va¹³xa¹³	fa⁵⁵xa⁵⁵	fa⁵⁵ 声母 f，发［v］
花蟹	va¹³xɐi¹³	fa⁵⁵xɐi²¹	fa⁵⁵ 声母 f，发［v］

2.韵母变化。

（1）总体上看，两地佤话在韵母读音上区别不大，区别部分几乎与白话相同。山角村佤话韵母读音与伞塘村佤话韵母读音不同的部分，部分与白话读音相同。伞塘村佤话韵母读音与山角村佤话韵母读音不同的部分，部分与白话读音相同。

（2）山角村佤话中韵母后不曾出现后缀 ŋi⁵⁵，但在伞塘村佤话中存在。此后

缀 ŋi⁵⁵ 常有细小、微小之意，类似于白话中的词后缀"仔"。示例见表 14。

表 14　山角村佤话和伞塘村佤话韵母对比

名称	山角村佤话	伞塘村佤话	韵母对比
小螃蟹（蟹仔）	p'ɔŋ⁵⁵xei¹³	xai²¹ŋi⁵⁵	伞塘村佤话多后缀 ŋi⁵⁵，表示小的
小沙蟹	sa¹³hei¹³	sa⁵⁵hei²¹ŋi⁵⁵	伞塘村佤话多后缀 ŋi⁵⁵，表示小的

3. 音调变化。

（1）就目前掌握的数据来看，山角村佤话调值为 21 调的字音，伞塘村佤话常读 21 降调，少部分读 33 调或 55 调。55 调常出现在几字短语的中间，如石头蟹中间 t'eu²¹（头），母牛鞭螺中间的 ŋeu²¹（牛），公牛鞭螺中间的 ŋeu²¹（牛），都是 21 调变 55 调。示例见表 15。

表 15　山角村佤话和伞塘村佤话的音调对比

名称		山角村佤话	伞塘村佤话	音调对比
海马鱼（海马）		xai²¹ma²¹	xai³³ma²¹	ma²¹ 都是 21 调，仍读 21 调
大眼鲷（大眼鸡）		t'ai²¹ŋan²¹kei¹³	t'ai²¹ŋan²¹kei⁵⁵	t'ai²¹ŋan²¹ 是 21 调，仍读 21 调
石头蟹		sɛ²¹t'eu²¹ɣɐi¹³	ʃia⁴²t'eu⁵⁵xai²¹	t'eu²¹ 是 21 调，变 55 调
象拔蚌	母牛鞭螺	mbu²¹ŋeu²¹pin¹³lɔ⁵⁵	mu²¹ŋeu⁵⁵pin⁵⁵lɔ⁵⁵	ŋeu²¹ 是 21 调，变 55 调
	公牛鞭螺	kuŋ¹³ŋeu²¹pin⁵⁵lɔ²¹	kuŋ⁵⁵ŋeu⁵⁵pin⁵⁵lɔ⁵⁵	ŋeu²¹ 是 21 调，变 55 调

（2）伞塘村佤话为 55 调，山角村佤话常发 13 调或 55 调。示例见表 16。

表 16　山角村佤话和伞塘村佤话的音调对比

名称	山角村佤话	伞塘村佤话	音调对比
石斑鱼	sɛ²¹pan¹³ŋu⁵⁵	ʃiak²¹pan⁵⁵ŋu⁵⁵	pan⁵⁵ 都是 55 调，山角村佤话变 13 调
大眼鲷（大眼鸡）	t'ai²¹ŋan²¹kei¹³	t'ai²¹ŋan²¹kei⁵⁵	伞塘村佤话 kei⁵⁵ 是 55 调，山角村佤话变 13 调
鳗鲶鱼（流鱼）	leu⁵⁵ŋu⁵⁵	leu⁵⁵ŋu⁵⁵	leu⁵⁵ŋu⁵⁵ 都是 55 调，仍读 55 调
绿鳍马面鲀（剥皮鱼）	pɔ²¹p'i⁵⁵ŋu⁵⁵	pɔ²¹p'i⁵⁵ŋu⁵⁵	p'i⁵⁵ŋu⁵⁵ 都是 55 调，仍读 55 调

（3）就整体的数据来看，山角村佤话的音调变化更丰富多样。伞塘村佤话几乎不发 13 调的字音，多发平调 55 或 33，且是 55 调占多数，33 调较 55 调少。

（4）就整体的数据来看，山角村佤话的调值比伞塘村佤话的调值变化幅度更大，如红衫鱼的 xuŋ⁵¹（红）调值为 51 调，降调值差 4 度。

（三）从文化角度比较两地渔业词汇的异同

　　山角村和伞塘村一般举行"四季社"，即一年四季定期祭拜社神，分别举行春社、夏社、秋社、冬社。不同的是伞塘村把"拜土地公"称为"拜社山公"，山角村只有一位土地神，而伞塘村却有几位社山公。二者的祭拜方式大同小异，不同点在于，伞塘村在除夕之夜会把几位社山公请到一起祭拜，正月十五晚上再把社山公请回去；山角村则是在正月初九左右将社神请出来，正月十五晚上再把社神请回去。

山角村居住在沿海地区，受当地海洋文化和妈祖文化的影响，会有许多与出海相关的渔业词汇禁忌语。白话中此类禁忌的音，在山角村佤话中不可以出现，但伞塘村佤话没有此讲究。比如一张网中的 [fan¹³]（张），[fan] 在白话中对应"翻"，有翻船之意，在山角村佤话中就不可发 [fan¹³] 音，发 [tɕin¹³] 音。

通过对山角村佤话和伞塘村佤话渔业词汇进行比较，可知两地佤话渔业词汇"同大于异"，且越来越趋同于白话。本文记录了 48 个渔业词汇，这 48 个渔业词汇皆是同形同义词，构成语素完全相同，并且都从白话得来，在词形词义上与白话基本一致。如前文所述，在鹿塘村 12 个自然村中，仅山角村是唯一讲佤话的村落，其他的村落都是以白话为母语。随着生产生活发展人们交往越来越密切，以及白话包围强势，越来越多的年轻人不会讲佤话或所言即"非标准"的佤话。因此，两地的佤话越来越趋同于白话。

从语音角度看，声韵母是"同大于异"，音调是"异大于同"，声韵母不同的部分几乎与白话同音。语音上的异同主要表现在：

第一，声母变化。伞塘村佤话发挤喉擦音 [ʃ]，山角村佤话发舌尖前轻擦音 [s]，白话当中常发 [ʃ]；伞塘村佤话发舌尖前不送气清塞擦音 [tɕ]，山角村佤话当中发舌面不送气清塞擦音 [ts]，白话当中常发 [tɕ]；伞塘村佤话发唇齿清塞音 [f]，山角村佤话发全浊轻唇音 [v]，白话当中常发 [f]。

第二，韵母变化。两地佤话在韵母读音上区别不大，区别部分几乎与白话相同。山角村佤话韵母读音与伞塘村佤话韵母读音不同的部分，部分与白话读音相同；伞塘村佤话韵母读音与山角村佤话韵母读音不同的部分，部分与白话读音相同；山角村佤话中无后缀 ŋi⁵⁵，伞塘村佤话当中有，此后缀 ŋi⁵⁵ 有细小、微小之意。

第三，音调变化。山角村佤话调值为 21 调的字音，伞塘村佤话常读 21 降调或读平调 33 或 55，55 调常出现在几字短语的中间。伞塘村佤话平调 55，山角村佤话常发 13 或 55 调。就整体的数据来看，山角村佤话音调变化更丰富多样，而伞塘村佤话中几乎不发 13 调的字音，多发平调 55 或 33，且是 55 调占多数，33 调较 55 调少。山角村佤话的调值会比伞塘村佤话调值幅度变化更大。

从文化角度看，受妈祖文化和海洋文化的影响，临海区域的佤话会根据白话的禁忌语进行语音的变异，但是内陆地区佤话尚未发现有类似的讲究。由此可见，两地渔业词汇总体上"同大于异"，并且越来越趋同于白话。

六、山角村佤话与鹿塘村白话的渔业词汇比较

（一）从构词角度比较两种方言渔业词汇的异同

1. 构词语素。

两种方言渔业词汇在构词语素上完全相同的占绝大多数，构词语素相同部分的占少数，构词语素完全不同的部分尚未发现。示例见表17。

表17　鹿塘村白话和山角村佤话的构成语素

名称	鹿塘村白话	山角村佤话	构成语素对比
海马鱼（海马）	xɔi¹³ma¹³	xai²¹ma²¹	构成语素完全相同
龙舌鱼（龙脷鱼）	luŋ²¹lɐi²¹ŋi²¹	luŋ⁵¹li²¹ŋu⁵⁵	构成语素完全相同
方格星虫（沙虫）	sa⁵⁵tɐ'uŋ²¹	sa¹³ts'uŋ³³	构成语素完全相同
螳螂虾（弹虾）	t'an²¹xa⁵⁵	t'an⁵⁵xa¹³	构成语素完全相同
大机船（头）、大头船	tai²¹t'ɐu²¹ʃin²¹	t'ai²¹ki¹³t'ɐu³³	构成语素部分相同

2. 词缀差异。

后缀"仔"。鹿塘村白话常用后缀"仔"表示事物细小的形态，但由于语音的不和谐性，"仔"在山角村佤话日常用语中很少出现。示例见表18。

表18　鹿塘村白话和山角村佤话词缀对比

名称	鹿塘村白话	山角村佤话	词缀对比
小沙蟹、沙蟹仔、沙蟹	sa⁵⁵xɐi¹³tsɐi¹³	sa¹³hɐi¹³	鹿塘村白话中有后缀"仔"
小乌贼、墨鱼仔、墨鱼	mat²¹ŋi²¹tsɐi¹³	mat⁵⁵ŋu⁵⁵	鹿塘村白话中有后缀"仔"
小花蟹、花蟹仔、花蟹	fa⁵⁵xɐi¹³tsɐi¹³	va¹³xɐi¹³	鹿塘村白话中有后缀"仔"

（二）从语音角度比较两地渔业词汇的异同

1. 声母变化。

（1）鹿塘村白话声母 t 发舌尖中不送气清塞音［t］，山角村佤话发舌尖中送气清塞音［t'］。示例见表19。

表19　鹿塘村白话和山角村佤话声母对比

名称	鹿塘村白话	山角村佤话	声母对比
大眼鲷（大眼鸡）	tai²¹ŋan¹³kɐi⁵⁵	t'ai²¹ŋan²¹kɐi¹³	鹿塘村白话声母t，山角村佤话发［t'］
大蛤蜊（大蚝）	tai²¹xɐu²¹	t'ai²¹xɐu⁵⁵	鹿塘村白话声母t，山角村佤话发［t'］

（2）鹿塘村白话声母 tɕ 发舌尖前不送气清塞擦音［tɕ］，山角村佤话发舌面不送气清塞擦音［ts］。但就目前的数据而言，只是部分发生音变，部分山角村佤话里也发舌尖前不送气清塞擦音［tɕ］。示例见表20。

表20 鹿塘村白话和山角村佤话的声母变化

名称	鹿塘村白话	山角村佤话	声母变化
香螺（花猪螺）	fa⁵⁵tɕi⁵⁵lɔ²¹	fa¹³tsu¹³lɔ⁵⁵	鹿塘村白话声母 tɕ，山角村佤话发［ts］
沙钻鱼	sa⁵⁵tɕin²¹ŋ²¹	sa¹³tsuan²¹ŋu⁵⁵	鹿塘村白话声母 tɕ，山角村佤话发［ts］
子蟹	tɕi¹³xɐi¹³	tɕi²¹xɐi¹³	鹿塘村白话声母 tɕ，山角村佤话发［tɕ］
文蛤、车螺	tɕ'ɛ⁵⁵lɔ²¹	tɕ'ɛ¹³lɔ⁵⁵	鹿塘村白话声母 tɕ，山角村佤话发［tɕ］

（3）鹿塘村白话声母 f 发唇齿清塞音［f］，山角村佤话发全浊轻唇音［v］。示例见表21。

表21 鹿塘村白话和山角村佤话的声母变化

名称	鹿塘村白话	山角村佤话	声母变化
花虾	fa⁵⁵xa⁵⁵	va¹³xa¹³	鹿塘村白话声母 f，山角村佤话发［v］
花蟹	fa⁵⁵xɐi¹³	va¹³xɐi¹³	鹿塘村白话声母 f，山角村佤话发［v］

2.韵母变化。

（1）鹿塘村白话韵母 ei，山角村佤话中发［i］音。示例见表22。

表22 鹿塘村白话和山角村佤话韵母对比（一）

名称	鹿塘村白话	山角村佤话	韵母对比
绿鳍马面鲀（剥皮鱼）	pɔ³³p'ei²¹ŋi²¹	pɔ²¹p'i⁵⁵ŋu⁵⁵	鹿塘村白话韵母 ei，山角村佤话发［i］
蓝尾虾	lam²¹mei¹³xa⁵⁵	lam⁵⁵mi²¹xa¹³	鹿塘村白话韵母 ei，山角村佤话发［i］
轮机长	lɐn²¹kei⁵⁵tɕɔŋ¹³	lɐn³³ki¹³tɕɐn²¹	鹿塘村白话韵母 ei，山角村佤话发［i］

（2）鹿塘村白话韵母 ɔi，山角村佤话中发［ai］音。示例见表23。

表23 鹿塘村白话和山角村佤话韵母对比（二）

名称	鹿塘村白话	山角村佤话	韵母对比
海马鱼（海马）	xɔi¹³ma¹³	xai²¹ma²¹	鹿塘村白话韵母 ɔi，山角村佤话发 ai
打台风（翻台风）	fan⁵⁵t'ɔi²¹fuŋ⁵⁵	fan¹³t'ai⁵⁵fuŋ³⁵	鹿塘村白话韵母 ɔi，山角村佤话发 ai

（3）鹿塘村白话韵母中含有［in］的词汇，山角村佤话中常有 u 和 n 韵母出现，有时有 un 相连。示例见表24。

表24　鹿塘村白话和山角村佤话韵母对比（三）

名称	鹿塘村白话	山角村佤话	韵母对比
沙钻鱼	sa⁵⁵tɕin²¹ŋ²¹	sa¹³tsuan²¹ŋu⁵⁵	鹿塘村白话韵母in，山角村佤话中有u和n
鳝鱼（鳝仔）	ʃin¹³tsɐi¹³	sun²¹tsɐi²¹	鹿塘村白话韵母有in，山角村佤话中有un
灯光船	tɐŋ²¹kɔŋ⁵⁵ʃin²¹	tɐŋ¹³kɔŋ¹³sun³³	鹿塘村白话韵母有in，山角村佤话中有un

3.音调变化。

（1）就鱼、虾、螺类来看，鹿塘村白话调值为13调的词汇，山角村佤话中常变为发21调，即升调变降调。示例见表25。

表25　鹿塘村白话和山角村佤话音调对比（一）

名称	鹿塘村白话	山角村佤话	音调对比
海马鱼（海马）	xɔi¹³ma¹³	xai²¹ma²¹	鹿塘村白话都是13调，山角村佤话变21调
鳝鱼（鳝仔）	ʃin¹³tsɐi¹³	sun²¹tsɐi²¹	鹿塘村白话都是13调，山角村佤话变21调
大眼鲷（大眼鸡）	tai²¹ŋan¹³kɐi⁵⁵	t'ai²¹ŋan²¹kɐi¹³	鹿塘村白话ŋan¹³是13调，山角村佤话变21调
蓝圆鲹（棍子鱼）	kwɐn⁵⁵tɕi¹³ŋ̩²¹	kwɐn²¹tɕɐi²¹ŋu⁵⁵	鹿塘村白话tɕi¹³是13调，山角村佤话变21调
斑猪鱼（沙古头）	sat⁵⁵ku¹³t'ɐu²¹	sat¹³ku²¹t'ɐu⁵⁵	鹿塘村白话ku¹³是13调，山角村佤话变21调
蓝尾虾	lam²¹mei¹³xa⁵⁵	lam⁵⁵mi²¹xa¹³	鹿塘村白话mei¹³是13调，山角村佤话变21调
象拔蚌（母牛鞭螺）	mbu¹³ŋɐu²¹pin⁵⁵lɔ²¹	mbu²¹ŋɐu²¹pin¹³lɔ⁵⁵	鹿塘村白话mbu¹³是13调，山角村佤话变21调

（2）鹿塘村白话调值为55调的词汇，在山角村佤话中大部分变为13调，少部分变为21调或35调。示例见表26。

表26　鹿塘村白话和山角村佤话音调对比（二）

名称	鹿塘村白话	山角村佤话	音调对比
石斑鱼	ʃiak²¹pan⁵⁵ŋ̩²¹	sɛ²¹pan¹³ŋu⁵⁵	鹿塘村白话pan⁵⁵是55调，山角村佤话变13调
大眼鲷（大眼鸡）	tai²¹ŋan¹³kɐi⁵⁵	t'ai²¹ŋan²¹kɐi¹³	鹿塘村白话kɐi⁵⁵是55调，山角村佤话变13调
螳螂虾（弹虾）	t'an²¹xa⁵⁵	t'an⁵⁵xa¹³	鹿塘村白话xa⁵⁵是55调，山角村佤话变13调

续表

名称	鹿塘村白话	山角村佤话	音调对比
中华管鞭虾（红虾头）	huŋ²¹xa⁵⁵t'ɐu²¹	huŋ⁵¹xa¹³t'ɐu⁵⁵	鹿塘村白话 xa⁵⁵ 是 55 调， 山角村佤话变 13 调
香螺（花猪螺）	fa⁵⁵tɕi⁵⁵lɔ²¹	fa¹³tsu¹³lɔ⁵⁵	鹿塘村白话 fa⁵⁵tɕi⁵⁵ 都是 55 调， 山角村佤话变 13 调
扇贝（飞螺）	fɐi⁵⁵lɔ²¹	fi¹³lɔ³⁵	鹿塘村白话 fɐi⁵⁵ 是 55 调， 山角村佤话变 13 调
蓝圆鲹（棍子鱼）	kwɐn⁵⁵tɕi¹³ŋ̍²¹	kwɐn²¹tɕɐi²¹ŋu⁵⁵	鹿塘村白话 kwɐn⁵⁵ 是 55 调， 山角村佤话变 21 调
小蛤蜊（蛤蜊）	xɔ²¹lɐi⁵⁵	xɔ²³lɐi²¹	鹿塘村白话 lɐi⁵⁵ 是 55 调， 山角村佤话变 21 调
打台风（翻台风）	fan⁵⁵t'ɔi²¹fuŋ⁵⁵	fan¹³t'ai⁵⁵fuŋ³⁵	鹿塘村白话 fuŋ⁵⁵ 是 55 调， 山角村佤话变 35 调

（3）就整个数据来看，鹿塘村白话调值为 21 调的词汇，在山角村佤话中大部分变为 55 调，少部分为 21 调、13 调、51 调或 35 调，都是从平调变升调。示例见表 27。

表27　鹿塘村白话和山角村佤话音调对比（三）

名称	鹿塘村白话	山角村佤话	音调对比
沙钻鱼	sa⁵⁵tɕin²¹ŋ̍²¹	sa¹³tsuan²¹ŋu⁵⁵	鹿塘村白话 ŋ²¹ 是 21 调， 山角村佤话变 55 调
绿鳍马面鲀（剥皮鱼）	pɔ³³p'ei²¹ŋ̍²¹	pɔ²¹p'i⁵⁵ŋu⁵⁵	鹿塘村白话 p'ei²¹ 是 21 调， 山角村佤话变 55 调
螳螂虾（弹虾）	t'an²¹xa⁵⁵	t'an⁵⁵xa¹³	鹿塘村白话 t'an²¹ 是 21 调， 山角村佤话变 55 调
斑猪鱼（沙古头）	sat⁵⁵ku¹³t'ɐu²¹	sat¹³ku²¹t'ɐu⁵⁵	鹿塘村白话 t'ɐu²¹ 是 21 调， 山角村佤话变为 55 调
大眼鲷（大眼鸡）	tai²¹ŋan¹³kɐi⁵⁵	t'ai²¹ŋan²¹kɐi¹³	鹿塘村白话 tai²¹ 是 21 调， 山角村佤话仍为 21 调
中华管鞭虾（红虾头）	huŋ²¹xa⁵⁵t'ɐu²¹	huŋ⁵¹xa¹³t'ɐu⁵⁵	鹿塘村白话 huŋ²¹ 是 21 调， 山角村佤话变为 51 调
龙舌鱼（龙脷鱼）	luŋ²¹lɐi²¹ŋ̍²¹	luŋ⁵¹li²¹ŋu⁵⁵	鹿塘村白话 luŋ²¹ 是 21 调， 山角村佤话变为 51 调

七、从文化的角度比较两地渔业词汇的异同

（一）社神文化

据了解，讲佤话的村落一般只举行"四季社"。如山角村一年内会举办四次

"做社",村民们会在一年四季定期祭拜社神,即分别举行春社、夏社、秋社、冬社。而鹿塘村的其他村落,即讲白话的村落会举办"六季社"。如小鹿塘村会举办六次"做社",分别是春社、旦社、夏社、秋社、冬社、福社。福社一般选择在二月初二举办,也叫"祈福",上午拜完社神后,晚上男女老少一齐再拜社神祈福,祈求在未来的一年中能够平安顺意。在年末,各家各户也会自定一天时间,杀鸡和准备茶酒到社神处祭拜以示"还福",答谢这一年社神对全家的护佑,有"祈福"有"还福",年年如此。

不同的村落,在祭拜方式上有所异同。大体上,社神的祭拜通常会杀一头猪和一只生鸡。杀猪的数量有时会根据村子的大小及户数决定,一般村子大、人口多的村子做社会杀两头猪,小的村子杀一头猪,户数过少时或杀猪或到市场买现成的猪肉。在小村落里,无论男女老幼,都可以到村里祭拜社神,但在大村落里女子和小孩禁止祭拜社神。

社神文化历史悠远,深深根植于人们的心中,无论是讲佤话的山角村还是讲白话的其他村落,都深受其影响。

(二)三婆与海洋文化

海边人靠海为生,人们从事渔业生产工作,海洋文化深深地影响着山角村。"三婆"是沿海一带渔民心中的保护神。据说,三婆名叫林默娘,家中有三姐妹,老大在福建,老二在澳门,老三(三婆)在岛上。三婆活着的时候很善良,经常帮助在海上遇难的渔民。她死后,人们为了纪念她,便给她修了一座庙,即现存的三婆庙。三婆庙最初建在涠洲岛,过去鹿塘村大部分村民会把船开到涠洲岛的三婆庙去祭拜。后为便于渔民祭拜,陆续在牛屎港村、大鹿塘村新建共3座三婆庙。

为在农历三月二十三这天迎接三婆的诞期,人们一般会在农历三月十九晒棋,农历三月二十三当天杀全猪和生鸡,即做"旦社"。据说每一个船佬(即渔民)都要参加,以求三婆保佑出海船只平安归来,且能大有收获。与拜社神不同的地方在于,拜三婆的猪除内脏须煮熟外,其他部位都必须是生的,而拜社神的猪须是全熟的,且在形式上颇有讲究。

据说讲佤话的村落是不信奉三婆的,尤其是内陆村落,但山角村村民迁移到当地后,部分渔民也开始祭拜三婆,各种文化习俗逐渐趋同于讲白话的村落。

通过对山角村佤话和鹿塘村白话渔业词汇的比较,得到佤话发展和变异的规律:

从构词角度看,两种方言渔业词汇在构词语素上基本相同,山角村佤话渔业词汇从白话借词而来。随着语言交流日益密切，鹿塘村白话中的后缀"仔"，有时也被运用到山角村佤话中。

从语音角度看，两种方言"异大于同"，但部分字音在逐渐趋同。语音的异同总结为：

第一，声母变化。鹿塘村白话发舌尖中不送气清塞音［t］，山角村佤话发舌尖中送气清塞音［t'］。鹿塘村白话发舌尖前不送气清塞擦音［tɕ］，山角村佤话发舌面不送气清塞擦音［ts］。鹿塘村白话发唇齿清塞音［f］，山角村佤话发全浊轻唇音［v］。

第二，韵母变化。鹿塘村白话韵母 ei，山角村佤话中发［i］音；鹿塘村白话韵母 ɔi，山角村佤话中发［ai］音；鹿塘村白话韵母中含有 in 的词汇，山角村佤话中常有韵母 u 和 n 出现，有时有 un 相连。

第三，音调变化。鹿塘村白话调值为 13 调的词汇，在山角村佤话中常变为发 21 调，即升调变降调；鹿塘村白话调值为 55 调的词汇，在山角村佤话中大部分变 13 调、21 调或 35 调，大部分是从平调变升调；鹿塘村白话调值为 21 调的词汇，在山角村佤话中变为 55 调、21 调、13 调、51 调或 35 调。

从文化角度看，两种方言所体现的文化习俗大不相同。但随着社会交往联系越发紧密，以及受鹿塘村社神文化和妈祖文化的影响，山角村村民的生产生活方式和文化面貌越来越趋同于鹿塘村其他的村落。

尽管现在语音上还呈现出"异大于同"的局面，但从构词和文化发展的趋势中可以看出山角村佤话逐渐趋同于鹿塘村白话。

八、结语

通过比较山角村佤话、伞塘村佤话和鹿塘村白话的渔业词汇，可以归纳出山角村佤话发展的 3 个特征，即继承性、趋同性和发展性，展现了佤话的发展动态和发展趋向。

继承性是指一种语言对其语言前身的继承，并将这种语言的特征传承下去。在比较两种佤话的过程中发现，即使趋同于白话，但佤话方言本身所保有的特征依然存在。

趋同性是指不同种语言在相似的生活环境中逐渐形成的相似特征的现象。在本文中，一方面指山角村佤话的发展逐渐趋同于白话，另一方面指两种佤话之间也在逐渐趋同，并倾向于趋同白话。其中包括词形词义、语音和文化上的趋同。

发展性是指语言在发展过程中所体现出的一种动态的发展方式。物质世界是动态发展的，社会是动态发展的，人也不是孤立静止的。因此，世界在不断变化，社会生活也在不断变化，人也需要交往交流，语言也随着这些变化而变化。山角村佤话由于长期受不同的语言环境和文化背景的影响，不断得到新的变化和发展。

通过对山角村佤话和鹿塘村白话的渔业词汇进行比较，得到佤话发展和变异的规律，即佤话逐渐趋同于白话。通过对山角村佤话和伞塘村佤话渔业词汇进行比较，可知这两种佤话的渔业词汇"同大于异"，并且越来越趋同于白话。由于人们在生产生活中的交往愈发密切，以及白话的强势包围，越来越多的年轻人不会讲佤话或者所言即"非标准"的佤话。因此，佤话的发展趋势也极其严峻。

综上所述，山角村佤话既继承原有佤话的特征，又在新的社会环境下发展演变。本文揭示了佤话的趋同性发展趋势的背后，保护佤话形势严峻。

参考文献

［1］陈滔.广西北海市五个粤方言点语音研究［D］.广州：暨南大学，2002.

［2］罗婷，唐七元.广西汉语方言词汇研究综述［J］.现代语文（学术综合版），2017（5）：124-126.

［3］陈朝珠.北海市区中小学生语言使用情况调查与分析［J］.东方企业文化，2012（8）：257-258.

［4］张敏怡.吉婆岛归侨群体粤方言使用状况和变异研究［D］.广州：暨南大学，2017.

［5］徐雨娴.广西北海侨港镇吉婆岛粤方言词汇研究［D］.广州：暨南大学，2016.

［6］吴伟琴.北海粤方言词汇比较研究［D］.北京：首都师范大学，2007.

［7］周一民.现代汉语［M］.第四版.北京：北京师范大学出版社，2016.

［8］叶蜚声，徐通锵.语言学纲要［M］.修订版.北京：北京大学出版社，2010.

［9］罗常培.语言与文化［M］.北京：北京出版社.2003.

语言生活研究

广西双语学习特色实践基地语言生活调查研究

——语言治理的视角[*]

杨海龙，郭　利

（广西民族师范学院左江流域民族文化研究中心　广西崇左　532200）

摘　要： 通过对广西百色市田林县利周瑶族乡、河池市东兰县武篆镇、崇左市宁明县城中镇馗塘村等几个地方进行实地走访观察、随机访谈了解、抽样问卷分析，从语言生活实际，方言和少数民族语言使用情况等方面切入分析，本文认为田林县利周瑶族乡和东兰县武篆镇在汉语、壮语方言类型及少数民族语言传承方式上有更多的同质性，在通过山歌传承民族语言文化和大力推广普通话等方面的方式方法相似。而进一步对东兰县武篆镇、宁明县城中镇馗塘村语言生活进行调研分析，归纳出广西双语学习特色实践基地语言生活呈现各种语言或方言和谐共生，功能互补；壮语家庭和社区生态活力强；普通话推广工作成效显著；壮语文字使用不活跃，整体认知水平呈下降趋势四大特点。

关键词： 双语学习；语言生活；语言治理

一、引言

为深入贯彻落实习近平总书记在中央民族工作会议上关于以语言相通促进各民族沟通、理解、认同的重要指示精神，从 2015 年起，国家民族事务委员会（以下简称国家民委）、教育部、国家语言文字工作委员会（以下简称国家语委）在民族地区探索开展了全国双语和谐乡村（社区）示范点建设工作，要求当前及今后一个时期，认真贯彻落实中央精神，积极开展全国双语和谐乡村（社区）示范点建设工作。2017 年，国家民委、教育部、国家语委下发《关于开展全国双语和谐乡村（社区）示范点建设工作的指导意见》（民委发〔2017〕139 号）提到，双语和谐特色村镇对于引导民族地区各族群众互相学习语言，普及国家通用语言，构建双语和谐关系，服务民族工作发展具有重要意义。

*本文得到广西民族师范学院壮汉双语特色学科支持，项目名称：宁明魁塘村语言生活调查（2020ZH004）。

根据《广西壮族自治区少数民族语言文字工作条例》有关"推进国家通用语言文字和少数民族语言文字和谐发展"规定，充分发挥语言文字在经济社会发展中的基础性作用，深入挖掘广西少数民族语言资源优势，助力脱贫攻坚、实施乡村振兴战略。自治区民族宗教事务委员会（自治区少数民族语言文字工作委员会）在广西少数民族聚居地区选点积极稳妥开展双语和谐乡村（社区）建设工作，并且在示范点建设工作中，积累了不少的经验，挖掘了丰富的双语和谐实践的资源，探索出一系列建设和谐语言生活的好办法、好措施。

自治区民族宗教事务委员会（自治区少数民族语言文字工作委员会）为了能够总结经验、扩大实践范围，巩固、深化、提升首批全国双语和谐乡村（社区）示范带动、全国双语学习特色村镇（实践基地）建设、全国边境民族地区双语科普试点等工作成果，又制定了《双语和谐乡村建设三年工作计划（2020—2022年）》（以下称《双语建设工作计划》），进一步明确了双语和谐乡村建设发展目标和主要任务，确保双语和谐乡村建设工作项目按时按质推进。《双语建设工作计划》要求在田林县利周瑶族乡、东兰县武篆镇、德保县都安乡、宁明县城中镇㠓塘村开展双语和谐乡村建设的基础上，总结经验做法，并逐步推广。各设区市民族宗教民族语言工作部门结合实际，借鉴成功经验，灵活选择试点，指导辖区内有关地方开展双语和谐乡村建设工作。《双语建设工作计划》要求到2022年，双语和谐乡村建设单位能够实现语言关系和谐，双语学习使用氛围浓厚，双语服务党和政府中心工作、服务经济社会发展水平进一步提升，国家通用语言普及率进一步提高，各族群众使用和发展自己的语言文字的权利得到进一步保障，民族团结得到进一步加强，中华优秀传统文化得到进一步传承和发展。

在这一背景下，自治区少数民族语言文字工作委员会组织调研组对前期双语和谐村镇建设的情况进行深入调研和走访。调研组在田林县利周瑶族乡、东兰县武篆镇、宁明县城中镇㠓塘村等几个地方通过实地走访观察、随机访谈了解、抽样问卷分析，结合前期调研梳理语言生活实际、方言和少数民族语言使用情况后发现，田林县利周瑶族乡、东兰县武篆镇在汉语、壮语方言类型、少数民族语言传承方式上有更多的同质性，在通过山歌传承民族语言文化和大力推广普通话等方面的方式方法相似。因此，调研组将本次调研点选在东兰县武篆镇、宁明县城中镇㠓塘村。通过问卷、访谈、走访观察、文献查阅等手段对调查点的语言生活进行分析研究。

二、调查点社会概况

（一）宁明县㟓塘村概况

㟓塘村隶属宁明县城中镇，距离中越边境45千米，全村共有649户3162人（2016年数据），其中壮族人口占总人口的85%，汉族占14.7%，另有通婚的越南籍侬族、岱侬族妇女。㟓塘村的主要交际用语为壮语和汉语方言——客家话、平话、白话（汉语粤方言），村民主要种植甘蔗。由于经济结构变化和交通地位转变，㟓塘村的圩场已经没落，经贸往来不频繁。

（二）东兰县武篆镇概况

武篆镇位于东兰县县境西南，镇驻地中和圩。东邻三石镇，西接巴马瑶族自治县西山乡，南连巴马瑶族自治县凤凰乡和巴马镇，北接兰木乡和东兰镇。境内有多处革命遗址，其中自治区重点文物保护单位有列宁岩、魁星楼；东兰县文物保护单位有银海洲、武篆小学、韦拔群故居、东里小潭龙蛇岩等。

三、双语和谐村镇语言生活调查

（一）问卷设计和被访者基本情况

1.问卷设计情况及样本数量。根据本次调查的目的，课题组设计了"壮族聚居区语言生活调查"问卷，问卷从语言掌握和使用情况、语言认知情况、语言情感及语言态度、语言关系及民族关系等方面考察㟓塘村和武篆镇壮族聚居区的语言生态状况。课题组依据民族、多语能力、不同语言和方言使用域、母语代际传承情况、语言和谐建设等因素设计问卷内容，根据㟓塘村和武篆镇的人口现状，随机抽样获取了512名居民的答卷数据。

2.被访者的民族构成。㟓塘村和武篆镇是比较典型的壮族聚居区，本次调查收集到的数据如下（表1），在被访者的民族构成状况中，壮族占88.18%，汉族占8.18%，其他民族合计占3.64%。这样的样本构成比较有利于观察调查点的语言生态和谐程度。

表1　被访对象民族状况

民族	占比
壮族	88.18%
汉族	8.18%
其他民族	3.64%

在对被访者的母语习得及第二语言学习的调查中发现，在调查点居住的民族中，壮族被访者中有86.60%习得母语即壮语；在壮族聚居区的汉族的母语，既

有普通话，也有壮语、白话和其他方言（主要是西南官话），且习得比例也都不低；其他民族如瑶族、苗族，完全习得本民族母语即瑶语和苗语。这反映出在壮族聚居区散居的汉族和其他少数民族在文化适应上形成的完全不同的特征（图1）。

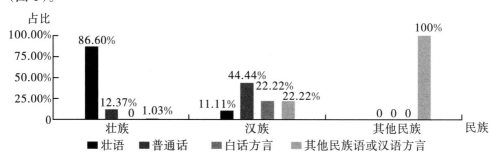

图1　被访对象的民族与母语习得状况

调查点的居民在第二语言的学习上表现出较高的一致性（图2），被访者基本都是选择将普通话这种通用程度更高的语言作为第二语言。

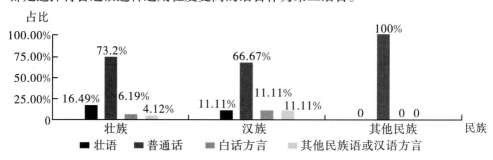

图2　被访对象的第二语言学习状况

（二）语言使用情况

语言使用情况主要是从被访者对语言水平的自我认知和被访者在不同场合中的语言使用情况方面进行考察。70.90%的壮族被访者认为自己的壮语"非常流利"或"比较流利"，但值得关注的是，有2.73%的被访者表示"完全不懂"，有10%的壮族被访者表示只会听而不会说（表2）。

表2　壮族被访者壮语掌握情况

壮语掌握程度	占比
非常流利	35.45%
比较流利	35.45%
一般	16.36%

续表

壮语掌握程度	占比
听得懂不会说	10.00%
完全不懂	2.73%

当被问及"你觉得你的汉语普通话程度如何？（针对母语为少数民族语者）"时，近75%的被访者表示能"比较流利"或"非常流利"使用汉语普通话；有25.53%的被访者能进行一般交流；没有不会说和听不懂普通话的被访者（表3）。

表3 少数民族被访者的普通话掌握情况

汉语普通话掌握程度	占比
非常流利	29.79%
比较流利	44.68%
一般	25.53%
听得懂但不会说	0
完全不懂	0

对被访者的多语能力进行调查时，"您现在能用哪几种语言或方言与人交谈"这个问题的回答结果显示，调查点的群众均是多语人，掌握普通话的人数最多，占97.27%，其次是掌握壮语的人数，占86.36%，白话和西南官话占比相近，也有少数群众是操普通话、平话、苗语或瑶语等几种语言（表4）。其中白话主要分布在宁明县，西南官话主要分布在东兰县。

表4 被访者的多语能力及使用情况

掌握的语言类别	占比
壮语	86.36%
白话	21.82%
普通话	97.27%
其他语言或汉语方言	28.18%

对被访者在不同生活场景中的语言使用情况的调查结果表明，在家庭、本村庄、邻村和圩市这些场合中，壮语占有绝对优势，其使用率为77%～90%，这个比例表明壮语在这些领域的语言活力是相当高的；另外一个使用率较高的是普通话，仅次于壮语，在家庭中的使用率为50%（表5）。从数据中可以看到，壮语在家庭中的使用比例低于在村里和邻近村庄的使用比例，这种情况是不太符合常规的。在访谈中了解到，出现这种状况，主要是因为在家庭中祖辈和父辈为了不影响孩子说标准普通话，尽量都说普通话，而在家庭外的生活社区，没有此顾

虑，因此壮语的使用率反而高。在圩市上由于从事商品买卖人员的语言背景较为复杂，因此使用普通话的比例也相对较高。

表5 社区生活常用语言使用情况

语言使用生活场域	壮语使用率	白话使用率	普通话使用率	其他语言或汉语方言使用率
在家	84.55%	4.55%	50.91%	20.00%
在村里	88.18%	4.55%	24.55%	15.45%
到附近本民族村寨	89.09%	7.27%	33.64%	14.55%
去市场赶圩	77.27%	9.09%	53.64%	21.82%

在调查不同场景中，被访者与不同交际对象交流的语言使用的情况时，发现与不同交际对象交流时，被访者会选择通用程度更高的普通话进行交谈。而壮语主要还是在跟亲密朋友交谈时使用较多，在单位上班与本民族同事交谈时，仅有10.77%的被访者选择使用壮语（表6）。

表6 不同交际对象语言使用情况

交际对象	壮语使用率	白话使用率	普通话使用率	其他语言或汉语方言使用率
亲密朋友	65.45%	5.45%	75.45%	21.82%
不熟悉的人	29.09%	5.45%	89.09%	18.18%
同单位的本民族同事	10.77%	0	84.62%	4.62%
同学校的本民族的伙伴	28.57%	1.43%	88.01%	0
同外地打工的本民族同伴	33.33%	0	63.64%	3.03%

（三）文字掌握和使用情况

本研究问卷中设计了关于文字水平的问题，可以了解被访者掌握的语言文字水平。在被访者的"汉字掌握程度"的自我评价结果中，汉字书写熟练程度与年龄成反比，越年轻，汉字掌握程度越好（表7）。

表7 青壮年被访者汉字书写掌握情况

年龄段	不识字	认识一些字，但不会写	能写一些简单的字据、书信等	熟练掌握并应用	撰写文学作品
19～22岁	0	0	9.52%	57.14%	9.52%
23～35岁	0	0	7.14%	51.79%	8.93%
36～45岁	0	0	16.00%	40.00%	0
46～60岁	0	12.50%	12.50%	50.00%	0

关于壮族群众对壮文字的认知状况的调查结果显示，在青壮年被访者中，多数知道本民族有文字，占比60%以上，但是知道壮文字的人员随着年龄的增大

而呈现递增趋势（图3）。此数据中需要关注以下问题：为什么壮文字的认知程度会降低？如何体现一直以来的壮语教学成效？在语言发展中，干预手段是否有效？语言认知的水平是否符合客观衰减速度？

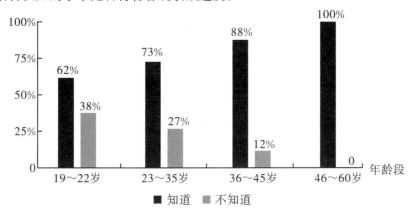

图3　青壮年调查对象对壮文字的认知状况

但是，当谈及"对本民族语言文字存在的必要性的认识"时，几乎所有的被访者都认为应该要很好地使用和传承本民族语言文字，这与实际语言文字的使用和掌握情况呈现出明显的矛盾，这种现象应该引起人们的重视（图4）。对于民族身份的认同状况，本文注意到民族自觉意识的提升会成为未来语言生活中产生新问题、新矛盾的根源，必须重视这样的语言认知状况，尽早采取科学恰当的干预方式。

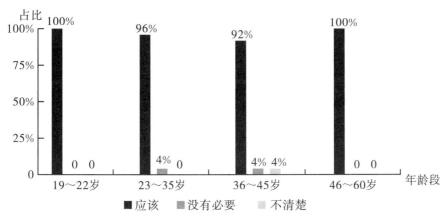

图4　壮族青壮年对本民族文字存在必要性的认识

本文还调查了被访者对壮语新、老文字的掌握情况（表8）。在各个年龄段中，自认为能够掌握壮语文字的人数较为稀少，不管是新壮文还是古壮字，都呈现出这样的特点。不认识古壮字的人数在各个年龄段中的比例均超过了70%，这说明古壮字的使用活力是很低的。与此同时，壮语言文字使用的空间并没有被新壮文填补，被访者对新壮文的认知状况没有得到明显改善。但调查数据也显示，被访对象"能写简单的内容"和"使用"新壮文的数量与年龄增长呈反比，也就是说，虽然这些年来新文字的壮语言文字教学有一定的成绩，但此种趋势并不是持续上升，且波动较大，在 19～22 岁、23～35 岁、36～45 岁的被访者中熟练掌握新壮文的比例分别是 9.52%、1.79%、8.00%，未形成持续提升的态势。新壮文的文字教学工作仍需要改革和创新，探寻有效的少数民族语言文字传承和发展路径。

表8　不同年龄段调查对象新、古壮文水平

年龄段	不认识		认识一些，不会写		能写简单的内容		熟练掌握	
	新壮文	古壮文	新壮文	古壮文	新壮文	古壮文	新壮文	古壮文
19～22 岁	47.62%	71.43%	33.33%	28.57%	9.52%	0	9.52%	0
23～35 岁	73.21%	83.93%	19.64%	14.29%	5.36%	1.79%	1.79%	0
36～45 岁	56.00%	72.00%	8.00%	24.00%	8.00%	0	8.00%	4.00%
46～60 岁	37.50%	75.00%	62.50%	25.00%	0	0	0	0

（四）关于语言态度调查

关于语言态度的考察，本研究主要在语言功能、语言情感、语言人对群体中其他成员的语言情感认同等方面进行调查和访问（表9）。主要考察语言人在多语生活中，对不同语言所持态度和语码选择方面的倾向。

1. 语言功能。当被问及"你觉得自己最熟悉的语言"时，有 42.73% 和 50.91% 的被访者选择壮语和普通话，符合调查地的民族分布状况，也反映出普通话推广工作取得的成效。此外，被访者认为使用方便的还有苗语、白话、客家话、西南官话、平话等语言和方言。

"跟家人交流时使用最方便的语言"这一问题的调查结果显示，在家庭域中，壮语仍然具有较大的语言活力，无论是在使用倾向还是具体语境的使用上，壮语都占据优势。

"跟最好的本民族朋友交流时使用最方便的语言"这一问题主要考察同辈之间语言使用的状况，调查结果显示平辈之间交流时语言的选择已经发生明显变化，壮语的活力水平有所降低。

"跟本民族长辈交流时使用最方便的语言"这一问题的调查结果显示，壮语使用的方便程度明显高于其他语言和方言，选择使用壮语的被访者达到 87.27%。在调查语码选择倾向的所有情况中，其比例是最高的，其他语言和方言为 10%。这也证明了老年人在语言使用与传承中占有的重要地位，应该充分发挥这一优势，更好地实现语言的代际传承，增强语言活力。

在被问及"跟一般朋友交流使用最方便的语言"时，有60%的被访者选择普通话，选择壮语的被访者占28.18%，选择其他语言与方言占7.27%。这表明在这些地区多语生活是普遍现象，人们会根据不同的使用场景和对象选择不同的语码进行交际。

在另外几种交际情况中，选择使用普通话较多的是"到政府机关办事与干部交流时""在单位与本民族同事交流时"，即在政府机关办事时使用普通话进行交流更为便利，普通话推广工作成效显而易见。这也再次证明，家庭才是母语传承的最强场域，语言的功能分化较为明显。

在被问及"在本地去市场赶圩交流时使用最方便的语言"时，被访者的语码选择结果显示壮语依然占优势，占比58.18%。市场作为一个开放性经营场所，人员成分复杂的状况造成壮语和其他语言与方言的使用情况差别较小。随着市场经营活动的扩展，壮语的使用功能和地位会更加衰弱，这也是城市化进程中语言发展变化的现实。在被问到"到县城与本民族群众交流时使用最方便的语言"时，被访者在语码选择上的均衡性表现得更为明显，普通话的优势逐渐增大，其占比达41.82%。通用性决定了语言使用人对语码的选择，城市化生活也改变了少数民族语言使用的习惯，大家普遍会为适应社会文化生活而选择通用程度更高的语码。

表9　语言人在交际中的语码选择倾向情况调查

不同场域交际使用的语码	壮语	白话	普通话	其他语言或汉语方言
你觉得自己最熟悉的语言	42.73%	0.91%	50.91%	5.45%
跟家人交流时使用最方便的语言	73.64%	0.91%	18.18%	7.27%
跟最好的本民族朋友交流时使用最方便的语言	59.09%	3.64%	29.09%	8.18%
跟本民族长辈交流时使用最方便的语言	87.27%	0.91%	2.73%	9.09%
跟一般朋友交流时使用最方便的语言	28.18%	4.55%	60.00%	7.27%
在本地去市场赶圩交流时使用最方便的语言	58.18%	3.64%	29.09%	9.09%
到政府机关办事与干部交流时使用最方便的语言	9.09%	1.82%	80.91%	8.18%
在单位与本民族同事交流时使用最方便的语言	29.09%	2.73%	61.82%	6.36%
到县城与本民族群众交流时使用最方便的语言	36.36%	3.64%	41.82%	18.18%
在外地打工往家里打电话时最想用的语言	84.85%	3.03%	12.12%	0
希望孩子放学回家与父母交流时使用的语言	33.71%	2.25%	62.92%	1.12%

另外，在离开家庭和社区的被访者中，被问及"往家里打电话时最想用的语

言"时，选择使用壮语的人数占比达 84.85%。故乡情怀或乡愁是造成这种状况的直接原因，当远离原生场域后，在适应和融入新的社会生活的过程中，人们有较为浓厚的寻找归属感的心理。从这个角度出发，很好地保持少数民族语言，才能有利于语言生态和谐。

但鉴于语言的选择多带有功利性和工具性特征，在被问到"希望孩子放学回家与父母交流时使用的语言"时，有 62.92% 的被访者选择了希望使用普通话，语言的功能选择与情感倾向是矛盾的。

2.语言情感。针对会说母语的被访者，课题组对"与普通话相比，你觉得自己讲哪种语言更流利"问题进行调查，在调查地区的调查结果也显示壮语仍然是活力最强的语言（表 10）。

表 10　被访者不同语言的流利程度（不包括普通话）

语言	流利程度占比
壮语	85.15%
白话	1.98%
其他语言或汉语方言	12.87%

当被问及"您在县城听到有人说本民族的话，您是什么态度"时（表 11），有 82.73% 的被访者认为很亲切或有点亲切感，语言人对本民族语言的心理认同感很强烈，心理归属感也很强烈。但需要注意的是，有 0.91% 的被访者表示听到母语后会"很不舒服"，在现实语言生活中，并未流露对母语的亲切情感，更多的是自卑感。调查团队在田野调查的隐蔽观察环节发现，一个壮族青年与朋友聊天和打电话时使用流利的壮语进行交流，但当对他进行访谈，问及其使用的壮语时，他就闭口不谈，甚至不愿意与调查人员交谈，也流露出被歧视和被冒犯的神情。这样的心理和情绪也是造成语言冲突的根源，必须予以关注和回应。

表 11　在县城听到本民族语言的感受

选项	占比
很亲切	69.09%
有点亲切感	13.64%
无所谓	3.64%
没什么特殊感觉	12.73%
很不舒服	0.91%

当被问及"在县城，别人用壮语跟你交谈时，你会怎么应对"时，94.54%的被访者都认为亲切或很亲切。但仍有 4.55% 的被访对象会转换语码应对（表12）。鉴于这种情况，在调查中应该更关注语言生活中的不和谐因素，从而探索

有针对性的解决办法。

表12　县城语境壮语语码选择心理

选项	占比
很亲切	67.27%
有点亲切感	27.27%
很不舒服	0
不想跟他交谈	0.91%
立刻改用普通话	4.55%

当被问及"在单位，别人用壮语跟你交谈时，你会怎样应对"时，与上述语境中的语码使用心理表现相同，大多数被访者选择"很亲切"或者"有点亲切感"，但在单位场域下，在听到壮语时立刻转用普通话的比例更高了，达到10.29%（表13）。与前述语境中的该项选项进行对比发现，越涉及个人语码选择的情境，被访者转用普通话的比例越高：从0.91%、4.55%到10.29%。这样的心理特征反映出个人情感需要与个人利益选择并不是正相关，越是涉及个人利益，对于真实情感的隐藏就越显著。

表13　单位语境语码选择心理

选项	占比
很亲切	60.29%
有点亲切感	27.94%
很不舒服	0
不想跟他交谈	1.47%
立刻改用普通话	10.29%

问题"你与别人用壮语交谈时，对方改用普通话，你会怎样应对"的调查结果与表14的结果相互印证。但有0.91%的被访者选择"劝对方使用壮语"，比例虽然不高，但反映出语言生活中存在矛盾和不和谐的因素，也应该注意这一类被访者的语码选择心理和行为倾向，避免出现语言生活的不和谐现象。被访者回答"觉得无所谓"的比例也较高，占比32.73%。

表14　应答语码选择心理倾向

选项	占比
很不舒服	10.00%
坚持使用壮语	2.73%
劝对方使用壮语	0.91%
觉得无所谓	32.73%
也马上转用普通话	53.64%

当被问及"你在外地打工回到家，你的语言使用情况"时，72.73%的壮族被访者选择了"马上改用壮语"，另有24.24%的被访者选择"跟同伴用普通话，跟家人用民族语"，这也比较符合实际的语言生活状况。同时，在这种语境下，没有人选择"只使用普通话"，这也从另一个角度说明语言人的母语情感倾向会因脱离故乡而不断增强（表15）。

表15　归乡后语码选择心理状况

选项	占比
马上改用壮语	72.73%
头两天用普通话	3.03%
跟同伴用普通话，跟家人用民族语言	24.24%
只使用普通话	0

问题"你觉得你会讲的语言中哪种语言最好听"主要考察语言人对所使用语言的心理感受和心理倾向。调查结果显示，在壮族被访者中有54.64%的人选择壮语，39.18%的人选择了普通话，选择白话和其他方言的人占比较少（图5）。这反映出调查点语言生活的多元性、包容性及和谐性特征。

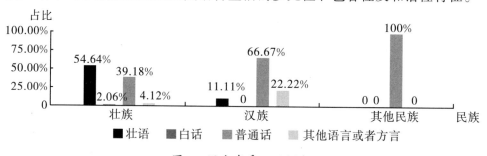

图5　语言喜爱心理倾向

3.语言人对群体中其他成员的语言情感认同。当被问及"在家中你最希望家里人跟你用什么语言交谈"时，不同民族的被访者对于家庭语码的选择倾向也呈现出不同特征。85.57%的壮族被访者都倾向于选择壮语，选择普通话的占比为11.34%；汉族在这些区域属于散杂居民族，其语言生活呈现多元化特点，他们在家庭中选择的语码有普通话、壮语、白话和其他汉语方言，其中选择汉语方言的比较多，占比达55.56%；其他散杂居的苗族、瑶族大多选择本民族语言和普通话在家庭中使用（图6）。

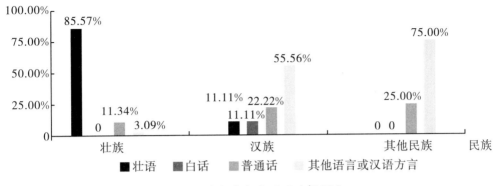

图 6 不同民族家庭语码选择倾向

当被问及"在单位你最希望别人跟你用什么语言交谈"时，各民族的被访者都倾向于选择普通话（图 7）。通过图 6、图 7 的对比，可以清楚地看到，普通话、壮语、白话及其他语言和方言在各自的场域中发挥着作用。其功能体现出互补性的特点，语言生态文明呈现出和谐共生的特征。

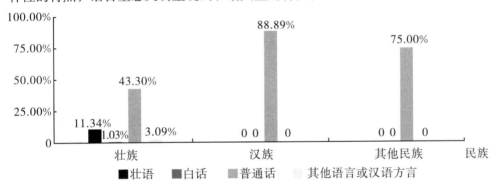

图 7 不同民族工作场景语言选择倾向

当被问及"如果孩子上学回家讲普通话，你的态度怎么样"时，88% 的被访者都觉得孩子回来跟自己说普通话可以接受或者觉得高兴；当被问及"孩子外出打工回到家用普通话跟你讲话，你是什么态度"时，与"上学归来"的回答不同的是，有 6.06% 被访者选择了"批评、责备"，其他变化不是很大。至于 30 年前和现在面对回家后子女只说普通话的情况，被访者的态度也发生变化，包容性更加明显，这说明调查点的语言生活长期以来基本是比较和谐的，人们对语言的语码选择表现出包容和接纳的倾向，语言生活面貌和谐有序。尤其是现在，人们能够更加理性地对待民族语言、汉语、方言之间的关系（表 16）。

表 16　中老年被访者的语言态度

问题	批评责备	不搭理	用壮语交流	用普通话交流	觉得无所谓	觉得很高兴
如果孩子上学回家讲普通话	0	0	12.12%	72.73%	6.06%	9.09%
孩子外出打工回到家用普通话跟你讲话	6.06%	0	21.21%	66.67%	6.06%	0
三十年前村里如果有人外出回家后只讲普通话，不讲壮语	3.03%	3.03%	27.27%	36.36%	30.3%	0
现在村里有人外出回家后只讲普通话，不讲壮语	3.03%	0	24.24%	33.33%	36.36%	3.03%

（五）关于语言关系和民族关系

为更深入地了解调查点语言和谐与社会和谐的关系，课题组就多语生活态度、语言矛盾处理方式等问题进行了调查。

在被问到关于多语生活的态度时，99.09% 的被访者认为多语生活更加便于生活，尤其是在多民族聚居区，多元的语言生活面貌和多样的文化内涵，促进了多元社会的和谐发展（表17）。

表 17　对多语生活的态度

选项	占比
很好，跟别人交流起来方便	83.64%
很自然，多民族杂居在一起就是这样	15.45%
不过如此，交流需要而已	0
不好，很麻烦	0.91%

同时，为了解语言人在多语环境中处理交际障碍的态度，问被访者"语言生活出现不和谐因素，如何处理语言矛盾"时他们如何处理，有 79.09% 的被访者选择尊重对方的态度（表18）。这显示出这些地区的人们在遇到交际障碍时，能够从对方角度出发，转换语码，考虑对方感受，这也是这些地方保持语言和谐的重要因素。互相包容、互相适应、语言和谐、社会和睦，成为调查点语言生活的主要特征。

表 18　处理语言矛盾的方式

选项	占比
尊重对方，立刻改用别人听得懂的语言	79.09%
继续使用壮语交谈，不理会别人的不满	7.27%
跟别人讲道理，要求对方尊重自己的语言使用权	13.64%

四、实践基地语言生活特征分析及语言和谐社区建设实践

（一）实践区语言生活特征及分析

1. 多语生活是主色调，各种语言或方言和谐共生，功能互补。本次调查的区域均属于以壮族聚居为主和汉族、瑶族、苗族等多民族散杂居的社会生活区域。壮语、普通话、汉语方言（平话、西南官话、白话、客家话）、苗语、瑶语等多元语言生活和谐。宁明县馗塘村曾经是繁忙的商业交通要道，虽然后来衰落了，但开放活跃的思想和语言生活却沉淀在馗塘村的社会生活中，人们也更容易接受不同的文化和生活。由于经济发展的局限，馗塘村的年轻人大多外出务工，语言人的语言生活也变得更加多样化，同时，其文化适应和语言适应能力也得到增强，他们对于多元社会文化和多语生活的认同度较高。

东兰县武篆镇的情况与宁明县馗塘村基本相同。作为广西重要的红色文化传播地和根据地，武篆镇对主流文化有着超高的接纳度。在红色思想传播的过程中，壮语和汉语方言的融合达到了"你中有我、我中有你"的新高度。多语和谐生活共同延续着武篆老区人民的红色基因。武篆镇是区域重要的商贸活动中心、自治区重要的红色文化旅游地和爱国主义教育基地，武篆人怀着极大的热忱和对中华民族文化的强烈认同感，继续为祖国边疆的和谐稳定发挥重要作用。

2. 少数民族语言是底色，壮语家庭、社区生态活力强。无论是壮族、苗族、瑶族还是操汉语方言的汉族，所有的被访者都表现出对母语的极大自豪感与认同。被访者在家庭和所在社区中主要还是使用本民族的壮语、苗语、瑶语或者平话、西南官话等方言。这说明壮族等少数民族的民族语言在口语层面仍然具有较高活力，在家庭和村镇等主要生活场景中被广泛使用。少数民族语言使用广泛是这一区域少数民族语言生活的主要面貌。

3. 普通话推广使用是亮色，普通话推广工作成效显著。由于整体上普通话推广工作卓有成效，武篆镇和馗塘村的普通话使用范围和场景都较为广泛。在语言使用倾向、情感认同及语言能力的调查中，发现这一区域的被访者的普通话水平较高。其中有历史原因，但更多的是得益于普通话推广工作的成效。因此，这一区域的青壮年的普通话水平较高，一方面增强了该区域青年人外出务工适应主流社会的能力，另一方面也为家庭单位的脱贫致富打下基础，充分体现出普通话推广工作对于脱贫攻坚工作的重要意义。

4. 壮语文字使用不活跃，整体认知水平呈下降趋势。壮语新文字未能在群众中生根发芽，群众对其整体认知水平不高，能够识读和书写的人较为稀缺。在中年人群中，古壮字仍被他们用来记录山歌等群众性口头文化内容。但青壮年对于

壮语新文字的认知与中年人群对古壮字的认知未能形成有效衔接，这一断层现象应该引起极大重视。

（二）基层语言治理的实践经验

1.以节庆民俗活动为媒，以文化服务促语言和谐。通过春节、"三月三"等传统节日及送戏下乡、文化演出等活动，开展群众参与度高的文艺晚会、比赛、唱山歌等活动，广泛宣传使用壮汉双语文字，使用双语（多语）深入宣传党和国家各项民族语文方针政策，提高基层群众语言文字认知水平。另外，组建山歌协会、壮剧团、山歌队，举办形式多样的壮汉山歌比赛。

2.科技扶贫培训为标，以语言服务促脱贫实效。根据群众需求，举办各类民汉双语山歌、农林科技学习培训活动。提供民汉双语服务活动，政府窗口部门配备兼通壮汉、瑶汉双语干部。通过壮汉双语播报、壮汉双语山歌宣传等形式，宣传政策法规，提升群众双语、多语水平，为脱贫打下基础。

3.壮汉双语教育为基，以教育传承树民族自信。双语和谐示范点均有壮汉双语学校，应充分发挥学校教育系统性、有效性特点，做好双语教育工作。双语和谐实践基地双语学校普遍开展"壮汉双语课堂"和"山歌课堂"活动，将传统山歌与日常教学相结合，培养学生的山歌文化兴趣，以传承和弘扬优秀传统文化，铸牢中华民族共同体意识，树立民族自信。

五、双语学习特色实践基地语言生态和谐建设的建议

（一）工作理念由管理转变为治理，健全基层语言治理体系

党的十九届五中全会通过的《中共中央关于制定国民经济和社会发展第十四个五年规划和二〇三五年远景目标的建议》指出，"十四五"期间要努力实现"社会治理特别是基层治理水平明显提高"的目标，这是新时代新发展阶段我国社会治理的科学指引。语言治理在社会治理中起着至关重要的作用，语言和谐则社会和谐。新型语言规划观——语言治理观是国家新战略的需要，也是语言生活现实的需要。在未来的语言和谐建设中，将政府、家庭、社区、壮汉双语学校等多元主体紧密相连，将地方管理部门、不同社区及社区中的语言使用者等最大限度地纳入基层管理体系，依法对语言事务、语言教育和语言生活进行引导和规范，从而实现语言生活的有效治理。

充分发挥地方政府、文化部门和语言文字工作委员会职能，改变以文件促工作的消极思想，主动以服务意识、治理观念，做好基层文化服务工作，指导基层群众自治组织在乡村振兴工作中抓内涵，深入挖掘地方民族文化资源，整理民

族语言文化元素，建造基层文化心灵家园。如与科研院所和大学合作、编制乡村志、搜集民间故事等，发挥好文化在乡村振兴工作中培根铸魂的作用。

（二）工作重心下移至基层，关注群众语言心理和实际需要

与"管理"相比，"治理"强调多元主体管理，民主化、参与式、互动式管理，而不是单一主体管理。"自下而上"语言治理观优化语言服务社会发展的能力，确保宏观语言规划符合基层社区、居民的需求，能够与社会的发展协调统一，和谐共处。引导群众树立语言资源观，抓住广西开放和文旅开发机遇，探索本地脱贫途径，使青壮年留在本地就业生活。建设和谐语言生态，重塑语言代际传承链条，有效保护语言资源。

摒弃长久以来形成的"等、靠、要"的懈怠工作方式。要在基层社会治理各个环节中，充分发挥社区的主体积极性，激发青年群体返乡创业热情，做好就地创业培训、技术指导。提升乡村基础设施服务能力，办好乡村教育，增强乡村生活幸福感，从根本上治理边疆乡村"空心化"问题，留住青年、留住文化。

（三）加强基层语言治理队伍建设，构建语言管理服务平台

基层语言治理要统筹考虑基层宣传、语言文字、教育部门干部队伍建设，整合力量。充分发挥县级融媒体中心技术、资源优势，做好乡镇媒体技术人员、宣传人员的媒体技术培训和宣传工作对接。健全各级媒体专员体系，形成县、乡、村、屯多层级媒体工作联动机制。

尤其在信息化农村建设中，村委设立信息专员，利用群众喜爱的抖音、快手等网络平台，以村为单位开设村级账号，带领群众制作短视频，如"家长里短""农货推荐"等的普通话、民族语言或者方言视频，并开设微信公众号等，以有文化、懂技术的青年人为主力，营造手机网络媒体多语交际氛围，实现村屯治理信息化。以群众喜闻乐见的方式方法促进新农村建设，实现乡村振兴。

在双语教育中，注重师资队伍内涵建设，更新双语教师培养理念。将教育学门类下的双语师资培养的重教法、重教学形式的培养理念，转变为少数民族语言文学学科下双语人才的重内涵、重语言素养的培养理念。以双语能力和素养统领教学技能的形成，而非以教学技能的模式化主导专业内涵的积淀。事实证明，注重教育教学的双语师资培养缺乏少数民族语言文化传承的可持续发展能力。双语中小学双语教学工作应落到实处，双语教师待遇、职称晋升条件要同等对待。

语言资源保护既是国家发展战略需要，也是语言生活的现实需要。维护边疆和民族地区的长治久安、社会和谐、民族团结，需要专业化的基层语言治理队伍和服务平台，需要高度重视这项工作。

（四）推动边疆语言治理现代化，尊重语言生活的多样性

边疆语言生活治理要以"问题"为导向，治理语言污染。高度重视跨境少数民族语言的作用和意义，保护跨境语言的生态安全，尊重跨境少数民族语言的多样性、特殊性，增强我国边疆民族文化的向心力。桂西南壮族语言与越南北部侬族、岱依族语言通用性高，跨境语言地位特殊，语言心理影响重要，意义不可小觑。探讨语言在促进社会经济发展、提供社会服务、传播中华文化、构建国家认同、稳定边疆民族关系等过程中出现的问题或冲突，提升解决语言治理建设及语言经济、语言扶贫中的语言问题等能力。

六、结语

综上所述，语言和谐对社会和谐具有重大意义，语言治理目标的实现将极大增强基层社会治理成效。通过双语特色实践基地的建设，通过经验的摸索与实践，集中建设一批优秀成果，必将带动一批乡村治理先进村镇的涌现。语言建设和治理仅仅是整个治理工作的一个要素。在经历了扶贫扶志、脱贫攻坚的乡村治理实践之后，乡村振兴这个阶段也要求村镇治理升级到4.0版，这对基层治理水平是一个考验，更是一次理论和实践的更迭和挑战。唯有通过更新观念、大胆创新、总结经验、开拓进取才能够共建美好家园，实现乡村振兴。

参考文献

[1] 王春辉.关于语言文字治理现代化的若干思考 [J].语言战略研究,2020,5（6）：29-36.

[2] 王玲，陈新仁.语言治理观及其实践范式 [J].陕西师范大学学报（哲学社会科学版），2020，49（5）：82-90.

[3] 王辉.国家治理视野下的应急语言能力建设 [J].语言战略研究，2020，5（5）：13-20.

[4] 李华君.多元、交叉与协同：学科融合背景下对新闻传播人才培养的思考：以华中科技大学新闻与信息传播学院为例 [J].新闻与写作，2020（7）：22-29.

[5] 李宇明.语言治理的现实路向（代主持人语）[J].云南师范大学学报（哲学社会科学版），2020，52（3）：28.

[6] 王春辉.论语言与国家治理 [J].云南师范大学学报（哲学社会科学版），2020，52（3）：29-37.

［7］沈骑，康铭浩.面向重大突发公共卫生事件的语言治理能力规划［J］.新疆师范大学学报（哲学社会科学版），2020，41（5）：64-74，2.

［8］李凌燕，左凯.语言腐败对政府形象的影响及其治理［J］.青海社会科学，2020（2）：22-26.

［9］沈骑.语言在全球治理中的安全价值［J］.当代外语研究，2020（2）：7-13.

［10］王世凯.新时代呼唤中国特色语言管理理论［N］.语言文字周报，2020-01-01（2）.

［11］魏望.基于网络语言暴力治理的大学生思想政治教育研究［D］.南京：南京邮电大学，2019.

［12］文秋芳.国家语言治理能力建设70年：回顾与展望［J］.云南师范大学学报（哲学社会科学版），2019，51（5）：30-40.

［13］罗兴贵.贵州少数民族地区双语和谐生态的构建［J］.广西民族师范学院学报，2017，34（2）：63-66.

［14］孙西楠.从语言经济学视角浅谈广西"双语"和谐发展［J］.中国集体经济，2017（10）：95-96.

［15］龚露，余金枝.弄京村布努人的多语和谐［J］.黔南民族师范学院学报，2017，37（2）：44-49.

［16］陈千柳.少数民族地区双语教育与就业的关联性研究［D］.成都：西南交通大学，2016.

［17］刘丽媛，张洁.都龙镇田坝心小组双语和谐调查研究［J］.玉溪师范学院学报，2015，31（6）：65-70.

［18］熊学梅.生态语言学视角下的少数民族地区双语和谐研究［D］.昆明：云南师范大学，2015.

［19］张鑫.论绿春哈尼族和谐双语生活的特点及成因［J］.民族翻译，2013（4）：82-90.

［20］王秀旺.贵州彝汉双语和谐环境建设调研与启示［N］.贵州民族报，2013-10-30（C03）.

［21］周辉.白汉双语社区的和谐语言生活：云南省安宁市糍粑铺村语言使用、语言态度研究［J］.齐齐哈尔大学学报（哲学社会科学版），2011（4）：130-133.

贵州省少数民族语言资源的保护与开发利用

周国炎，吴佳欣，覃　慧

（中央民族大学少数民族语言文学学院　北京　100081）

摘　要：贵州是一个多民族聚居的省份，各民族形成"你中有我、我中有你"交错居住的分布格局，长期以来和谐共处，美美与共，美人之美。多民族聚居造就了文化和语言多样性的生态环境，语言资源丰富。本文对贵州省少数民族语言资源及其保护的现状进行系统地阐述，分析贵州省少数民族语言资源保护的手段和方式，并对语言资源的开发和利用进行初步的探讨。

关键词：贵州；语言资源；保护；开发

一、贵州省少数民族及少数民族语言

贵州是一个多民族聚居的省份，其中世居民族有汉族、苗族、布依族、侗族、土家族、彝族、仡佬族、水族、回族、白族、瑶族、壮族、畲族、毛南族、满族、蒙古族、仫佬族、羌族 18 个民族。贵州的少数民族人口约占全省总人口的 38%，除 5 个自治区外，贵州是全国少数民族人口比例较高的省份之一。人口在 100 万以上的民族有苗族、布依族、侗族和土家族，人口在 10 万以上 100 万以下的民族有彝族、仡佬族、水族和白族等。世居少数民族中，除部分土家族、白族、回族、畲族、满族、蒙古族和羌族等民族外，其他少数民族都有自己的民族语言，部分民族还有本民族的文字（表 1）。

表 1　贵州省少数民族语言及文字情况

序号	民族	语言	文字	备注
1	苗族	苗语	传统苗文（柏格理苗文）、新苗文	此外，还有其他几种由西方传教士创制的文字，如胡托苗文等，但并不通行
2	布依族	布依语、莫语、锦语	方块布依文、新创布依文	贵州省西部个别地区也曾用柏格里苗文记录布依语宗教经文。类似水书文字，但不通行
3	侗族	侗语	方块侗文，新创侗文	/

续表

序号	民族	语言	文字	备注
4	彝族	彝语	传统彝文	/
5	水族	水语	传统文字——水书	/
6	仡佬族	仡佬语	无任何文字形式	/
7	毛南族	佯僙语	无任何文字形式	/
8	瑶族	布努语、巴哼语、苗语、勉语	方块瑶文、新创瑶文	/
9	壮族	壮语	方块壮文、新创壮文	/

二、贵州省少数民族语言资源的类型及现状

从交际方式看，语言可以分为口语和书面语。因此，语言资源也可以分为口语资源和书面语资源。贵州省少数民族的语言资源主要以口语形式呈现。

（一）口头语言资源

贵州省少数民族的语言资源主要是口头语资源。部分语言，如布依语、苗语、侗语、彝语、水语等语言存在不同形式但通行范围较小的书面语资源。目前，贵州省境内的苗语、布依语、侗语、彝语、水语等民族语言尚有一定的活力，在传统生活领域中仍发挥着重要的交际功能。

1.苗语。苗族在贵州全省各地均有分布，其中以黔东南苗族侗族自治州分布最为集中，其余分布在黔南布依族苗族自治州、黔西南布依族苗族自治州，及安顺市、六盘水市、毕节市、铜仁市和遵义市。苗语分为3大方言，即东部方言、中部方言和西部方言，根据方言的通行地区又分别称为湘西方言、黔东方言和川黔滇方言。中部方言（黔东方言）分为东部土语、南部土语和北部土语，使用人口最多，主要通行于黔东南各县，此外，黔南的都匀、三都，黔西南的贞丰、安龙、兴仁，安顺的关岭、镇宁等地也有该方言的苗语使用者。东部方言分西部土语和东部土语，在贵州的通行范围较小，使用人口主要集中在贵州东北部的铜仁市。苗语西部方言遍布贵州省中西部地区及黔东南的黄平、麻江一带，下分7种次方言和若干种土语，相互之间通话较为困难。在苗族聚居程度较高的地区，苗语在生活中的各个领域发挥着重要的交际功能，是家庭、社区甚至跨社区的重要交际工具。在散杂居地区，苗语则主要作为家庭用语和社区本民族成员之间的交际用语，与外族人交流主要使用汉语。在苗族各支系聚居的地区，苗语的使用也

仅限于支系（方言或次方言）内部，不同支系之间也需要借助汉语才能进行交流。最典型的是与紫云、望谟毗邻的麻山地区。这一带分布着3个不同支系的苗族，分别使用苗语中部方言及西部方言的不同次方言和土语，各支系之间的交流只能借助汉语。在个别场合，布依语甚至能起到沟通苗族不同支系的作用。遵义市道真仡佬族苗族自治县和务川仡佬族苗族自治县的苗族已放弃本民族语言而转用汉语。在苗语通行地区，一部分四五十岁以上的中老年人不仅能够流利地将本民族语言用于日常交流，还能够用苗语讲述本民族民间故事，演唱本民族民歌，这些都是苗语重要的口语资源。

2.布依语。布依族主要分布在贵州省黔南布依族苗族自治州和黔西南布依族苗族自治州，及安顺市的镇宁布依族苗族自治县、关岭布依族苗族自治县和紫云苗族布依族自治县，此外在贵阳市、六盘水市及毕节市也有部分布依族居住。布依语是布依族的民族语言，主要通行于贵州省的南部、西南部和西部地区，布依语内部没有方言差异，语法也比较一致。根据各地布依语语音方面的不同及部分词汇方面表现出来的地域特征，学界将布依语分为3种土语，按通行区域分别称为黔南土语、黔中土语和黔西土语，习惯上又称为第一土语、第二土语和第三土语，其中以第一土语通行范围较广，第二土语次之，第三土语通行于贵州中西部，分布范围最小。土语内部一般可以用本民族语进行交流，第一土语和第二土语之间差别较小，双方经过一段时间的适应即可沟通交流；第三土语和其他两个土语之间差别较大，需要长期接触方能相互交流。根据各地布依语使用情况及语言使用人口分布的情况，可以将其分为母语强势型地区、汉语强势型地区和母语濒危型地区。在母语强势型地区，布依语在传统生活中的各个领域都发挥着重要的交际功能，是家庭和社区本民族内部的主要用语，部分长期生活在该地区的其他民族也能用布依语与布依族进行交流。在汉语强势型地区，布依语和汉语并行使用，社区双语现象比较突出，母语（布依语）仅限于家庭和社区内本民族之间，与外来者和其他民族之间甚至相互不熟悉的本民族之间一般使用汉语方言。在母语濒危型地区，布依语仅局限于家庭和社区的部分中老年人之间使用，交际领域很少，中青年和儿童一般已放弃本民族语言，或仅掌握少量日常用语。目前在贵州境内，掌握并使用布依语的人数约200万，在黔南、黔西南的部分地区，连片聚居但已转用汉语的不在少数，如黔南布依族苗族自治州的都匀、独山、平塘、贵定等县（市），以及黔西南布依族苗族自治州的安龙、兴义等县（市）。

3.侗语。贵州省的侗族分布在黔东南的黎平、锦屏、天柱、玉屏、从江、榕江及铜仁的石阡等地。侗语是侗族的民族语言，是绝大部分侗族人的母语。侗语主要通行于贵州省的东北部、东部和东南部，分南、北两种方言，其中北部方言通行于贵州省的天柱、三穗、剑河、锦屏一带，汉化程度较高，使用人口也较少，南部方言通行于贵州省的榕江、黎平、从江、镇远和锦屏的启蒙一带，榕江的车江是侗文方言的标准音点，该方言仍具有较强的活力。贵州侗族有较鲜明的文化特色，侗族大歌和侗族的鼓楼建筑形式具有较高的艺术水平。

4.彝语。贵州彝族主要分布在贵州省的西北部、西部和西南部地区，人口95万余人（2020年第七次全国人口普查），其中以毕节市分布最为集中。彝语是彝族人民的母语，分北部、东部、南部、东南部、西部和中部6大方言。贵州彝族使用的彝语属东部方言，内部又分有黔西北和盘州2种次方言。黔西北次方言通行于贵州省的西北地区，分水西和乌撒、芒部3种土语；盘州次方言分盘北和盘南两种土语，通行于贵州省西南部的盘州、兴仁、普安、晴隆和水城等县（市、区）。在彝族分布比较集中的地区，如威宁、盘州一带，彝语在彝族人民传统的生活领域中仍发挥着重要的交际功能，是家庭、社区语言交际的主要工具，但在黔西北的部分地区，尽管聚居程度较高，但也有不少彝族放弃了本民族语言而转用汉语。

5.水语。截至2021年，全国水族共有49.53万余人，其中绝大部分分布在贵州省黔南布依族苗族自治州的三都水族自治县及其毗邻的荔波、独山和都匀等县（市），以及黔东南苗族侗族自治州的榕江、剑河和黎平一带。水族有自己的本民族语言——水语，属汉藏语系壮侗语族侗水语支，主要通行于水族分布的各地区。水语内部比较一致，没有方言的区分，根据各地语音和词汇方面的不同，分为3种土语，即三洞土语、阳安土语和潘洞土语。在水族聚居的地区，水语在人们的传统生活领域中仍发挥着重要的交际职能，是人们家庭和社区的主要交际语言。水族文化特点鲜明，水族民歌是其语言的艺术体现。

6.仡佬语。仡佬族是贵州最古老的世居民族，截至2021年人口约68万，主要分布在贵州省的北部和西部地区，遵义市的道真仡佬族苗族自治县、务川仡佬族苗族自治县及铜仁市的石阡县聚居着全国80%以上的仡佬族人口。仡佬族有自己的民族语言——仡佬语，但目前已处于极度濒危的状态，北部地区的仡佬族已全部放弃本民族语言而转用汉语，仅西部的六枝、关岭、晴隆、贞丰、镇宁、西秀、平坝、大方等县（区）少数村寨的仡佬族还在有限的生活领域中使用仡佬语，且仡佬语的使用者大多为六七十岁以上的老年人，只有少数村寨青少年仍在使用。

7.佯僙语。佯僙是贵州境内毛南族的自称，主要分布在贵州省黔南布依族苗族自治州平塘县和独山县的交界处，惠水县也有少量分布，佯僙人共有3万余人，20世纪90年代正式被认定为毛南族。佯僙语是佯僙人的母语，属汉藏语系壮侗语族侗水语支，内部一致性较大。根据 20 世纪 80 年代贵州民族学院（今贵州民族大学）赵道文、吴启禄的调查和研究，佯僙语可分为 3 种土语，分别是河东土语、河西土语和惠水土语。其中河东和河西土语均分布在平塘县境内及独山县的西部，以平塘河为界；惠水土语分布在惠水县的姚哨一带，因此也称姚哨土语。在毛南族聚居的地区，佯僙语仍在不同程度地发挥其交际职能，是家庭和社区的主要交际语言。部分毛南族兼通或已转用当地布依语，汉语是毛南族与外界交流的共同语言。

8. 莫语。莫语是居住在贵州省黔南布依族苗族自治州境内自称为 /ʔai³maːk⁸/ 的布依族所使用的语言，因为使用这种语言的人全姓莫，所以当地的汉族称他们为"莫家"。莫家主要分布在荔波县甲良镇的新场村、双江村和小七孔镇的地莪村一带，与甲良交界的独山县也有少数莫家分布。目前，能说莫语的大约有 15000 人，一部分莫家人已转用布依语，不讲莫语。从音系结构和基本词汇分析，莫语应属侗水语支语言。但由于长期与布依族接触，加之同属于一个民族，因此除与布依语同源的词汇以外，还有不少是从布依语中借用的。莫语内部差异较小，不同村寨的莫语之间仅在语音上表现出细微的差别。

9. 锦语。锦语[①]是贵州省黔南布依族苗族自治州荔波县小七孔镇一些自称为 /ʔai³tam¹/ 的布依族使用的语言。使用这种语言的人主要分布在该镇的太阳村、昔村一带，跟说莫语和布依语的人交错聚居在一起。目前使用锦语的约有 3000余人。

锦语属于侗水语支语言，有不少词汇跟布依语相同，其中一些来自原始侗台语的同源词，一些则是从布依语中借用的。

10. 蔡家话[②]。自称为"蔡家"的人分布在云贵交界地区，在毕节市赫章县、威宁彝族回族苗族自治县及六盘水市水城区的蔡家还有大概不超过 1000 人使用自己的语言。使用蔡家话的人自称 men³¹ni³³，普遍兼通汉语，还有一些人兼通彝语或苗语。成年人在内部交际时使用蔡家话。蔡家话语音系统包括声母 29 个，塞音、塞擦音有全清、次清、全浊的对立，没有复辅音；韵母系统含有单元音10 个，不分长短，有丰富的复合元音，有单元音和鼻音韵尾 n、ŋ 组合成的复合韵母，有 4 个声调。词汇以单音节词根和双音节合成词为主，除固有词以外，来自汉语的词语很多。主要语法手段是使用词序和虚词，基本语序是 SVO。修饰

[①] 说"莫语"和说"锦语"的布依族都分布在黔南布依族苗族自治州的荔波县，日常交往比较频繁。但语言学界习惯按语言使用者的自称将它们视为不同的语言。20 世纪90 年代后期出版的《莫语研究》（杨通银著）则将锦语视为莫语的一个方言。本书依前说。

[②] 本部分由北京大学外国语学院蔡家话研究专家薄文泽教授提供。

语一般在中心语的前面，尚保留一些修饰语后置的遗迹，数量词修饰名词性成分位于被修饰语之后。有丰富的量词，指示代词系统有近指、中指、远指的区别。蔡家话的系属尚不明确。

11. 壮语。贵州的壮族主要分布在从江县与广西融水苗族自治县毗邻的边刚、翠里等地区，人口 2 万余人，壮语是他们的母语，属壮语北部方言桂北土语。目前，壮语仍是贵州壮族日常生活中主要的交际语言。汉语则是壮族与外界交流的语言。

12. 布努语。贵州省荔波县瑶麓、瑶山一带的瑶族使用的语言，属于苗瑶语族苗语支。目前，贵州境内使用这种语言的约有 4000 人。瑶麓、瑶山两个点的语言差异较大，双方通话比较困难。该语言在传统生活的各领域仍发挥着重要的交际职能，是家庭和社区主要的交际语言。瑶族除使用布努语支外，分布在榕江的瑶族使用勉语的广滇方言，分布在从江、高忙一带的瑶族使用巴哼语，分布在望谟县油迈瑶族乡的瑶族使用苗语的西部方言。

除上述少数民族语言之外，贵州省境内其他少数民族都没有自己的本民族语言，如土家族、回族、仫佬族等都以汉语作为母语。

（二）书面语言资源

书面语言资料是重要的语言资源，也是语言资源保护的重要对象。贵州少数民族语言资源主要包括各民族民间流传的用传统文字记录下来的古籍文献、今人用拼音文字或国际音标整理出版的各种资料，以及在各种媒体上以不同形式呈现出来的民族语言资料。

贵州世居少数民族中，有传统文字的民族有彝族、水族、苗族、布依族和侗族，其中彝族的传统文字历史最为悠久，文献最为丰富。

彝文指的是四川、贵州、云南等地的彝族人使用的文字，又叫"爨文""韪书"。明清两代不少图书称这种文字"字如蝌蚪""字母一千八百四十"。根据民间传说，彝文的历史非常悠久，但最兴盛的时期是从明代以后才开始。贵州彝文有其不同于其他地区的特点。用彝文记载的文献卷帙浩繁，目前已整理出版的古籍有《西南彝志》《彝族源流》《水西史传》《彝族创世志》《宇宙人文论》等。这些文献为学界研究彝族历史乃至贵州古代各民族关系史提供了珍贵的资料，是彝族重要的书面文献资源。

布依族历史上没有出现过广泛通用的文字系统，过去主要使用汉字，民间广泛流传着以汉字或类汉字作为记音符号记录布依语的情况，所记录的内容是布依族的摩经，其中一部分为与社会习俗相关的内容。此外，在贵州省西部及云南省北部布依族散居的地区，流传着用一种类似"水书"的文字记录的宗教文献，不过，其内容大多已无法解读。因此，该文字的来源尚待进一步考证。贵州省六盘水市钟山区金盆苗族彝族乡流传着一本用柏格理苗文记录的摩经，在 20 世纪 90 年代中期被发现，现在大多数内容已得到解读。2006 年以来，先后在荔波发现的布依族古文字文献被分两批列入国家非物质文化遗产名录。布依族古籍文献有着丰富的内涵，是研究布依族古代历史、社会、经济和文化习俗等的珍贵资料。虽然人们在诵读这些经文时用的是今天的布依语，但其中的一些词汇和句子结构与现代布依语有着显著的区别，反映了历史上某个时期布依语的面貌，对研究布依语的历史演变、探索布依语的发展脉络及开展侗台语乃至汉藏语系语言的历史比较研究都有着极其重要的价值。

苗族历史上没有自己通用的文字，但在局部地区、部分人群中创制和使用过苗文，用文字记录下来的文献不多。20 世纪初，英国传教士柏格里为威宁石门坎一带的苗族创制了柏格里苗文，但主要用于基督教的传播，且仅局限于贵州西北部的滇东北次方言，对其他的地区的苗族没有产生任何影响，对苗族本民族文化的传承也没有起到多大的作用。中华人民共和国成立以后，1957 年，研究人员创制出以拉丁字母为基础的新苗文，贵州共设计了 3 个文种，即苗语的 3 种方言文字，借助新创苗文，苗族语言文化工作者不仅在苗族地区广泛开展文字扫盲和双语教学，还搜集了大量的苗族民间文学作品。20 世纪 80 年代以来，大量的苗族文学作品得以整理出版，并以国际音标和新创苗文记录苗语的形式呈现给广大读者。这些经专家整理出版的口语文献是苗族语言资源的重要组成部分。

水书是水族人民的传统文字，水族语言称其为"泐睢"。据称，水书是夏商文化的孑遗，被水书先生代代相传。水书形状类似甲骨文和金文，主要用来记载水族的天文、地理、宗教、民俗、伦理、哲学等信息。水书是世界上除东巴文之外又一存活的象形文字，2006 年被列为国家级非物质文化遗产。水书在水族群众的社会生活中至今还起着很重要的作用，如婚丧嫁娶仍然按照水书记载的"水历"推算决定。20 世纪八九十年代以来，除大量的水书文献被整理出版之外，不少来自民间的水族文学作品也被整理出版，为水族优秀文化传承及水语资源的保护作出了重要贡献。

侗族历史上也曾借用汉字记录，但仅限于在民间使用，文献种类比较少，目前整理出版的古侗文文献有限。20 世纪 50 年代中后期创制的侗族新文字（拉丁字母文字）为侗族语言文化的传承和发展发挥了重要的作用。

（三）现代媒体与贵州少数民族语言资源

现代媒体包括广播、报纸、影视及网络。20世纪50年代以来，随着贵州各民族新文字的创制，贵州少数民族语言逐渐应用于现代媒体。其中，开展得比较好的是苗族、布依族和侗族这3个人口相对较多的少数民族。

20世纪50年代中后期，贵州省人民广播电台开始创办苗语和布依语广播节目，内容主要是对农村地区的苗族群众宣传党和政府的政策、报道时事新闻；少数民族聚居地方的县一级广播站也开办了相关的节目，但后因各种原因停办。20世纪80年代中期以后，省和地方民族工作部门和媒体机构先后断断续续开办了苗语、布依语和侗语的广播，如1986年4月，贵州省人民广播电台开办的文艺广播节目；1987年8月，贵州省人民广播电台举办的《民族之音》苗语广播节目。[①]黔西南布依族苗族自治州望谟县和黔南布依族苗族自治州罗甸县的广播站也于1985年开办了布依语广播。从江县贯洞镇和黎平县三龙乡广播站分别于1984年和1985年设有侗语播音节目，播报内容主要是新闻类。[②]黔东南苗族侗族自治州黎平县广播站从1987年3月25日开始，每天有15分钟的侗语播音[③]，内容为县内新闻。进入21世纪之后，少数民族语广播又一次掀起了高潮。黔东南、黔西南及一些少数民族聚居的县甚至村级广播站纷纷创造条件，开办民族语广播。如自2006年在松桃苗族自治县建立苗族语言环境建设示范区以来，截至2007年9月底，当地政府先后在一些苗族村寨建立了以苗语广播为主的双语广播站。[④]黔西南和黔东南两个自治州也分别开办了两个州级的苗语和布依语（黔西南）广播。2009年5月1日，黔西南州人民广播电台《民族之声》开播，调频107.9MHz，以苗语中部方言和标准音点布依语播音，内容包括新闻资讯、专题访谈、音乐欣赏、民语教学节目等。2011年12月25日，黔东南州人民广播电台开播《苗语新闻广播》，新闻稿件的采制和选用由黔东南州人民广播电台完成，配音由黔东南州电影公司民语译制中心负责，内容主要是民生新闻。2013年11月1日，凯里市人民广播电台开播《苗语新闻》，每期节目时长15分钟，播出时间不能完全固定，内容主要是党和国家的政策方针、法律法规及便民富民信息。

① 苗青：《双语教学及苗文在苗族教育中的作用》，载贵州省少数民族语言文字办公室、贵州省少数民族语言文字学会编《贵州新创民族文字五十年》，黔新出2009一次性内资准字第318号，2009，第334页。

② 欧阳觉亚、周耀文：《中国少数民族语言使用情况》，中国藏学出版社，2008，第854页。

③ 同②，第454页。

④ 龙海燕、罗兴贵、吴定川：《贵州民族语文工作六十年》，电子科技大学出版社，2011，第105页。

2014 年，黔东南州人民广播电台在苗语新闻的基础上增办侗语新闻栏目。除此之外，黎平县肇兴镇作为侗族聚居区，镇上的广播也经常用汉侗双语不定期播放宣传党和政府各项方针政策。

贵州民族语文方面的报纸创办始于 20 世纪 80 年代后，先是各民族聚居地自办，如 1982 年黔东南苗族侗族自治州凯里市创办的《香炉山》①；1983 年 5 月 26日，罗甸县民族事务委员会创办的《布依文报》②；1983 年 11 月，望谟县民族事务委员会创办的《望谟布依文报》；1984 年 4 月，铜仁市松桃苗族自治县创办的《松桃苗文报》；1984 年 11 月，黔东南苗族侗族自治州民族事务委员会创办的《苗文侗文报》；1984 年雷山县创办的《雷公山》等。1999 年开始，《贵州民族报》制作《民语新苑》专版，苗文、侗文、布依文、彝文、汉字 5 种文字同时出现在一张报纸上，这在全国都比较少见。这一专版越做越好，2009 年 7 月开始创办《贵州民族报·民族语文》周刊，每月 1 期，每期分 4 个专版，包括《民语新闻》《民语理论》《双语天地》等专版，在 4 个专版中，2 版用汉文编排，2 版用多种少数民族文字与汉文对照编排，③ 每期印量约 2 万份。

贵州少数民族语言的影视媒体开始于 20 世纪 80 年代。1981 年，黔东南苗族侗族自治州创建民族语电影涂磁录音站，2004 年在此基础上建立"黔东南州民族语电影译制中心"。1982 年以来，共译制影片 665 部，其中苗语片有 423 部，科教片 373 部。《建国大业》《武当》《取长补短》等苗语译制片深受苗族群众的广泛欢迎。同时，还为黔东南州远程教育办译制农村远程教育课件 256 个，其中苗语课件 168 个。凯里电影公司译制的《月亮湾的风波》《峡山疑影》《高山下的花环》《花桥决战》等电影故事片也深受苗族群众欢迎。④ 布依语电影译制开始于 20 世纪 80 年代，停滞后恢复中的布依语文媒体也开始慢慢探索，包括望谟县译制的《月亮湾的笑声》《山寨火种》《闪闪的红星》《青松岭》《海霞》《春归红楼》等，罗甸县译制的《镖王》，荔波县译制的《流泪的红蜡烛》等。此外，黔东南州民族语电影译制中心自建成以来，为黔南布依族苗族自治州的罗甸县、荔波县，黔西南布依族苗族自治州的望谟县、贞丰县等涂磁录音布依语故事片 6 部。20 世纪

---

① 石德富、杨胜峰：《黔东苗文五十年回顾与思考》，载国家民族事务委员会文化宣传司编《民族语文国际学术研讨会论文集》，民族出版社，2009，第 155-167 页。

② 金石、彭敏：《论民文报纸与少数民族文化权利》，《西藏民族学院学报（哲学社会科学版）》2014 年第 2 期，第 108-112 页。

③ 刘庆田：《贵州的少数民族文字报纸》，《贵州民族报》，2013 年 6 月 19 日。

④ 刘仕海：《苗文推行的喜与忧——以贵州为例》，载贵州省少数民族语言文字办公室、贵州省少数民族语言文字学会编《贵州新创民族文字五十年》，黔新出 2009 一次性内资准字第 318 号，2009 年，第 368-369 页。

80 年代初期以来，望谟县文体广播电视局自编、自导、自拍、自剪了《卜当》《甲金》《雅平寨》《加麻号》等电视资料片。2012 年投拍的由布依族民间故事改编的《金龙练》拍摄完成，共 6 集。因为《金龙练》很受群众欢迎，2014 年又获投资重拍，加入更多的故事情节，增加至 12 集，同时加入了布依文和汉字字幕。望谟县正筹拍由布依族民间故事改编的《玉女选郎君》8 集，4 集已基本拍摄完成，处于后期制作阶段；计划拍摄另一部由布依族民间故事改编的《刮地草》8 集。1982 年以来，由黔东南州民族语电影译制中心译制的 665 部影片当中，侗语片有 242 部；科教片 373 部，其中侗语片 144 部。同时，该中心还为黔东南州远程教育办译制农村远程教育课件 256 个，其中侗语 88 个。2003 年 12 月，凯里学院教授石新民、姚鼎创作了电视剧《仰冲之恋》。从 2009 年开始，天柱县石洞镇摆洞村妇女主任吴世江组建的"侗话剧组"自筹资金拍摄一系列侗语版电视剧，已拍摄完成的有《梁山伯与祝英台》(2009)、《孟姜女哭长城》(2010)、《七仙女下凡》(2011)、《牛郎织女》(2012) 4 部。

　　网络媒体的出现打破了地域的限制，改变了传播方式，提高了传播速度，吸引了大量的受众。网络媒体在对报纸、广播、电视等传统媒体进行资源整合的同时，也对传统媒体提出了挑战。基于网络媒体的优点，网络媒体的兴盛成为媒体形式发展的必然。为适应媒体形式发展趋势，民族语文媒体也在朝网络媒体方面努力，但贵州的苗族、布依族、侗族在 20 世纪 50 年代国家为他们创制文字之前没有全民族统一使用的文字，所以民族文字的群众根基不是很牢固。这 3 个民族没有全民族文字网站，只有一些包含这些民族语言文字的网页。网络媒体传播范围具有全球性，既不受地域的限制，也不需要固定的发布场所，所以网络媒体不像传统媒体那样有明显的地域归属。

（四）民间自发的语言资源保护行为

　　自 20 世纪 90 年代中期以来，贵州民间开始出现人们自发搜集本民族民间文学作品（主要是民歌）的情况，这也是一种自发保护民族语言的行为，值得提倡。

　　民间自发的少数民族语言资源保护行为分为集体行为和个人行为两种。集体行为多是以某个公司、民间组织开展，如"嗓嘎""布依族在线""三苗视讯"分别属于贵州嗓嘎文化保护咨询服务有限公司、贵州濮越文化科技有限公司、贵州三苗视讯发展有限责任公司，这些公司创办了相应的公众号，进行民族语言、文化、节日、风俗、服饰等宣传服务。以个人为主体创办的少数民族语言的微信公众号也非常多，如苗族的"西部苗族""苗语东部方言"，布依族的"布依人说布依话""凉都布依"，彝族的"黔西南彝语""水西彝语""彝乡掠影"，以及"仡佬乡情""微侗家"等，都是少数民族语言文化爱好者自主发起的，聚集更多爱好者投稿，推广传统民族文化和民族语言的平台。

三、贵州少数民族语言资源保护情况

（一）语言资源保护工程

2015 年上半年，国家启动了由教育部和国家语言文字工作委员会主持的语言资源保护工程（简称"语保工程"）。工程第一期预计 5 年内完成，共 1700 多个语言点，其中少数民族预计完成 400 个语言点的摄录工作。

语保工程自 2015 年启动以来，在贵州完成了 41 个点的少数民族语言的调查、摄录及后期整理工作，其中苗语 18 个点，布依语 4 个点，侗语 3 个点，彝语 4 个点，瑶语 4 个点，仡佬语 4 个点，莫语 2 个点，壮语 1 个点，佯僙语 1 个点（表 2）。

表 2　语保工程在贵州完成的情况概览

语种	项目名称	主持人	所在单位
苗语	威宁苗语川黔滇方言滇东北次方言	黄行	中国社会科学院民族学与人类学研究所
	贵阳苗语川黔滇方言惠水次方言	王艳红	嘉兴学院
	凯里苗语黔东方言北部土语	石德富	中央民族大学
	紫云苗语川黔滇方言麻山次方言	吴秀菊	贵州民族大学
	黄平苗语川黔滇方言重安江次方言	石德富	中央民族大学
	麻江苗语中部方言西部土语绕家话	吴秀菊	贵州民族大学
	都匀苗语中部方言北部土语坝固话	胡晓东	贵州民族大学
	普定苗语西部方言第二土语蒙撒话	罗兴贵	贵州民族大学
	天柱苗语中部方言东部土语竹林话	胡晓东	贵州民族大学
	六枝苗语西部方言菁苗苗语	罗兴贵	贵州民族大学
	松桃苗语东部方言	吴秀菊	贵州民族大学
	福泉苗语西部方言罗泊河次方言	吴秀菊	贵州民族大学
	贵阳苗语西部方言贵阳次方言	陈龙	中央民族大学
	凯里苗语西部方言罗泊河次方言	石德富	中央民族大学
	榕江苗语中部方言南部土语小丹江话	胡晓东	贵州民族大学
	龙里苗语西部方言惠水次方言	罗兴贵	贵州民族大学
	贞丰苗语西部方言	周国炎	中央民族大学
	毕节苗语西部方言大南山话	周国炎	中央民族大学

续表

语种	项目名称	主持人	所在单位
布依语	望谟布依语第一土语	周国炎	中央民族大学
	龙里布依语第二土语	周国炎	中央民族大学
	镇宁布依语第三土语	朱德康	中央民族大学
	威宁布依语第三土语威宁话	朱德康	中央民族大学
仡佬语	六枝仡佬语居都方言	李锦芳	中央民族大学
	平坝仡佬语稿方言	袁善来	南阳师范学院
	镇宁仡佬语阿欧方言比工土语	李霞	湖北大学
	大方仡佬语阿欧方言红丰土语	何彦诚	广西师范大学
彝语	威宁彝语东部方言乌撒土语	马辉	贵州工程应用技术学院
	大方彝语东部滇黔次方言水西话	翟会锋	河南师范大学
	毕节彝语东部方言三官寨话	翟会锋	河南师范大学
	盘州彝语东部方言盘州土语	马辉	贵州工程应用技术学院
瑶语	榕江瑶语勉方言广滇土语	龙国贻	中国社会科学院民族学与人类学研究所
	荔波瑶族布努语努茂方言	周国炎	中央民族大学
	从江高忙巴哼语	陈国玲	中国社会科学院民族学与人类学研究所
	三都瑶语勉方言广滇土语	龙国贻	中国社会科学院民族学与人类学研究所
侗语	天柱侗语北部方言第一土语	龙耀宏	贵州民族大学
	黎平侗语南部方言第二土语	龙耀宏	贵州民族大学
	锦屏侗语北部方言第三土语	姜莉芳	怀化学院
莫语	荔波莫语	杨通银	江苏师范大学
	荔波莫语锦方言	梁敢	桂林旅游学院
壮语	从江壮语北部方言从江话	梁敢	桂林旅游学院
佯僙语	平塘佯僙语	姜莉芳	怀化学院

　　语保工程是国家层面的重大工程，从发音人的遴选到语料的整理入库都有严格的规范。在发音人的遴选方面，充分考虑语言人个人的生活经历、生活环境、文化水平及生理特征、健康状况与个人母语知识及母语能力之间的内在联系，从

语料提供者的角度为语料的质量确定了严格的标准。对调查者（即项目主持人）也提出了很高的标准和严格的要求。项目主持人必须熟练掌握语言调查的知识和方法，必须有从事语言调查和研究的经历，具备对所调查语言的语言事实进行是非判断的能力，在此基础上首选所调查语言的母语者。语言摄录和语料整理入库都有很高的技术要求，调查之前和语料整理过程中都需要接受系统、严格的培训。涉及贵州少数民族语言的项目都已严格按照相关规范顺利实施。

（二）大型语料库的建设

语料库是"一个按照一定的采样标准采集而来的、能够代表一种语言或者某语言的一种变体或文类的电子文本集"[①]。我国的语料库建设始于 20 世纪 80 年代，但少数民族语言语料库的建设起步较晚。21 世纪初以来，各高校和相关科研院所以国家和地方科研基金及各类科研和工程为平台，大力开展少数民族语言语料库的建设。近年来，国家社科基金共设立少数民族语言语料库建设项目数十项，其中涉及贵州少数民族语言的共 3 项，分别是黔南民族师范学院梁光华教授的"水族水书语音语料库系统研究"、贵州民族大学龙海燕教授的"贵州省少数民族语言资源有声数据库建设"及遵义师范学院占生平教授的"基于有声语档的布依族摩经整理研究"，其他的项目虽然不是专门研究贵州的，但是也会涉及贵州少数民族语言，如中国社科院民族学与人类学研究所蓝庆元研究员的"壮侗语族语音词汇语料库"、西南民族大学沙玛拉毅的"彝语语料库的研究与建设"等。除此之外，自 20 世纪 80 年代中期开始，中央民族大学少数民族语言学科就与计算机学科进行横向联合，建立少数民族语言音节语料库，贵州少数民族语言中的布依语、苗语等也作为建设内容参与该语料库项目的建设中。21 世纪初，由中央民族大学刘岩教授主持的中国濒危语言语料库建设项目开始实施，首批对我国 5 种濒危少数民族语言进行语料库建设，贵州安顺湾子寨的仡佬语稿方言被纳入建设范围。

（三）教材、工具书的编撰

语言教育是语言资源保护和利用的主要方式，二者相互促进。一方面，语言资源的保护进一步丰富了语言教育的内涵；另一方面，语言教育又进一步提升人们保护语言资源的意识，推动语言资源保护的发展。语言教育离不开教材和工具书，与此同时，教材和工具书的编撰又是语言资源保护和利用的有效方式。

1.教材编撰。与北方少数民族语言不同，南方少数民族语言，尤其是贵州几

---

① 梁茂成、李文中、许家金：《语料库应用教程》，外语教学与研究出版社，2010，第 3 页。

种中华人民共和国成立之后创制文字的少数民族语言，学校语言教学是从高校开始的。20世纪50年代，中央民族学院（今中央民族大学）成立之初便同时成立了语文系，负责少数民族语言文学的教学工作，涉及贵州少数民族的有苗语和布依语。为了课堂教学的需要，当时就已经开始少数民族语言教材的编写。如从事布依语教学的王伟教授就编写了布依语教材。20世纪80年代，在经历了"文化大革命"之后，民族语文工作得到恢复，民族文字的推广应用也轰轰烈烈地开展起来。为了满足少数民族双语教学的需要，各民族各语种根据教学对象和教学目的，结合实际编写了一些乡土教材，但这些教材一般都是自编自用，很少有出版发行的。20世纪90年代以后，民族语文工作又掀起了一次高潮，在贵州省民族事务局语文办公室的主导下，贵州民族出版社出版了一套少数民族语言（苗语、布依语、侗语、彝语等）与汉语对照的小学课本，开始在贵州少数民族聚居地区的小学中开展民汉双语教学。高校方面，结合少数民族语言文学专业教学的需要，先前开设了少数民族语言文学专业的高校也陆续编撰了一些民族语教程，如贵州民族大学、中央民族大学编撰的《苗语基础教程》《布依语基础教程》等。

2. 工具书编撰。19世纪末至20世纪初，西方传教士来到贵州少数民族地区传教，为了能够顺利地与当地少数民族沟通，一些传教士主动学习当地少数民族语言，并搜集当地语言，编纂成词典，供传教士使用。如传教于布依族地区29年的法国传教士方义和神父（Esquirol Joseph，1870—1934），用国际音标创制出布依族文字，并完成了第一部布依语词典。1931年，因其调往贞丰县传教当地黑苗，又创制出黑苗文字，编著了第一部黑苗词典。中华人民共和国成立以后，自20世纪50年代以来，在语言大调查的基础上，贵州各少数民族语言的工具书（词典）陆续编撰出来，如《布汉词典》、《汉布词典》（内部刊印）还有21世纪初由民族出版社出版的工具书系列（词典）等。2013年以来，由贵州省民族和宗教委员会语文办公室牵头、各民族学会承接的贵州少数民族语言与英语、汉语对照的系列大辞典的《苗英汉大辞典》《彝英汉大辞典》《侗英汉大辞典》和《布依英汉大辞》的编纂工作陆续开展，其中，《苗英汉大辞典》和《彝英汉大辞典》已基本完稿，《布英汉大辞典》和《侗英汉大辞典》正编纂当中。此外，又组织贵州学者开始着手编纂少数民族语言与汉语、英语对照的大辞典。

四、贵州少数民族语言资源的开发与利用

（一）语言教育

语言是文化的载体，是民族的重要特征之一。民族语言的教育是民族文化传承的重要手段，语言资源的保护是语言教育的根本保障，没有了语言，语言资源

也就成了无本之木。与此同时，语言教育既是对语言资源的开发和利用，也是语言资源价值的充分体现。少数民族语言教育可分为母语教育和双语教育。

1.母语教育。母语既是一个民族的交流工具，也是其身份和文化的象征。狭义的母语是指本民族的语言，是一个民族特有的、用于民族内部交际的重要工具。贵州各少数民族通常都有本民族母语，如布依语、苗语、侗语、彝语、水语等。广义的母语是指一个人在婴儿期和幼年期间自然学到的第一语言，可以是本民族语言，也可以是外族语言。少数民族语言母语教育是指狭义的母语教育，即对本民族语言的教育，以及在此基础上对本民族特有的物质文化、制度文化、精神文化等方面的教育。

贵州各少数民族母语使用具有不同的特点，根据民族聚居、杂居或散居情况，大致可分为母语强势型、汉语强势型和母语濒危型3类。母语教育因各民族母语使用现状及使用程度存在差异：在母语文化氛围浓厚的地区，如各民族聚居区，家庭和社区是母语教育的主要场所，母语教育贯穿于日常生活中，学习母语的同时渗透本民族的传统文化教育；在民族聚居和散居地区，由于日常必要交际，双语现象日益普遍，通常以第二语言——汉语作为主要的交际工具，母语使用率严重下降，甚至完全放弃母语的学习和使用；在母语濒危地区，则很难提供母语学习的条件和氛围。

母语是一个民族文化的纽带和载体。随着现代汉语普通话的日益普及，少数民族语言面临发展危机。贵州少数民族母语教育有利于掌握基本的母语表达，维持语言交际功能；有利于营造浓厚的母语文化氛围，展示本民族文化的魅力；有利于激发民族文化认同感和自豪感，保护本民族文化；有利于继承、丰富并发展本民族优秀传统文化，在少数民族传统文化的保护和传承过程中发挥重要作用。

2.双语教育。贵州是多民族聚居地，有着丰富的民族资源。发展少数民族教育是振兴贵州少数民族地区的根本大计。中华人民共和国成立以来，贵州民族地区双语教育实现了跨越式发展，从创制民族文字到开办语言学校，从起步到萎缩再到初具规模，贵州双语教学已得到稳步发展，这既是落实国家教育方针政策的需要，也是提高民族地区经济发展水平、传承民族文化、培养人才的要求。21世纪以来，贵州各类学校（包括幼儿园、小学、中学、高等院校等）都不同程度地开展了民族文化教学活动或双语教学课程，包括苗汉、布依汉、侗汉、彝汉、水汉、瑶汉等在内的少数民族语言双语教学，对各民族社会文化生活和学校教育教学起到了积极作用。

由于贵州少数民族地区教育基础较为薄弱，双语教育发展仍存在很多问题，如双语教育意识模糊、双语教育投入不足、双语教学体系不完善、双语教师人才匮乏、民族特色不明显等。针对以上发展困难，笔者认为应结合新时期国家语言政策与贵州省民族语文工作的思路，因地制宜，实施战略性举措，推动贵州省民族地区双语教育进一步发展。一是要树立正确的双语教学观念，提高对少数民族双语教育的认识，这不仅有利于推动民族教育和民族文化的传承与发展，而且在国家和民族地区现代化建设全局中具有战略性地位。二是要加大政府支持力度，增加少数民族双语教育经费投入。贵州少数民族地区政府应多渠道、多途径增加教育经费预算，优化经费管理，鼓励、支持社会力量和多种办学形式，促进少数民族双语教育的实施。三是要大力培养少数民族双语教育师资队伍，加强少数民族双语教材建设。师资和教材是双语教育的关键性因素，引进人才，培养一批高水平、高素质的学科带头人，形成完整的少数民族双语教材体系，努力做到思想性、科学性与民族性的统一。四是要突出民族特色，推行特色教育。进一步发展贵州民间民族特色文化，不仅有利于素质教育的实施，对传承民族优秀文化、深化民族认同感亦具有重要作用。

（二）语言服务

语言是人类交流思想、表达感情、认识世界最重要的交际工具，语言的工具性决定了它的服务性。语言服务是以语言文字（包括少数民族语言文字、方言）为主要的媒介手段或产品内容的服务行为。从服务的主体来看，语言服务可以分为宏观和微观两个方面：宏观的语言服务主要指政府部门和学术团体层面的语言服务，即政府有关部门对语言资源的管理和语言产业、行业、职业的规划与规范，学术团体对语言翻译理论、语言教学理论的研究，对语言产品与技术的开发，如语料库的建设，工具书、教材、教辅的研发和出版，以及对语言竞技、语言产业发展过程中语言问题的解决；微观的语言研究主要涉及各领域内的行业语言服务，如旅游、商业、餐饮、金融、医疗、电信等行业的语言服务和语言翻译、语言培训、语言技术等专业服务。

随着国内对语言服务研究工作的不断深入，少数民族语言服务也越来越受到学界的关注。在贵州的 17 个世居少数民族中，苗族、布依族、水族、侗族、彝族等 10 个少数民族仍保留本民族语言，800 多万人还在使用少数民族语言。民族语言服务在贵州少数民族语言文字工作中非常重要，是构建"多彩贵州"不可或缺的一环，尤其在少数民族聚居的州县，民族语和汉语都是社会生活的重要交际工具，现在和以后的很长一段时间内，民族语在各民族的生活中依然发挥着不可替代的作用。贵州少数民族语言主要在以下领域范围内服务：少数民族群众的日常生活，尤其是少数民族农村地区；少数民族自治地区的政府、公共事业单位事务办理和法院、检察院的行政诉讼事务；双语学校的教学语言及双语教材；网络上的少数民族语文资源，随着近些年来少数民族语言信息化的发展，贵州有传统民族文字的少数民族都建设各自语种的网站，如彝语、壮语和水语已建立，布依语、苗语正在建设之中；民族古籍的整理和翻译工作；少数民族地区网络媒体、广播电视的播报；旅游、金融、医疗等行业内的专业语言服务。

贵州少数民族语言服务当前的具体任务包括以下内容：推广各个少数民族语言文字，强化本民族语言文字意识，提高本民族语言的普及程度；提高各少数民族对本民族语言文字的应用能力；加强民族语言文字规范标准和信息化建设，促进民族语言的传承发展，提升语言服务质量；加强语言生活的监管与服务，做好监测、引导和咨询服务工作；发扬各少数民族文化，促进语言更好地传承与发展。

2010年，国家民族事务委员会下发《关于做好少数民族语言文字管理工作意见》，标志着少数民族语言文字工作进入新的发展时期。围绕文件精神，2011年12月，贵州省召开了全省少数民族语言文字工作会议，并在2012年12月3日发布《贵州省民族事务委员会关于进一步做好少数民族语言文字管理与服务工作的意见》，此后，贵州少数民族语言服务进入新的繁荣发展阶段。

自2014年以来，贵州省大力发展大数据产业，凭借自身良好的资源优势，贵州大数据产业达到相当大的规模，影响着政治、经济、文化等诸多领域。贵州少数民族语言文字信息化建设也在大数据产业的助推下得到发展，但是由于起步较晚，仍处于基础资源建设阶段：一是少数民族语言信息化相关标准的建设，包括对传统民族文字进行编码字符集、字形标准、键盘标准的制定和输入法设计。二是少数民族语言文字资源库的建设，主要由政府组织开展，如2008年建立了仡佬语数据资源库。2015年以来，语言保护工程对贵州省少数民族语言苗语、布依语、侗语、彝语、壮语、瑶语、水语、仡佬语、莫语（布依族）、布努语（瑶族）、佯僙语（毛南族）等进行调查并将数据采录标注入库，共计44个语言调查点。三是建设贵州少数民族语言文字网站。目前贵州少数民族语言文字网站分为多省联合建设的跨省民族语言网站（如彝族、壮族）、由民间学会和群众个人发布的包含民族文字网页的网站和一些官方媒体发布的包含民族语言文字的网站三类。四是开发贵州少数民族语言文字软件，目前已完成的涉及贵州的少数民族语言文字的软件有彝文和壮文两种语言的翻译软件。

发展好、引导好贵州少数民族语言服务具有重要的意义，一方面，有利于构建美丽和谐的"多彩贵州"，促进各民族间的交流发展，建立和谐的民族关系，有利于国家安全和民族团结；另一方面，语言服务有利于贵州少数民族语言资源保护、传承和发扬，这对少数民族语言文字和少数民族文化的继承发展具有重要意义，对一些濒危语言的抢救和语言资源保存来说就更加重要。

五、结语

贵州是一个多民族聚居的省份，各民族形成交错杂处的分布格局，"你中有我，我中有你"，长期以来和谐共处，美美与共，美人之美。多民族共居造就了文化多样性和语言多样性的生态环境，语言资源丰富。本文对贵州少数民族语言资源及其保护的现状进行了系统的阐述，分析了贵州省少数民族语言资源保护的手段和方式，并对语言资源的开发和利用进行了初步的探讨。总体而言，贵州少数民族语言资源的保护取得了长足的进展，但如何对语言资源进行有效的开发利用，如何使语言资源的保护实现常态化、系统化等尚有待进一步的探讨。

参考文献

［1］安梅.双语环境下的少数民族语言维护［J］.贵州民族研究，2011（4）：185-190.

［2］陈章太.论语言资源［J］.语言文字应用，2008（1）：9-14.

［3］戴红亮.提升面向少数民族的语言服务水平［J］.北华大学学报（社会科学版），2012，13（3）：12-15.

［4］郭龙生.论国家语言服务［J］.北华大学学报（社会科学版），2012（2）：12-19.

［5］江佳慧.全球化时代西部少数民族地区的语言教育［J］.湖北民族学院学报（哲学社会科学版），2005（5）：73-75.

［6］李现乐.语言服务的显性价值与隐性价值：兼及语言经济贡献度研究的思考［J］.语言文字应用，2016（3）：114-123.

［7］李现乐.语言服务与服务语言：语言经济视角下的语言应用研究［D］.南京：南京大学，2011.

［8］屈哨兵.语言服务的概念系统［J］.语言文字应用，2012（1）：44-50.

［9］唐建荣.贵州民族教育发展回顾与展望［J］.贵州民族学院学报（哲学社会科学版），2010（4）：09-14.

［10］陶贞安.中国少数民族语言教育的多元化发展路径［J］.宁夏社会科学，2017（4）：146-150.

［11］王均，等.壮侗语族语言简志［M］.北京：民族出版社，1984.

［12］王艳，张雨江.民族语言教育现状与特点探析：基于文本分析与田野调查［J］.贵州民族研究，2016（5）：206-210.

［13］杨菁.大数据背景下贵州少数民族语言文字信息化建设研究［J］.贵州工程职业技术学院学报，2018，36（4）：129-133.

［14］周国炎，赵哲.布依族语言资源的调查保护与应用［M］//李宇明.语言资源（第一辑）.北京：商务印书馆，2018.

［15］周国炎.布依族语言使用现状及其演变［M］.北京：商务印书馆，2009.

［16］周真刚.贵州民族地区教育发展研究［J］.贵州民族研究，2015（2）：222-229.

［17］朱文旭.彝语方言学［M］.北京：中央民族大学出版社，2005.

水电工程少数民族青少年移民语言生活现状与反思

——以贵州省红水河流域库区布依族青少年移民为研究个案

余筱凤

（中央民族大学少数民族语言文学学院　北京　100081）

摘　要：青少年的语言能力、行为和态度往往关乎着某个群体语言未来发展的方向和趋势。本文以贵州省红水河流域库区布依族青少年移民为研究对象，通过考察其语言生活特点，预测该族群语言生态系统的发展趋势，并就其母语传承和保护中存在的问题提出相关建议。

关键词：青少年；移民；语言生活；语言传承

一、引言

贵州省红水河流域水能资源丰富、可开发效益显著，20 世纪 90 年代在"西电东送"战略的促进下，国家投入大量人力物力规划建设了天生桥一级、二级及鲁布格、平班等一批大型水电站。为支持国家战略发展和水电站建设工程需要，在此流域沿岸世居的布依族同胞开始在市（县）境内或跨县境进行大规模搬迁，成为库区移民。

易地搬迁造成的社会、经济、文化环境差异引起了布依族移民语言生活环境的变化：一方面移民原本相对单纯的语言环境变得复杂化；另一方面从农村到城镇和城镇周边的搬迁模式也使得他们更为直接地面对社会主流文化的影响。这些变化凝聚成合力，成为影响布依族库区移民语言发展和传承的新因素、新力量。

青少年具有对新事物接受能力强、适应性较高的群体特点，族群语言生活的变化往往能在该群体身上得到迅速体现和反映；同时他们的语言使用趋势也在很大程度上预示和代表着整个族群语言发展的方向。因此，本文将库区布依族青少年移民作为研究对象，观察他们语言生活的特点，并在此基础上揭示布依族库区移民语言生态系统发展趋势，就其存在的问题提出相关解决思路，以期为少数民族移民语言保护和传承等相关问题研究提供参考。

二、青少年移民语言生活概况

贵州省红水河流域布依族库区移民主要分布在黔西南和黔南地区，笔者在考察中以涉及布依族移民人数较多的 7 个市（县、区）[1]为基本范围，在此基础上锁定移民安置较为集中的 21 个村、社区[2]作为调查点。布依语是移民的母语和主要交际语，但由于搬迁前移民也居住在民族聚居区，因此大多数人在本民族语之外也兼用当地汉语方言。

结合个体语言发展规律和社会实际情况，笔者将本文中青少年的年龄范围限制在 10～29 周岁，抽样调查了当地青少年移民的语言能力、语言使用情况、语言态度等情况，共计调查受访者 182 人，下列是受访者基本情况（表 1）。

表 1　调查点详细列表及受访者基本情况

	条件	人数／人	占比
性别分布	男	74	68.52%
	女	108	59.34%
年龄分布	10～19 岁	108	59.34%
	20～29 岁	74	68.52%
职业分布	学生	104	57.14%
	务农	57	31.32%
	务工	12	6.59%
	公职人员	3	1.65%
	自由职业	6	3.30%

注：公职人员包括在政府机构和企事业单位工作的受访者。

（一）青少年移民语言能力

家庭传承是青少年移民习得本民族语言的渠道，从调查结果来看，受访青少年移民的本民族母语能力保存状况较理想，布依语是绝大多数受访者习得的第一语言，97.8% 的人将其作为母语并能流利或较流利地使用；极少数受访者以当

---

① 包括黔南地区的罗甸县，黔西南地区的兴义市、望谟县、册亨县、贞丰县、安龙县、义龙新区。

② 具体包括罗甸县逢亭镇上隆村、边阳镇前进村、龙坪镇莲花村，望谟县桑郎镇桑郎村、王母街道谭平村、城南社区，册亨县者楼镇红旗村、者孟村、坪秧村、羊场村，贞丰县龙场镇龙场村、者相镇沙坡脚村，安龙县招堤街道盘江村、盘江村响乐村、德卧镇坡告村，兴义市万屯镇贡新村、新桥镇富新村，兴义市桔山街道民航村、丰都街道新建村等 21 个村、社区。以上各移民点大多采用整村搬迁、集中安置的方式。从搬迁时间上看，兴义市、安龙县移民搬迁较早，大多在 20 世纪 90 年代进行，其他各地调查点移民集中在 21 世纪初搬迁，大部分在 2001—2009 年间完成。

地汉语方言作为母语，这些受访者大多来自族际通婚家庭，父母中某一方不会布依语，因此自小学习汉语方言并将其作为母语，但他们中的多数人可以听懂布依语，也有个别能简单用布依语与他人进行交流。

受访青少年移民普遍掌握和使用 2～3 种语言，双（多）语人数在青少年群体中占很大比重，其中双语人数占总人数的 13.19%、多语人数占总人数的82.42%。汉语方言和普通话是青少年移民的主要兼用语，主要是通过学校教育习得；21.55% 的受访者在上学前与同龄人交流时习得；另有少部分人与本民族语言同时间习得，占受访者人数的 10.50%。从兼用语的掌握率来看，掌握汉语方言的受访者更多。

关于易地搬迁对青少年移民语言能力影响，从调查结果显示来看，搬迁对其母语能力影响不大，主要影响体现在汉语（包括方言和普通话）能力，55.49% 的受访者表示在搬迁后汉语水平有了明显提升。

（二）青少年移民语言使用情况

本文分别考察了青少年移民在家庭、社区、跨社区领域的语言使用情况。

在家庭内部，布依语是主要交际语并占主导地位，超过 60% 的受访者在家庭中完全使用布依语，但在与不同成员交流时存在使用率上的差异，具体表现为祖辈（97.60%）＞父辈（96.15%）＞配偶（93.85%）＞子女（69.23%）。在该领域存在五种语言使用模式：Ⅰ布依语、Ⅱ方言、Ⅲ布依语—方言、Ⅳ布依语—方言—普通话、Ⅴ普通话。单语交际模式是家庭交流的主要模式，仅有 3.70% 的受访者在与家人交流时会使用Ⅲ类或Ⅳ类语言。在单语交际中布依语单语模式是主流，方言和普通话虽以单独使用的形式进入了青少年移民的家庭语言生活，但使用频率不高。

在社区领域，布依语和方言是主要交际语言，分别有 96.13% 和 76.80% 的受访者表示在村寨或社区内与他人交流时经常使用布依语或方言，而选用哪种语言则取决于交际对象的身份：交际对象是本民族同胞使用布依语，非本民族同胞则使用方言。青少年移民在社区的语言使用模式类型共 7 种：Ⅰ布依语、Ⅱ汉语、Ⅲ普通话、Ⅳ布依语—方言、Ⅴ布依语—普通话、Ⅵ方言—普通话、Ⅶ布依语—方言—普通话。与家庭交流类似，单语交际仍是社区交流的主要模式，双（多）语交际多在受访者与非民族同胞交流的情况下出现，这主要受他们与陌生人交流时的语言选择策略影响——面对无法判断身份的陌生人时，他们通常先以布依语进行试探，在确定对方身份后再选择合适的语言进行交流。

在跨社区领域，方言成为他们的主要交际语。无论是在周边村寨（社区）、集市、医院、政府，75%以上的受访青少年移民都会选择使用方言作为交际语言，但当在这些场合中遇见本民族同胞时大多数人会切换回本民族语言与对方交流。普通话作为青少年移民的主要兼用语之一，尽管在使用率上仍远低于方言，但可以观察到随着场合的正式程度增加其使用频率也相应提升，在政府场合的使用率最高，达11.04%。在跨社区范围，青少年移民的语言使用模式类型与社区领域一致，且单语交际仍是受访者的优先选择。

（三）青少年移民的语言态度

本文从语言情感认同和功能认同两个方面考察了青少年移民对本民族语言和主要兼用语的态度。

从情感认同来看，青少年移民普遍对本民族语言有深厚的情感，当被问及"你认为最好听的语言是什么"时，59.10%的受访者选择了布依语。在兼用语当中，受访者对普通话的情感认同程度更高，31.92%的人认为普通话"好听"，而仅有7.57%认为方言"好听"。

从功能认同来看，青少年移民普遍认同布依语在家庭、社区领域中的地位，84.47%的受访者认为它是与家人、长辈、同胞、朋友交流时最方便的语言；方言在跨社区场合的交际功能受到绝大多数人的肯定，69.51%的受访者表示在集市、政府等这类公共场合中使用方言更便利；普通话在学校教育中的地位被充分认同，91.57%的受访者表示学校应在教学中使用普通话或在普通话之外兼用其他语言。

通过对青少年移民语言能力、使用、态度的观察，总结青少年移民的语言生活特点如下：在语言能力上，青少年移民本民族母语能力稳定并普遍具有多语能力，方言和普通话是主要兼用语；在语言使用上，单语交际模式是青少年语言使用模式的主流，布依语在家庭和社区交际中占据主导地位，方言作为当地通用语是跨社区的主要交际语，普通话尽管使用频率不高但已逐渐进入青少年移民的语言生活，他们会根据交际场合和交际对象的特点在不同语言间灵活切换使用；在语言态度上，绝大多数青少年移民对布依语保持较强烈的情感认同，并对其在家庭和社区领域的语言功能予以充分肯定，对于兼用语，整体上他们在情感上偏向普通话，但功能上则偏向方言。

三、移民语言生态系统发展趋势

青少年是社会的未来，他们语言行为和语言态度代表了族群语言未来发展的方向。结合青少年移民语言生活特征，从当前来看，移民语言生态系统和谐稳定，各语言在功能上呈现互补性；本民族母语保持稳定发展的状态，但母语的功能存在弱化趋势；汉语（包括方言和普通话）在整体语言生态系统中的竞争力增强，并逐渐从移民语言生活的外围渗透到核心领域。

（一）语言生态系统平衡，各语言在功能上呈现互补性

移民生活在一个多语环境当中，稳定的语言使用群体是语言保持和发展的人口基础，只有每种语言使用的人数势均力敌，才能保证彼此不被对方侵蚀生存空间。在调查的移民安置地，不仅绝大多数中老年人具有双（多）语能力，青年移民也普遍掌握本民族语言和汉语，因此可以说整个移民群体的双（多）语能力具有全民性的特点。这种双（多）语全民性的特征，为移民语言生态的平衡发展提供了相应的人群基础。

布依语和汉语（包括汉语方言和普通话）在移民社会中具有相应的角色分工，在不同类型的交际领域各自占领阵地。从当前来看，语言的功能与语言的使用域是一一对应、具有清晰层次的：在家庭和社区范围，布依语的功能作用最强，是移民的最优选择；在公共领域，方言作为地方通用语的优势明显；而在教学领域，普通话的地位也受到坚决拥护。

因此，在本民族母语使用人数和双（多）语使用人数都相对稳定、各语言功能分工明确的情况下，移民的本民族语言和汉语将在很长一段时间内保持和谐共处的状态，进而保持语言生态整体的平衡。

（二）母语系统稳定，但存在功能弱化的趋势

受访青少年移民中有179人以布依语作为母语使用，1人以汉语方言为母语，但同时也兼用布依语，仅有3人完全不会布依语，使用布依语的青少年移民占总青少年人口总数的98.36%，这确保了移民语言使用和传承的青少年群体人口基础。另外，从青少年移民语言使用情况来看，布依语在家庭和社区领域的使用频率很高，其功能也获得青少年移民的广泛认同，说明布依语在移民的家庭和社区语言生活中依然保持较强活力。以上因素都有助于保证移民母语系统的稳定运行和发展。

但笔者也注意到，多数青少年移民搬迁之后明显感觉到汉语在跨社区交际场合中的使用频率明显上升，另外也有部分受访者表示在家庭和社区领域汉语使用频率也有提升（图1）。语言生态系统如生物生态系统一样，遵循着"优胜劣汰"的自然法则，系统内的各语言处于一种此消彼长的竞争机制中。一旦这个系统内某种语言功能得到强化，它的使用域会得到扩展，导致其他语言的生存空间被挤占。在汉语频率增加的背后，与之对应的是布依语频率的下降，说明布依语功能在公共场合使用领域出现了萎缩，而在家庭和社区领域其功能也体现出一定程度的弱化趋势。

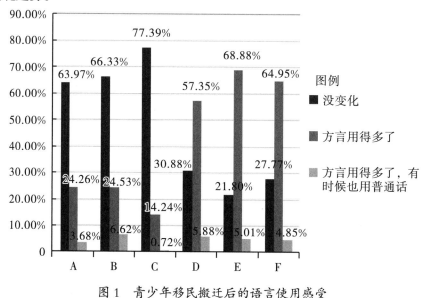

图 1 青少年移民搬迁后的语言使用感受

注：A 为与家人交流，B 为与本民族好友交流，C 为与本民族长辈交流，D 为与一般朋友交流，E 为在集市和他人交流，F 为在政府机关和他人交流

（三）汉语竞争力增强，逐渐渗透到移民生活的核心领域

人们选择和使用某种语言的标准，很大程度上源于对该语言功能的判断。当语言功能得以体现时，对使用人群也有着更强的吸引力，人们自然也会在交际的实践中强化这种语言的能力。调查结果显示，在搬迁后超过 50% 的青少年移民反映自身汉语能力有明显提升，其汉语能力的增强，从侧面反映了汉语在移民语言生态系统中竞争力增强的事实。汉语（包括方言和普通话）也以双语模式进入青少年移民与不同家人沟通的场景中，甚至有部分受访者在与配偶或子女交流时完全使用汉语（表2），这种现象表明汉语已缓慢进入移民家庭领域的语言竞争中，并具有渗透到移民交际核心领域的趋势。

表 2 青少年移民的家庭语言使用情况

分项指标	本民族语言	汉语方言	普通话	本民族语言、汉语方言	本民族语言、汉语方言、普通话
与母亲交流	96.15%	2.20%	0	1.10%	0.55%
与父亲交流	96.15%	2.20%	0	1.10%	0.55%
与祖辈交流	97.60%	1.80%	0	0.60%	0
与配偶交流	93.85%	3.08%	0	3.08%	0
与子女交流	69.23%	17.31%	1.92%	5.77%	5.77%

四、反思及建议

语言生态系统是一个动态系统，系统内的各种语言都是具体的运动因子。随着语言之间功能强弱的变化、使用领域的增减，语言的生态系统也会受到影响而发生相应的变化。

当前移民语言生态系统整体呈现出稳定、平衡状态。但与此同时，笔者也发现汉语的使用范围越来越广，并开始渗透到移民语言生活的关键领域，而布依语的使用域则出现萎缩趋势。可以预见的是，随着移民社会经济的进步、活动范围的扩大、思想观念的转变，这种语言功能的动态调整将继续进行，而调整的结果很有可能是汉语的交际功能不断得到强化，布依语的交际功能则会持续减弱。

在语言功能的这种动态调整下，笔者观察到青少年群体以布依语为母语的人数比例及布依语的水平相对于中老年群体是呈下降趋势的（表3）；另外相比祖辈和父辈，青少年移民在与下一辈交流时使用布依语的意愿也呈现减弱态势（表3）。这些情况对于保持移民母语的优势地位、保障其语言文化的传承来说是一种潜在的隐性危机，值得进一步关注和重视。

表3　青少年移民与中老年移民母语情况及本民族语言能力对比

年龄层	母语语种		本民族语言流利程度			
	布依语	汉语	非常流利	比较流利	简单对话	听懂不会说
青少年	97.8%	2.2%	80.77%	17.03%	0.55%	1.65%
中老年	99.81%	0.19%	99.04%	0.77%	0.19%	0

对此，提出以下建议：

第一，凝聚社会、家庭合力，促进移民母语语种优势地位的保持。家庭是语言使用的重要交际场所，也是移民母语语种保持的关键地带。维护移民母语语种的优势地位，很大程度上就是要保障移民母语语种在家庭中的地位。由于汉语和布依语社会交际价值和附属价值的不平衡性，使得移民在传承母语时面临情感和价值的冲突—— 一方面，他们普遍对本民族母语保持深厚的民族情结；另一方面，面对交际需要及汉语为自身或下一代移民带来的个人发展和未来就业的便利，他们会有意识地把汉语引入家庭语言生活，由此挤占了母语的生存空间。要解决这种情感和价值的冲突，既需要从社会层面予以相应鼓励政策帮助语言使用者真正在个人发展、升学和就业中享受到母语红利，也需要移民家庭主动树立母语保护、母语传承和家庭语言规划的意识，进而形成合力共同维护其母语在家庭语言生活中的优势地位。

第二，凝聚学校、媒体合力，完善移民语言文化的传承链条。语言教育是传承语言文化的重要促进力量，除家庭语言教育之外，在民族地区学校开展双语教育也是传承少数民族语言文化的重要方式和依托。但由于各地实际情况不同，双语教育的开展模式须因地制宜。在笔者调查的移民地区，经费、专业师资和教材的缺乏增加了在义务阶段教育开设双语教育课程的难度，所以现阶段将所有课程纳入双语教育也是极不现实的。但可以考虑在义务教育阶段开设民族语言文化课程，将本民族优秀的语言艺术作品及用其民族语言翻译的其他民族优秀作品引入课堂，引导少数民族学生形成对本民族语言文化的认同和热爱。

此外，民族语文媒体作为民族语言文化的媒介载体，其存在和发展不仅有益于满足少数民族群众精神文化需求，也有益于增强其语言文化的活力。因此既要保障移民语言文化的传承，也要重视民族语文媒体的建设：一方面通过相关部门政策和资金的支持填补某些地区没有民族语文媒体的空白；另一方面也要不断丰富和完善媒体类型和节目类型，满足不同年龄受众，特别是青少年群体受众的需要，使他们在逐渐强化对本民族语言文化自尊心与自信心的过程中，主动成为传承本民族语言文化的推动者与实践者。

参考文献

［1］周国炎.仡佬族母语生态研究［M］.北京：民族出版社，2004.

［2］陈建峰.库区移民的语言态度和语言选择研究：以江西万安库区客家移民为例［J］.江西农业大学学报，2013，12（4）：583-588.

［3］佟秋妹，李伟.江苏三峡移民语言选择模式研究［J］.语言文字应用,2011(1)：38-47.

梧州市新地镇中学生语言生活调查研究

黎秋妍

（广西民族师范学院文学与传媒学院　广西崇左　532200）

摘　要：本文主要调查研究梧州市新地镇初中生语言使用现状、语言能力及语言态度，检验普通话在新地镇的推广效果，探求白话的生存困境及发展态势。本文通过对调查数据的整理与分析，得出普通话在新地镇的推广有一定的效果，但在推广过程中存在着发音不准的问题，其中平翘舌发音不准的问题尤为突出，而白话目前仍然是新地镇中学生的强势语言，但由于普通话的冲击已出现衰落趋势。调查中还发现，随着普通话推广工作的深入推进，白话和普通话的语言使用域也在发生变化。由此推断出，未来新地镇中学生对于普通话的需求将与日俱增，并且更重视普通话的发展水平。他们将认为普通话水平的提高关乎自己未来的学业成绩和职业发展；而对白话这一方言的情感可能会日渐减退，白话的使用范围将逐渐退回至家庭域和社区域，因此，要实现新地镇的语言生态和谐发展需要调适和治理。

关键词：新地镇中学生；语言使用；语言能力；语言态度

一、引言

《内地民族中学少数民族学生语言使用调查分析——以绵阳紫荆民族中学为例》（2019），对少数民族地区学生的语言使用情况进行研究；另有一些以外国中学生为研究对象的研究，如苏宇炫《泰国中学生的语言态度对其汉语学习和使用影响》（2010）。综上所述，少数民族地区和汉语方言区以中学生为研究对象的语言使用调查研究主要集中于语言态度、语言使用情况和普通话水平方面的研究，但大多数对于中学生群体的普通话掌握水平的研究并未深入。中学生的网络语言使用情况调查主要集中于研究网络语言对中学生语言使用的影响，并未涉及网络语言对方言的影响。以华裔中学生为研究对象的语言使用调查研究则主要集中于语言态度方面。

目前关于梧州地区方言的研究主要集中于语言本体的研究，如程敏敏《梧州疍家话语音语法研究》（2020）、廖才敏《梧州市城区语音及其演变研究》（2019）、李欢《梧州话语音研究》（2016）、卢敏宁《论广西梧州方言正反疑问句》（2016）、黄子颖《梧州白话状貌词研究》（2020）、关娜《广西梧州市方言本字考》（2012），但关于梧州地区方言使用情况调查的研究还处于空白状态。

随着社会发展及国家普通话推广工作的不断深入，新地镇的语言环境发生了许多改变，普通话和方言错综复杂的问题日益显现。新地镇新一代语言使用者的语言使用现状、语言能力及语言态度等情况密切反映着新地镇的语言区情和语言发展的走向。因此，本文对梧州市新地镇中学生进行语言生活调查研究目的有三：一是本次调查的目的在于了解普通话推广的实际情况。随着普通话推广工作的深入推进，梧州地区的语言使用情况必然随之发生变化。中学生作为语言使用的活力人群，其普通话使用的具体情况可以反映国家普通话推广工作的有效性。二是中学生是新地镇白话传承的主要人群，其语言使用情况及语言态度将极大影响未来新地镇的语言区情，通过本次调查研究可以较好地预测未来新地镇语言使用的发展趋势。三是由于梧州地区语言使用调查的研究不充分，本次对新地镇中学生语言生活的调查研究可以为梧州地区语言使用调查研究提供案例参考。

二、研究概况

（一）新地镇概况

新地镇地处梧州市龙圩区南端，南接岑溪市安平镇，东与大坡镇、广平镇毗邻，西南同藤县埌南镇、南安镇接壤，北和龙圩镇相邻，是"三县市"交界地，全镇总土地面积238.57平方公里，辖回龙村、大维村、雁村村、训村村、思贤村、新铺村、都梅村、龙窝村、新地村、新科村、富回村、古卯村、四落村、古令村、殿村村、洞心村、大同村、富禄村、题甫村、大村村20个行政村和新地社区。该镇为汉族聚居地，总人口为7.7万人，通行客家话、白话两种方言。

（二）调查对象及调查方法

本次调查研究以新地镇中学生为研究对象，调查地点定为新地初级中学、新地第一初级中学、新地第二初级中学。资料获取以大规模的电子问卷调查为主，小规模的纸质问卷调查、隐匿式调查、访谈等方法为辅。本次调查共收集学生问卷390份（表1、表2）。

表1　调查学生基本情况

基本情况	性别		年级			民族	
	男	女	七年级	八年级	九年级	汉族	其他民族
样本／人	175	215	180	67	143	386	4
占比	44.87%	55.13%	46.15%	17.18%	36.67%	98.97%	1.03%

注：其他民族分别为两名壮族，两名侗族

表2　调查学生生活背景

生活背景	出生地				在新地镇生活时长		
	新地镇	除新地镇外的梧州各县镇	外市	外省	1～5年	5～10年	10年以上
样本/人	344	31	2	13	20	22	348
占比	88.21%	7.95%	0.51%	3.33%	5.13%	5.64%	89.23%

　　学校教师在教学过程中语言的使用状况对学生有着潜移默化的作用，可间接甚至直接地影响学生的语言使用、语言能力及语言态度。此外，教师在普通话推广的过程中扮演着重要的角色。除新地镇的中学生外，本次调查对象还延伸至在新地镇三所中学任教的老师，对其进行问卷调查可以更加深入地了解新地镇中学生的语言生活全貌。本次回收教师问卷83份（表3、表4）。

　　为了使本次调查结果更为翔实，笔者在进行大规模问卷调查之余开展进校访谈及语言测试，在新地第一初级中学各个学段随机抽样确定访谈对象及语言测试对象，每个选段抽选5人，以此来深入了解新地镇中学生语言生活的真实情况。

表3　调查教师个人情况

基本情况	性别		年龄			民族	
	男	女	20～35岁	36～49岁	50岁以上	汉族	瑶族
样本/人	21	62	54	26	3	82	1
占比	25.30%	74.70%	65.06%	31.33%	3.61%	98.80%	1.20%

表4　调查教师个人背景

项目	内容	样本/人	占比
毕业院校类型	师范院校	70	84.34%
	非师范院校	13	15.66%
学历	高中	1	1.20%
	大专	4	4.82%
	本科	77	92.77%
	研究生	1	1.20%

续表

项目	内容	样本/人	占比
任教时长	1～5 年	31	37.35%
	5～10 年	14	16.87%
	10 年以上	38	45.78%
任教年级	七年级	28	33.73%
	八年级	22	26.51%
	九年级	33	39.76%
任教科目	语文课	19	22.89%
	外语课	23	27.71%
	其他课程	41	49.4%

三、新地镇中学生语言习得情况

母语群的数量是一种语言或方言能否保持下去的决定性因素。[①] 了解新地镇中学生的母语习得情况十分重要，由此可以来预测白话在新地镇的发展趋势。

（一）母语习得情况

据调查结果可知，新地镇中学生的母语习得情况如下：18.72% 的学生的母语是普通话，80% 的学生的母语是白话，另有 1.28% 的学生的母语是其他语言（客家话）（表 5）。

白话是绝大部分新地镇中学生的母语，这说明在新地镇白话的学习氛围及使用氛围非常浓厚。即便是在普通话已经成为学习交流强势语言的背景下，白话并未受到普通话太大的冲击，仍然是新地镇人交流的首要选择，这从侧面反映出白话在新地镇的强势语言地位。

表 5　调查新地镇中学生母语语言习得情况

语言	样本/人	百分比
普通话	73	18.72%
白话	312	80.00%
客家话	5	1.28%

---

① 王晓梅:《马来西亚雪兰莪州万津华人的语言保持和语言转用》,《中国社会语言学》2005 年第 3 期，第 185-195 页。

（二）普通话习得时间

随着普通话推广工作的深入推进，普通话的习得情况反映出现行普通话推广工作的具体情况及质量。中学生是普通话推广工作的重点人群，其普通话的习得时间从侧面可反映出普通话推广工作在新地镇的深度。通过"您是何时开始学习普通话？"这一问题，发现45.64%的学生在上小学前就已开始接触并学习普通话、48.72%的学生是在上小学时开始学习普通话、仅5.64%的学生在初中阶段才开始学习普通话（表6）。

新地镇中学生接触普通话的时间普遍较早，这反映出新地镇的家长们对普通话作为国家通用语言的地位及工具性的认可。与此同时，传播媒介的迅速发展对普通话推广的促进作用亦不容忽视。普通话是通用语言，学龄前儿童通过动画片及歌曲等音乐影像资源直观接触普通话，使学生习得普通话的时间大大提前。

表6 调查新地镇中学生普通话习得时间

时间	样本／人	百分比
上小学前	178	45.64%
小学	190	48.72%
初中	22	5.64%

（三）普通话习得途径

普通话习得的途径直接影响着普通话习得的质量，正规的普通话教学对普通话推广工作的效果有质的提升。在"您学习普通话的途径是什么？"这一问题下设置"学校学习""家庭教育""同学交流""广播影视书籍等媒介""其他途径"的5个选项中，"学校学习"占比最大，达70%；"同学交流"占比12.56%；家庭教育亦是普通话习得的又一重要途径，占比10.77%；另有媒介占比4.36%，详见表7。另外，通过对教师的问卷调查可知，95.18%的教师普通话测试等级为二级乙等及以上，其中二级甲等占比27.71%，一级乙等占比2.41%。超过80%的教师表示学校注重引导学生讲普通话，并且有92.77%的教师表示学校要求教师讲普通话。本次调查也显示，45.64%的学生认为"周围人都不使用普通话，使用的机会较少"是学习和使用普通话所遇到的主要问题。值得关注的是，有7.69%的学生表示不会拼音（表8）。

新地镇绝大部分中学生的普通话习得于学校，学校是普通话学习的重要场所。新地镇中学教师队伍普通话水平良好，学校普通话使用氛围良好，使得新地镇中学生普通话习得途径有质的保证。值得注意的是，新地镇的部分学生存在着不会拼音的现象，这是一个值得高度重视的问题。拼音是学习和使用普通话的基础，不会拼音就意味着难以掌握普通话。虽然目前存在着这种情况的学生只占一小部分，但反映着普通话推广工作仍有不足之处，亟待改进。

综合新地镇中学生普通话的习得时间及习得途径的调查结果，发现大部分新地镇中学生虽然接触学习普通话的时间较早，但是白话仍然是其第一习得语言中的优势语言。由此可见，普通话推广工作虽有成效，但仍需努力推进。此外，学校的普通话教学是新地镇中学生普通话习得的主要途径，而学生在习得及使用普通话过程中所遇到的主要问题很大部分都可以通过学校的教学来解决，这就为高质量推进普通话的推广工作指明了方向。

表7　新地镇中学生普通话习得途径调查情况

途径	学校学习	家庭教育	同学交流	媒介	其他
样本 / 人	273	42	49	17	9
占比 /%	70	10.77	12.56	4.36	2.31

表8　调查新地镇中学生习得普通话遇到的主要问题

内容	样本 / 人	占比
周围人都不使用普通话，使用的机会较少	178	45.64%
受白话影响，普通话口音较重	62	15.9%
普通话词汇量不足	22	5.64%
普通话咬字不准，部分字词发音困难	98	25.13%
不会拼音	30	7.69%

注：部分字词发音指的是平翘舌音 z、c、s 和 zh、ch、sh

四、新地镇中学生语言能力情况

当代社会，国民语言能力成为国家实力的重要标志之一。[1] 提高国民语言能力是《国家中长期语言文字事业改革和发展规划纲要（2012—2020年）》的重要内容之一，故本次调查研究重点探究新地镇中学生的语言能力。

（一）普通话使用能力

本次调查显示，超过70%的学生能熟练地使用甚至准确流利地使用普通话进行交流，有36.15%的学生表示能准确流利使用普通话，有35.13%的学生表示能熟练地使用普通话但带有口音。详情见表9。为进一步了解新地镇中学生的

---

① 刘延东：《促进语言能力共同提升推动人类发展和社会进步——在世界语言大会开幕式上的致辞》，《中国语言生活状况报告》2015年第1期。

普通话使用能力水平，在学生自评其普通话的使用能力之外，笔者还对 15 名访谈学生进行了语言测试。需要说明的是，本次语言测试使用普通话水平测试 App 中的真题测试卷一。语言测试结果显示，15 名学生语言测试的平均分达 71.95 分，且多名学生受方言影响，在普通话语调上存在较明显的错误（表 10）。此外在进行访谈和语言测试过程中，笔者发现学生均存在平翘舌发音不准确的问题，并且访谈时大部分学生都提到自身在讲普通话时平翘舌发音不标准，但却很难纠正，存在平翘舌发音困难的现象。对此，笔者在新地第一初级中学进行了关于平翘舌辨认的小规模纸质测验，内含 20 个单音字，测验满分分值为 100 分。调查结果显示，30 名学生的平均分是 75.5 分，20 个平翘舌单音字中大概有 5 个平翘舌音错误（表 11）。

整体而言，新地镇中学生的普通话语言使用能力处于中等水平，能流畅地使用普通话进行交流，但存在着平翘舌发音不准确的问题，而造成新地镇中学生平翘舌发音不准确的原因是平翘舌字词存在拼写错误。

表9　新地镇中学生普通话使用能力调查情况

内容	样本 / 人	占比
听不懂也不会说	11	2.82%
能听懂一些但不太会说	29	7.44%
能听懂但不太会说	30	7.69%
基本能交谈但不太熟练	42	10.77%
能熟练使用但有些音不准	137	35.13%
能流利准确使用	141	36.15%

表10　新地镇中学生语言测试结果

编号	分数	编号	分数	编号	分数
1	76.9	6	50.6	11	71.8
2	82.7	7	68.7	12	77.1
3	64.5	8	69.8	13	67.6
4	74.2	9	67.6	14	77.5
5	78.9	10	72.9	15	78.5

注：本次测试内容不包括命题说话部分。

表11　新地镇中学生平翘舌辩证调查结果

编号	分数	编号	分数	编号	分数
1	70	11	100	21	55
2	60	12	95	22	55
3	95	13	100	23	50
4	80	14	100	24	55
5	60	15	75	25	55
6	85	16	75	26	75
7	85	17	90	27	70
8	80	18	100	28	70
9	60	19	80	29	65
10	80	20	75	30	70

（二）白话使用能力

与普通话相比，新地镇中学生对自身的白话使用能力较为自信，超过80%的学生表示自己能熟练地使用白话，其中有53.33%的学生表示能准确流利地使用白话（表12）。此外，部分访谈学生表示自己与祖辈存在某些沟通障碍，不会讲甚至于听不懂祖辈所讲的一些白话中特有的少见的俗语、词汇。

整体来说，学生的白话使用能力比普通话使用能力好，笔者推测其原因可能与母语的习得及语言的使用环境息息相关。在新地镇中学生中，白话的母语身份赋予了白话情感因素的学习推动力，强势的语言地位引导着学生使用白话，在此过程中白话使用水平得到提高。值得注意的是，新一代白话使用者的白话使用能力虽整体较好，但存在着某些特有的、少见的白话词汇使用能力较弱的问题，表明一些白话词汇、俗语的使用能力极有可能在新地镇中学生中逐渐退化，新地镇特有的少见的词汇、俗语面临着失传的危机。

表12　新地镇中学生白话使用能力情况

内容	样本/人	占比
听不懂也不会说	9	2.31%
能听懂一些但不太会说	23	5.90%
能听懂但不会说	15	3.85%
基本能交谈但不太熟练	28	7.18%
能熟练使用但有些音不准	107	27.44%
能流利准确使用	208	53.33%

五、新地镇中学生在不同环境下的语言使用情况

据调查，学生在家庭环境和学校环境下的语言使用情况亦不相同。

（一）家庭环境

调查结果显示，在家庭环境下，无论是与长辈交流还是与同辈及晚辈交流，白话都是交流使用的主要语言，占比超过 60%。89.74% 的学生在与祖父母辈交谈时选用白话，86.41% 的学生表示在与父母叔伯辈交谈时选用白话，两者数据均超 80%。74.1% 的学生表示在与同辈人交谈时选用白话，62.56% 的学生选用白话与晚辈交流（表 13）。

新地镇中学生在家庭环境下的语言使用情况存在着比较明显的代际差异。由此可得，在家庭环境下，新地镇中学生的语言使用频率随着交流对象年龄的变化而变化，具体表现为年龄越大普通话的使用频率越低，而白话的使用频率越高。笔者认为，义务教育的普及是形成新地镇中学生在家庭环境下语言使用情况存在代际差异的原因之一，义务教育让当今的学生得到规范的普通话教育，并且增加了普通话的使用机会。

表 13　新地镇中学生家庭环境下语言使用情况

语言	交谈对象							
	祖父母或老人		父母叔伯辈		同龄人		晚辈	
	样本 / 人	占比	样本 / 人	占比	样本 / 人	占比	样本 / 人	占比
普通话	31	7.95%	44	11.28%	94	24.10%	137	35.13%
白话	350	89.74%	337	86.41%	289	74.10%	244	62.56%
客家话	9	2.31%	9	2.31%	7	1.79%	9	2.31%

（二）学校环境

由表 7 可知，学校是新地镇中学生普通话习得的主要场所，亦是了解新地镇中学生语言生活的重要地点。

数据显示，无论是课堂上回答问题还是课下与老师交流，普通话都是学生和老师沟通的主要语言，均超过 70%。课下，45.38% 的学生表示会使用普通话与同学交流，53.33% 的学生表示会使用白话与同学交流，占比相差不大。访谈中有学生提到，在关系相对要好的同学之间会选择用白话进行交流，而对于普通同学及陌生人会首先选用普通话进行交流（表 14）。

为了验证本次调查数据的真实性，在进校访谈之际，笔者观察了 15 名访谈学生与同学及老师交流的真实情况。15 名访谈学生在与老师的所有对话中均使用普通话进行交流，而在与同学进行交流时，有 2 名学生使用白话，其余均使用

普通话。此外，在与学生进行交谈过程中，笔者发现 15 名访谈学生均有着较好的语码转换意识，当笔者使用白话进行访谈时只有 1 名同学仍用普通话进行交谈，其余同学均转换成白话进行交流。

普通话在学校环境中使用频率高，具体体现在课堂教学和师生交流上。这一现象得益于学校和老师对学生积极地引导。此外，新地镇中学生具有良好的语码转换意识，可以根据具体的语境立即变换语言进行回答，这将有利于推普工作质量以及沟通效率的提升。

表 14　新地镇中学生学校环境下语言使用情况

语言	交流情景与对象					
	同学		老师		课堂回答问题	
	样本 / 人	占比	样本 / 人	占比	样本 / 人	占比
普通话	177	45.38%	311	79.74%	345	88.46%
白话	208	53.33%	74	18.97%	41	10.51%
其他语言或方言	5	1.28%	5	1.28%	4	1.03%

六、新地镇中学生语言态度情况

语言态度是指"人们在社会认同、情感等因素的影响下，对一种语言的社会价值所形成的认识和评价"。[①] 笔者从情感倾向和价值倾向这两个方面入手，通过"好听亲切""有用便利""重要度"这三个指标来了解新地镇中学生的语言倾向。

（一）情感认同和价值认同

人们对于语言的情感评价大多出自文化及身份的认同，46.67% 的学生认为白话好听亲切，有 52.56% 的学生认为普通话好听亲切。普通话在语言沟通中发挥着重要作用，表现出其工具性及信息性。55.9% 的学生认为普通话有用便利，有 43.85% 的学生则认为白话有用便利，详情见表 15。而表 16 显示，超过60% 的学生是出于使用方便这一原因使用普通话，紧接着是"从小习得"，占比24.1%。综合来看，68.97% 的学生认为普通话在日常生活中更为重要。

白话是新地镇具有较高活力的方言，虽然它在母语习得中占有优势，但是随着普通话推广工作的不断深入，已受到普通话的冲击。情感认同中普通话的占比略高于白话的占比，虽然两者相差不大，但由此推测，未来可能会有更多的学生

---

① 倪传斌、王志刚、王际平、姜孟:《外国留学生的汉语语言态度调查》,《语言教学与研究》2004 年第 4 期，第 56–66 页。

在情感上更认同普通话，对于白话的情感认同会逐渐减少，由此学生的文化认同和身份认同也会相应减弱。此外，新地镇中学生对普通话的情感评价虽然略高于白话，但是其更倾向于普通话的工具属性。新地镇中学生学习和使用普通话主要出于使用方便的工具性动机，这反映了新地镇中学生对国家通用语言普通话工具性的认可。这一种认同是在国家宏观语言规划的引导和个体利益的驱动下所建构的。[①]

表15　新地镇中学生语言态度情况

语言	情感倾向		价值倾向			
	好听亲切		有用便利		重要性	
	样本 / 人	占比	样本 / 人	占比	样本 / 人	占比
普通话	205	52.56%	218	55.90%	269	68.97%
白话	182	46.67%	171	43.85%	116	29.74%
其他语言或方言	3	0.77%	1	0.26%	5	1.28%

表16　新地镇中学生学习使用普通话的主要动因

项目	样本 / 人	占比
使用方便	263	67.44%
从小习得	94	24.10%
有很深的感情	25	6.41%
其他	8	2.05%

　　总的来说，新地镇中学生对普通话和白话都具备较强的认同感，并且形成了一种复合型的语言认同观。需要注意的是，新地镇中学生对普通话有着较高的综合评价，这推动着普通话在新地镇的不断发展，而对于白话在新地镇的发展则需要引起社会各方的重视。

（二）关于语言发展的倾向

　　值得关注的是，新地镇中学生对于语言发展的态度，直接影响着整个新地镇语言发展的趋势。就调查数据而言，新地镇中学生对于普通话的发展态度呈现出积极的表现，而对于白话的发展态度则相对消极。数据显示，71.03%的学生认为普通话将会有很大发展，52.31%的学生认为白话只在一定范围内有发展（表17）。

---

　　① 刘慧、黎顺苗：《粤东地区居民语言使用情况调查分析》，《语言文字运用》2020年第3期，第107—120页。

语言的态度指引着学生语言选用的行为，消极的态度必然带来消极的语言使用，消极的语言发展态度也反映着学生群体中区域文化自信以及身份认同感的衰弱。就调查结果而言，白话本就受到普通话的冲击，而新地镇中学生对于白话未来发展的消极态度无疑加大了白话的传承压力。新地镇的中学生是未来语言使用和语言传承的主力军，对白话发展的消极态度就是对白话发展的不自信，如此发展下去，白话在新地镇语言生态中将逐渐丧失活力。

表17　新地镇中学生关于语言发展态度

态度	普通话		白话	
	样本 / 人	占比	样本 / 人	占比
有很大发展	277	71.03%	81	20.77%
在一定范围内发展	55	14.10%	204	52.31%
任其自由发展	54	13.85%	84	21.54%
在不久的将来不再使用	4	1.03%	21	5.38%

七、语言调适策略

语言生态学认为，语言文化的丰富度、多样性是衡量人文生态环境的重要指标，同一语言系统中的各种语言只有在健康的、和谐的生态环境中才能实现共同发展。[1] 新时期新地镇中学生的语言价值取向是趋于多元化的，应该秉持更加理性开放的语言态度和更加多样化的语言需求来营造和谐共赢的语言生活新局面。对此，笔者基于本次调查数据及实地考察情况，提出以下几点建议。

（一）补短板，实现高质量普通话推广

国家大力推行的普通话推广工作在新地镇成效显著，就规模而言，普通话的交际语言角色在新地镇已经基本确立并将长期保持。但规模取胜并不代表着普通话推广工作的全面胜利，就本次调查结果而言，新地镇中学生普通话水平不高，普通话推广的质量有待提升，高质量的普通话推广工作将会是日后新地镇普通话推广工作的重点。

学校是普通话推广的重要基地，提高新地镇三所中学的普通话教学能力是补短板的有效途径。教师的普通话水平与学校的普通话教学水平直接挂钩，学校管

---

① 刘婷：《语言生态视域下吉安方言的保护与传承》，《语言文字学术研究》2019年第246期，第18—19页。

理层应该建立与绩效挂钩的考核制度来监测教师的普通话水平，以此来提高教师对普通话教学的重视。此外，学校还需定期开展普通话培训工作，针对存在发音问题的教师应及时进行个性化的培训来纠正发音缺陷。具体的个性化培训可以是在教师群体中建立两两相对的普通话帮扶小组，以优带劣，共同进步。良好的语言培养离不开良好的语言氛围，而学校在校园环境中给学生所营造的普通话氛围主要是靠张贴"请讲普通话"等标语及教师教学语言的运用。这些措施对于营造讲好普通话的语言氛围是远远不够的，学校的管理层可以在校内举办多场次多系列的普通话推广活动，如举办朗诵比赛、演讲比赛及普通话配音游戏赛等，通过趣味性比赛提高学生使用普通话的频率，实现师生共同营造浓厚的普通话学习氛围。

学生是普通话推广工作的重点人群，要想实现高质量的普通话推广，仅仅靠学校的引导和氛围是远远不够的。提高普通话在新地镇中学生日常生活中的使用频率，离不开政府的支持。2021年12月15日，梧州市龙圩区人民政府成立语言工作委员会，将普通话推广作为工作重点之一。这充分体现了政府对于语言工作的重视，在未来应继续加大对普通话推广工作的支持力度，不断深化普通话推广工作，积极引导新地镇民众在正式场合使用普通话，明确白话与普通话在不同场合的分工，提高交流的效率。此外，政府及语言工作委员会还可以根据新地镇居民的发音特点开发专门纠正语音的小程序来提高普通话使用者的水平。

普通话虽然不是新地镇家庭的主流交际语言，但家庭成员的普通话使用水平密切影响着新地镇新生代普通话使用者的使用水平。政府部门可以开展"送普通话培训下村"活动，进行以家庭为单位、以居民年龄为划分标准的分层普通话培训。新地镇中学生中留守学生居多，与较年长的家庭成员接触密切，要切实提高中老年龄段居民普通话使用水平标准作为此类工作的重点目标。

总而言之，普通话推广工作不应该是阶段性的，而应该是永久性的。随着社会的发展，普通话推广工作会在新一代的语言习得者中出现各种的问题，普通话推广工作必须紧跟时代，根据具体情况调整工作内容，针对突出问题提出相应解决策略，实现高质量推普。

（二）强情感，推动白话认同与传承

白话不仅仅是乡音、乡调，更是一种文化的符号及身份的认同。在大力推普的过程中，白话的地位受到一定冲击，新地镇中学生对其的情感评价已经初见衰减。解决这一情况刻不容缓，需要社会各界的支持与协助。

政府应着手开展记录承载着新地镇地方风土人情及民俗文化的地方谚语、民

间故事等语言形式的工作，加大宣传力度，提高中学生的区域文化自信，强化其身份认同和情感认同。此外，龙圩区语言工作委员会应加大对白话的研究力度，建立白话数据库，系统科学地研究白话。政府的宣传部门应着手运营以新地镇风土人情为依托、以白话为媒体语言、以小视频为展现形式的官方微信公众号，通过新地镇居民喜闻乐见的传播方式进行。值得注意的是，政府宣传部门在公众号运营过程中应着重引导居民家庭环境下的白话使用习惯，形成良好的家庭语言使用氛围。

中学生是白话传承的重点人群，强化其情感认同必须从思想抓起，借助学校推行白话进课堂活动。学校管理层应大力支持教师研讨有关白话的校本课程，开展收集白话儿歌、俗语等语言形式的综合性学习实践，通过课堂传递乡音乡貌。白话的宣传可参考普通话推广的方式，在学校的走廊楼梯处展示新地镇本土民俗风情的图片，通过两者的共同作用来引起学生的情感共鸣，进而引导学生树立正确的语言观念。

中学生是互联网上的活跃分子，依托新媒体资源是推动中学生白话认同感的有效措施。具体的推广措施可以体现为抖音、快手、微博等社交平台记录白话特色的趣味小视频的推送，在日常的休闲娱乐间隙中将白话和身份认同融入居民的生活，以此传播白话魅力，推进白话的保护与传承。

强情感方能促传承。白话是新地镇居民之间的纽带，社会的发展和科技的进步为白话烙上了深刻的时代印记，一代又一代人的白话，留存住人们心底最纯真的情感，白话传承不可断层。

参考文献

［1］陈婷.长沙城区初中生语言使用现状调查研究［D］.长沙：湖南大学，2018.

［2］刘芳.试论普通话和方言在城市的发展趋势：以南京市江宁区为例［J］.集美大学学报（哲学社会科学版），2014（1）：75-82.

［3］刘延东.促进语言能力共同提升、推动人类发展和社会进步：在世界语言大会开幕式上的致辞［C］.语言生活白皮书：中国语言生活状况报告（2015）.中华人民共和国国务院，2015：52-56.

［4］倪传斌，王志刚，王际平，等.外国留学生的汉语语言态度调查［J］.语言教学与研究，2004（4）：56-66.

［5］夏微.西双版纳地区民族中学生语言使用和语言态度调查［D］.上海：华东师

范大学，2012.

［6］刘慧，黎顺苗.粤东地区居民语言使用情况调查分析［J］.语言文字运用，2020（3）：107-120.

［7］刘婷.语言生态视域下吉安方言的保护与传承［J］.汉字文化，2019增刊2：18-19.

［8］许晓根.万年县中学生语言生活调查［D］.温州：温州大学，2017.

［9］王晓梅.马来西亚雪兰莪州万津华人的语言保持和语言转用［J］.中国社会语言学，2005（1）：122-137.

略论中职学校民族文化传承与保护策略

兰小云

（广西民族中等专业学校　广西南宁　530199）

摘　要： 随着中职教育转型升级、民族文化生态变化、文化认同偏差及民族传统歌舞本身的缺陷，中职学校在民族文化传承中面临诸多挑战。本文通过探讨广西民族中等专业学校结合复合型技能人才培养、壮族及其他少数民族的传统文化传承与保护等问题，探索中职学校在培养技术技能型人才的同时，为民族文化的传承与创新贡献重要力量的路径。

关键词： 中职学校；民族文化；传承；策略

一、引言

学校是文化传承、保护和创新发展的重要场所，对促进文化多样性、实现多元文化和谐发展具有基础性作用。改革开放以来，职业教育为我国经济社会发展提供了有力的人才支撑。随着我国现代化进入新的发展阶段，产业升级和经济结构调整不断加快，各行各业对技术技能型人才的需求越来越紧迫，职业教育的重要地位和作用越来越凸显。正在跟随着祖国的发展步伐，享受着经济社会发展红利的少数民族地区对高层次技术人才的需求尤为急迫。中职学校作为国家技术技能型人才培养的中坚力量之一，在培养技术技能型人才的探索中做出了很多有益的探索。广西民族中等专业学校建校 60 多年来，长期致力于为少数民族地区培养复合型技术技能型人才。同时，广西民族中等专业学校作为一所民族特色浓郁的中职学校，以原来的广西少数民族歌手班为依托，在传承民族传统文化特别是少数民族传统歌舞方面做了积极的探索，形成了一套行之有效的人才培养模式，取得了不俗的成绩，既挖掘和整理一批民族歌舞，形成本校的文化精品课程，又培养了黄春燕、潘世明、黄乃班等一批区内知名的艺术专门人才。随着国家教育的发展，经济社会的不断进步，人才培养机制的不断变革创新，人民对艺术专门人才的需求发生了根本性的变化，中职学校结合人才培养来传承民族传统文化也遭遇了新的发展瓶颈。

二、民族传统文化传承遭遇的瓶颈

（一）中职教育的转型升级

通常而言，文化科研的发展有赖于普通教育，而技术技能提升多由职业教育达成。在我国社会主义现代化建设进程中，对综合型、复合型技术技能人才的需求越来越强烈。当今社会科学技术日新月异，很多岗位都依赖于高技术高技能人才的支撑。职业技术学校为了适应社会的发展需要，也不断地主动适应市场需求，调整专业设置。特别是《国务院关于印发国家职业教育改革实施方案的通知》（称"职教二十条"，下同）的出台，以及广西配套出台的《广西壮族自治区人民政府关于印发广西职业教育改革实施方案的通知》，更加凸显了国家和自治区层面对职业教育的扶持力度。与过往的情形相比，中职教育也在与时俱进。中职生的职业生涯不再是生产线上的工人，走入高校的大门进一步深造，不断地提升自我成为可能。国家"职教二十条"就明文规定"优化教育结构，把发展中等职业教育作为普及高中阶段教育和建设中国特色职业教育体系的重要基础，保持高中阶段教育职普比大体相当，使绝大多数城乡新增劳动力接受高中阶段教育"，"鼓励更多中等职业学校和普通高中毕业生、退役军人、下岗职工、农民工等接受高等职业教育，2019年大规模扩招100万人"。受益于这一政策，2019年广西高职扩招6.21万人。其中中职毕业生及广西区内中职学校在读的二年级在校生是受益群体。转型升级后的中职学校毕业生主要是流向高校，与之前的走向基层有了质的区别。这样无论从时间还是从空间及服务对象上来说，他们都与民族文化的土壤渐行渐远，或多或少制约着他们传承民族传统文化的热情。

（二）民族文化的生存生态发生变化

民族传统文化，包括传统的民族歌舞，都是在农业文明、稻作文明的基础上产生和发展起来的。不管从传统的文化氛围还是传统的精神及价值观念、民俗礼仪、风土人情、生活方式等文化要素来看，农村都是传统民族文化赖以发生、繁衍、生息之地。随着国家城镇化进程的不断加快，少数民族地区歌舞赖以生存的环境已经发生根本性变化。青壮年忙着进城务工打拼，学生忙着学业、奋力拼搏，无心也无力在民族文化传承方面再举全家之力、全村之力乃至整个民族之力来传承民族文化，家族式口耳相传的民族文化传承方式已没有农耕时代的家庭环境和土壤。传统意义上大家自觉地欢聚在一起高歌欢舞的场面，在自然的文化生态失衡面前消失殆尽。这种连根拔除式的生态失衡，直接导致民间歌舞的衰败。比如流行于德保壮族地区的"捞虾舞"，反映的是壮家姑娘结伴到浅水滩、小河旁去捕鱼捞虾，与小伙子们对唱山歌，互致问候，表达友谊和爱情。到如今，不管是人还是环境都发生了质的变化，要在传承这个舞蹈的时候让舞者和受众都能体会到舞蹈本身的深刻内涵更是难上加难，这就导致了传统文化断崖式失传。

（三）文化认同出现偏差

壮族俗语曾有"宁卖祖宗田，不丢祖宗言"的古训，但是在当代社会，壮族的母语——壮语日渐衰退，在不少壮族农村，祖孙两辈以浓重的壮语口音进行着词不达意的普通话交流的现象随处可见。在笔者的家乡，三十年前壮语还是主要交流用语之一，现在壮语在年轻一代中几近消失。由于遗忘自己的语言，作为诗性民族的叙事方式的"唱山歌"只在老年人中勉强维持。由于对自己民族服饰文化的遗忘，传统的生活服饰逐渐变成舞台上的戏服。干栏建筑逐步变成火柴盒式的小洋楼，曾经青砖白瓦式的四合院式建筑和两层楼式的干栏建筑只在极少数场合出现。这种文化上的遗忘，导致年轻一代对自己的民族文化缺乏足够的自信心，从而使民族歌舞在传承中容易丢失心理支撑。认知上的偏差给学校民族文化传承创新带来不少的阻力，也直接影响到民族文化传承的效果。

（四）民族传统歌舞本身的缺陷

壮族传统文化是伴随着壮族社会生产生活不断发展起来的，在生存与发展过程当中难免会出现精华与糟粕并存的情况。壮族的传统歌舞呈现的内容也存在自身的缺点与不足。在传承和发展过程中，要善于取其精华去其糟粕，选择那些符合青年学生身心健康、富有正能量的歌舞来传承与弘扬。对民族文化的扬弃过程也是民族传统文化自我革新和完善的历史过程。传统民歌的内容浩如烟海，甚至有不少内容是男欢女爱方面的，这不适合正在学知识长技能中的中职学生。有些民歌手编唱的民歌中存在迷信的歌词，比如壮族传统舞蹈中的道公舞和铜鼓舞，具有浓厚的宗教气氛和明显的宗教目的，这就要求我们在民族歌舞进校园的过程中做出适当的选择。

三、中职学校民族传统文化传承的有效策略

（一）适应职业教育发展的要求

中职学生以学习技术技能为主，学业压力相对小一些，自主把握的时间也相对多一些，开展丰富多彩的民族文化传承活动，更容易激发他们学习的积极性。如能有效地带动，他们将是民族文化传承的主力军。但是学校必须紧跟国家职业教育改革的步伐，适时调整民族文化传承的内容和形式，选择符合中职学生年龄和身心的歌舞，在专业老师的引导下，让学生耳濡目染地接触和感受民族文化，接受民族文化的熏陶。即便是以升学为目的的，但经过两年来民族文化的熏陶，他

们带着厚实的民族文化素养走进高校，也能够让民族文化带着梦想进城，共享都市的繁华。

（二）积极推进文化生态建设

文化生态学提出，文化赖以生存的环境，不是单纯的自然因素，也不是单纯的社会、经济因素，而是自然背景下经过人类长期活动而形成的自然—社会—经济复合生态系统。在传承民族传统文化的时候，要考虑文化与外部环境的协调和适应，不能人为地破坏这种文化生态，而应根据民族文化生存发展的客观规律，积极推进文化生态建设，让民族文化更能适应自然条件、生产力发展水平。习近平总书记指出，"生态文明建设是关系中华民族永续发展的根本大计""生态兴则文明兴，生态衰则文明衰"。作为教育工作者，我们要树立文化生态理念。简而言之，就是营造符合民族文化发展所需的生存空间，包括民歌赖以演绎的民族语言、民族歌舞的生态环境等。

（三）尊重文化的多元一体，促进中华民族文化认同

中华民族上下五千年的灿烂文化，是由 56 个民族共同开发创造的。我们传承民族文化，必须具备多元一体的文化观，尊重多元一体的文化格局，要避免狭隘的民族主义，只看见本民族的文化之树而融不进中华民族文化之林是不正确的。我们要从构建中华民族文化体系的高度，去开展民族文化的传承工作，让每个民族的灿烂文化都能在中华民族文化的整体格局里找到归属感，将"我的"扩大至"我们的"。正如哈佛大学教授亨廷顿所言："在当代世界，文化认同与其他方面的认同相比，其重要性显著增强。"要让每个民族成员在中华民族文化中找到国家身份，才能避免从事民族文化传承工作的自信心不足。

（四）筑牢文化防火墙，抵御外来文化的侵蚀

以美国为首的西方霸权主义，疯狂打压发展中国家，强行推行霸权主义和强权文化战略。作为文化教育工作者，我们要有足够的警觉之心，筑牢文化的防火墙，守住文化的主阵地。"人无精神则不立，国无精神则不强。""一个国家、一个民族、一个政党如果没有文化自信，就会失去基础和灵魂。"所谓"基础不牢，地动山摇"就是这个道理。我们要以我们先进的文化鼓舞影响我们的年轻一代，让他们不偏不倚地沿着我们的核心价值观成长成才，绝不能让我们的青年一代在否定自己的文化、否定自己的价值观的错误认识上渐行渐远。让民族文化在"润无声"中发挥其重要的民族凝聚力和向心力，从而汇成一股民族自信的洪流，回归文化自信，自觉抵制西方文化的扩张和霸权主义推行的强权文化战略，守住意识形态主阵地。

（五）汲取民族文化精华，打造民族文化精品

各民族创造的优秀传统文化是中华文化宝库不可分割的重要组成部分，它是一种不可再生的文化资源，也是新时期进行民族文化创新和发展的重要源泉。我们在传承过程中要注重挖掘本民族文化精髓，将这些民族传统歌舞中的精华部分根据学生的需求特点打造成歌舞精品，以别具特色的民族文化产品陶冶学生的情操。像"韩流"一样，不仅影响本民族的年轻人，还影响世界其他国家的年轻人。就这一点来说，笔者所在的学校就做了很好的榜样，打造出《广西民族民间歌舞精品》，并让它形成特色的"三一三"校本课程。这一课程体系也获得了广西壮族自治区教育厅教研成果一等奖。

四、结语

综上所述，中职学校民族文化的传承是一个关乎接班人的系统工程，必须与时俱进地做好相关的配套工作，才能取得预期的育人效果。期望社会各界达成共识，共同推进新时代民族文化的传承工作，让更多的优秀民族文化影响并造福年轻一代。

参考文献

[1] 邓先瑞.试论文化生态及其研究意义［J］.华中师范大学学报（人文社会科学版），2003（1）：93—97.

[2] 全国干部培训教材编审指导委员会.推进生态文明建设美丽中国［M］.北京：人民出版社、党建读物出版社，2019.

[3] 塞缪尔·亨廷顿.文明的冲突与世界秩序的重建［M］.周琪等，译.北京：新华出版社，2010.

[4] 全国干部培训教材编审指导委员会.推动社会主义文化繁荣兴盛［M］.北京：人民出版社、党建读物出版社，2019.

浅谈壮族熟语中十二生肖的形象意义及相关特色民俗文化

卢春艳

（广西民族大学文学院　广西南宁　530000）

摘　要：壮语熟语是壮族地区广为流传的口头文化，是我们了解壮族的智慧宝库。本文通过探析壮语熟语中十二生肖的形象意义，以壮语熟语为引子，结合人们耳熟能详的熟语，介绍壮族地区一些与生肖相关的具有壮族特色的民俗文化，让人们进一步了解壮族的历史文化、风俗习惯及道德观、人生观、价值观、思维方式等。

关键词：壮语；熟语；十二生肖；形象意义；民俗文化

壮语的熟语叫"vahbeij"，它包含成语、谚语、歇后语、格言、警句及一部分固定短语等，特指壮族人民所熟悉的带有哲理性的语句或片语。壮族是农耕稻作民族，壮语熟语是人们在生产生活实践过程中产生的思想结晶，是壮族人民的智慧宝库。壮语熟语具有形象生动、通俗易懂的特点，且富有哲理性和教育功能。因此，长期以来壮族熟语一直被壮族人民口口相传，且生生不息。

部分壮语熟语已被收集整理成典籍，比如蒙元耀的《壮族熟语》、周艳群的《中国壮族谚语》、韦作应的《壮族俗语集成·武鸣篇（一）》、覃德民的《壮族俗语集成·武鸣篇（二）》、蓝汉光的《壮族俗语集成·桂林篇》、关仕京的《壮族俗语集成·上林篇》、韦体吉的《壮族俗语集成·河池篇》等。壮族历史悠久且人口分布广泛，壮族熟语是壮族人民代代相传的口头文化、口头文学，虽然目前所采集到的熟语也只是其中的冰山一角，但是这是一项意义非凡的工作。因为壮语熟语不仅鲜活地展现了壮族的民风民俗，还是了解壮族人民思想内涵的一个重要途径，更是联络民族内部感情的重要纽带。

一、十二生肖的起源

根据《中国生肖文化》一书中的阐释，十二生肖在古老的母系氏族社会时期便已出现，它源于远古先民的十二兽纪历法，这种纪历法与原始动物崇拜密不可分。十二生肖也就是十二种属性，其中"生"即出生年，"肖"即肖似、相似，由十二种不同的动物组成。十二生肖在世界各地有不同的内涵，而在中国，十二生肖是指"鼠、牛、虎、兔、龙、蛇、马、羊、猴、鸡、狗、猪"。十二生肖与十二地支是相对应的，即子鼠、丑牛、寅虎、卯兔、辰龙、巳蛇、午马、未羊、申猴、酉鸡、戌狗、亥猪。十二生肖是用来纪年的，人们往往认为出生的年份属相预示着一个人未来的行为、性格和命运。因此，十二生肖长期以来备受人们的关注。壮语中保存的关于十二生肖动物的熟语非常之多，可见壮族人民对十二生肖也是非常熟悉和重视的。那么，壮族人民眼中的十二生肖的形象是什么样的，对十二生肖的态度又是怎样的？下面，笔者将结合具体熟语进行分析。

二、壮族熟语中十二生肖的形象意义

1. 鼠。（1）破坏力强，贪得无厌，简直就是捣蛋鬼一个：Duz nou yienz saeq, haeb vaih daeh haeux. 一只小老鼠，咬坏一袋粮。Sam dingz roeg, roek dingz nou. 三成是鸟吃，六成是鼠吃。（2）善于偷盗，是盗贼的化身：Dwg nou rox caeg youz, dwg baez rox byongq gyaeuj. 是鼠会偷油，是脓包会穿头。（3）目光短浅，即汉语所说的"鼠目寸光"：Lwgda duznou yawj conq gyae. 老鼠眼睛望寸光。（4）小人得势，胡作非为：Meuz mbouj youq ranz nou fanz mbwn. 猫不在家，老鼠闹翻天。（5）动作灵敏，狡猾鬼祟：Gaeb vaiz yungzheih gaeb nou nanz, duzciengh laemx dieg dij cien gim. 捉牛容易捉鼠难，大象倒地值千金。（6）聪明伶俐，精明警觉：Sik gvaq duz nou. 比老鼠还精明警觉。

壮族是一个勤劳的农耕民族，而老鼠是农业生产的大敌。老鼠不仅破坏房舍，啃断农田里的秧苗果树，偷吃粮食，而且繁殖能力很强，很难根除，尤其一旦鼠疫暴发，更是祸患无穷。因此，壮族熟语中的鼠多是贬义之语，褒义之语则是少数。由此可见，壮族人民对老鼠多数是持厌恶和贬斥的态度。

2. 牛。（1）辛勤耕耘，踏实肯干：Vaiz geq rox cae naz, bouxgeq rox danggya. 老牛善犁田，老人善当家。（2）魁梧高大，身强力壮：Aeu vunz cae reih, mbouj beij it vunz yungh vaiz. 十人锄地，不如一人使牛。（3）形容父母亲的形象：Vaizmeh byaij daengz gizlawz, vaizlwg gaen daengz gizlawz. 母牛走到哪里，牛崽跟到哪里。（4）吃苦耐劳，埋头苦干：Duzvaiz raeuj youh imq, cae cib bi mbouj laux. 耕牛温又饱，耕十年不老。（5）任劳任怨，无私奉献：Guh vaiz aeu gai goengrengz, guh vunz aeu gangj liengzsim. 做牛要卖力气，做人要讲良心。Duz cwz yiengz gwn nywj, miz cij ciengx vunzraeuz. 牛羊虽吃草，产奶养世人。（6）品行端正，刚正不阿，刻苦奋斗，志向远大：Vaiz roz gaeu mbouj reuq. 牛瘦角不萎。此话是赞扬那些具有良好品德的人，无论环境条件如何变化，他绝不会轻易动摇而改变志向、信念。（7）做事有决心，坚韧不拔：Vaiz dai louz song gaeu, vunz dai louz vah ndei. 牛死留双角，人死留良言。Vai dai gaeu mbouj reuq, meuz roz gyaeuj mbouj roz. 牛

死角不枯，猫死头不萎。（8）是粮食富足的象征，是农民宝贵的财富：Haeux youq rieng duzvaiz，caiz youq rieng moumeh. 粮食在水牛尾巴后面，钱财在母猪尾巴后面。Vaiz dwg bauj nungzgya，bwnh dwg gim ndaw reih. 牛是农家宝，粪是地里金。（9）经验丰富，善解人意：Vaiz geq rox rongh. 老牛犁田知沟垄。（10）胆大，不怕惹事的形象：Vaizlwg mbouj roxnaj guk，rwz nuk mbouj rox byaijraez. 牛犊不识老虎，聋人不知雷鸣。（11）办事鲁莽，不顾后果：Vaiz daemh bauh. 牛撞篱笆。（12）贪心，不知收敛：Vaiz maeuz nywj doeklak，vunz dambak dwgcaengz. 牛贪吃，跌下崖；人贪嘴，招人恨。（13）死脑筋，固执己见：Vaizlaux mboujrox ngeng gaeu，duzbaeu mboujrox byaij cingq. 老牛不会侧角，螃蟹不会走正。（14）形容迟钝笨拙，没有主见、任人摆布的形象：Cwz bae daengz ging dauq lij seih cwz. 黄牛去到京城，回来还是黄牛。（15）粗俗、肮脏、淫秽。因为牛常常随地大小便，睡在粪便上，不讲究卫生，时常当众做各种不雅的事情，因此，"vaiz"一词，常常成为人们用于嘲笑、骂人的话。

中国是一个农业大国，牛在落后的农业生产时代，与人们朝夕相处，是重要的劳动工具之一。它不仅可以耕田、运输，而且肉可食用，粪便可当肥料。因此，牛在农民心里的地位很崇高，农民爱牛如命，不忍让牛受冻挨饿，牛可谓是农民宝贵的财富。虽然农业机械化已经普及，但从农民将机械化的犁田工具称为"铁牛"中不难看出，牛在农民心里的重要地位仍然不可动摇。但是，牛的生活习性导致人们的看法褒贬不一。从以上牛的形象中，我们可以看出（1）至（7）、（9）至（10）是含有褒义意义的形象，而（11）至（15）则是含有贬义意义的形象，（8）是含有中性意义的形象。

3. 虎。（1）威猛阳刚，具有王者之风，是权势的象征：Guk dai raiz lij youq. 虎死不倒威。miz rengz dwk guk，leix suk ndaq vuengz. 有力敢打老虎，理足敢骂皇上。（2）凶猛残暴，屠戮生灵，是危险的象征，让人望而生畏：Gaen vunzndei hag vunz ndei，gaen duzguk hag rox haeb vunz. 跟着好人学好人，跟着老虎学咬人。（3）动作迅猛，食量大：Bouxsai gwn haeux lumj guk langz，bouxmbwk gwn haeux naednaed geq. 男人吃饭如虎狼，女人吃饭粒粒数。（4）有凶狠，也有仁慈的一面：Guk doeg mbouj gwn lwg. 虎毒不食子。（5）善于伪装，其实暗藏险恶之心：Vah diemz vah van maezvunz，duzguk naj riugwn vunz. 甜言蜜语迷人，笑面老虎吃人。（6）善变，有时懂得感恩，有时不念旧情：Vunz mbouj lumz bohmeh，guk mbouj lumz ndaw ndoeng. 人不忘父母，虎不忘森林。Ndaw rug ciengx guk，hung le haeb vunz. 屋中养虎，大了咬人。

老虎在人们心中是极其凶险的形象，一般人都抱着畏惧之情，而能够靠近或打败老虎的人，则被认为是胆识过人、英勇无敌的人。

4. 兔。（1）耳聪目明，动作敏捷：Rwz gaen baenz rwz douq. 耳竖如兔耳。Roeg baengh mbaw fwed douq baengh ga, vunz baengh coengmingz bya baengh rieng. 鸟靠翅膀兔靠腿，人靠智慧鱼靠尾。（2）活泼可爱：Douq buet bya dawz bya, lij dauq ra ranz gaeuq. 兔儿满山跑，仍旧归老巢。（3）办事有原则，不伤害亲朋好友：Duzdouq mbouj gwn nywj bien rongz, guh vunz mbouj sieng boux roxsim. 兔子不吃窝边草，为人不伤知己心。（4）生殖能力强，养兔是致富之路：Ciengx douq ndaej vaiq, it bi caet daih. 养兔得快，一年七代。Ciengx ndaej bak duz douq, mbouj baenz fouq hung hix fouq iq. 养得百只兔，不成大富也成小富。

与鸡、牛等生肖相比，壮语中关于兔子的熟语并不多见，兔子的形象一般具有褒义或中性意义，贬义则很少见。

5. 龙。（1）才华横溢，出类拔萃，与众不同：Boh muengh lwg baenz lungz, lwg muengh boh baenz sien. 父望子成龙，子望父成仙。（2）神圣无比，是灵异之物：Veh lungz veh fungh. 画龙画凤。（3）是一种水中神灵，能呼风唤雨，是壮侗民族心中的水神：Miengraemx gvaq ndaej gvan, lungz dai naz mbouj gan. 水利过了关，龙死田不干。（4）威力强大，无所不能：Faexhanz dwg duz lungz, it seiq gwn mbouj gungz. 扁担是条龙，一世吃不穷。（5）至高无上，是智慧和权势的象征，令人崇拜：Bouxgvai ndaej gwih lungz, bouxhuk aemq dungzcuk. 智者能乘龙，愚者背竹筒。Vih vunz laeb ceiq guh caen lungz, gaej hag gungx bya rumzgveujgaeq. 为人立志做真龙，莫学山槽扁头风。彩虹是龙的原型，也就是胡昌健所认为的虹是龙最直接的原型：Ndi gangj goq duzdungz, gangj lai cix baenz lungz. 原本是条虹，传多是条龙。

关于龙的原型有很多种传说，覃晓航在《壮侗语族语言研究》中通过考证壮语词 tu²ŋi:k⁸ 一词，得出壮族人心中的"蛟龙"形象有两种：越地"蛟龙"原型具有地域差异，越地是越人即壮族人的聚居地，其中，越地东部（广东、广西东部一带）的"蛟龙"原型主要与鳄鱼类有关，其形象为"有鳞、有足、似蛇、全身金黄"；越地西部（广西中西部）的"蛟龙"原型是大白鳝，早期形象为"无鳞、无足、似蛇、全身披白"，到了晚期才与汉族的"蛟龙"形象相一致。

龙在十二生肖中是唯一不真实存在于现实生活中的动物，因此，壮语熟语中龙的形象也跟汉语很相似，都是出自人们的幻想，但是龙在壮族人心中却有重要的地位。

6. 蛇。（1）身藏剧毒，凶险邪恶：Doeg baenz sim ngwzheu. 心毒如青蛇。Ngwz ngoemx haeb dai vunz. 哑蛇咬死人。（2）神出鬼没，防不胜防：It baez deng

ngwz haeb，song baez mbouj ndonj rum. 一回被蛇咬，二回不钻草。（3）记忆力好，会记仇，并伺机报复：Moeb ngwz mbouj dai ，haemz mwngz sam daih. 打蛇不死，恨你三代。（4）善于伪装，心肠歹毒，凶恶无比：Aeu yah yak dangqei aeu ngwz，haq gvan manz dangqei haq guk. 娶恶妻等于娶蛇，嫁蛮夫等于嫁虎。Guk rongx naemj gwn noh，ngwz soh haeb vunz dai. 老虎吼叫想吃肉，蛇装诚实咬死人。（5）蜕皮重生象征着长生不老：Vunz laux couh gvaqseiq，ngwz laux couh loet naeng. 人老就去世，蛇老就蜕皮。（6）是好运气的象征：Coep gvej fwz，coep ngwz hoengh. 遇蛙背时，遇蛇走运。（7）生命力顽强：Ngwz dai samngoenz rieng lij doengh，faex dai samngoenz naeng lij heu. 蛇死三天尾还动，树死三天皮还青。（8）有预知风雨的能力：Ngwzhung dangj roen，bit miz fwn daengz. 大蛇挡道，必有雨到。

蛇有"小龙"之称的美誉，同时也被人们看作是神秘诡异的灵异之物。看见或梦见蛇，往往被认为是好事降临的吉兆。但是蛇行踪诡秘、聪明灵活，伤人的事屡屡发生，人们一般见到蛇要么是敬而远之，要么出手打死，因此，人们对蛇的畏惧之心也是显而易见的。

7. 马。（1）狂放不羁，纵横驰骋：Guangz baenz max mbouj loengz. 疯似马无笼。Hwnj max yungzheih roengz max nanz. 上马容易下马难。（2）刚健勇武，彪悍豪迈：Maxndei yied buet yied vaiq，yiuh ak yied mbin yied sang. 骏马越跑越快，雄鹰越飞越高。（3）敢于拼搏，奋发进取，志存高远：Fouz naemjngeix nanz doenq yamq. 骏马无脚难走路，人无理想难进步。Miz ceiqheiq，ndaw bya cauh ruz ndaej raen haij；miz naemjngeix，diegbingz gwihmax ndaej lumh mbwn. 有志气，山里造船能见海；有理想，平原跃马能摸天。（4）忠诚友善，富有经验和智慧：Unz laux rox saehbiengz，max laux rox loh dauq. 人老通世故，马老识归途。Max buet cien leix nyinh bouxcawj. 马跑千里认主人。（5）具有两面性，有好恶之分：Haex max luemj baihrog，vunz doeg naj riu nyumj. 马屎外面光，人毒脸含笑。（6）胆大勇猛，但也会失蹄犯错：Hai goeng mboujmiz nwj dauqlaeng，max daengz naj dat mbouj ngoemq gyaeuj. 开弓没有回头箭，好马崖前不低头。Max ndei mbouj cib cienz，saenzsien lij miz loeng. 好马不十全，神仙尚有过。（7）易于调教驯化：Coengmingz aeu daj lijiq seiz rom hwnj，maxswnh aeu daj maxlwg seiz lienh baenz. 智慧要从年幼时积累，骏马要打马驹时练就。

在壮语熟语中关于马的语句大多包含褒义性质，马的形象以正面积极为主。尤其每到过年，壮族人也喜欢在家中悬挂有高头大马的年画，祈求来年吉祥如意，对马的喜爱之情溢于言表。

8. 羊。（1）吉祥善良：Yiengz ndei roengz lwg ndei，ceh ndei ok miuz ndei. 好

羊生好羔，好种出好苗。（2）繁殖能力强：Ciengx yiengz roengz lwg lai, song bi rim gwnz bya. 养羊繁殖多，两年满山坡。（3）懂得感恩：A mizeiq dauq nyaemh duzmeh,yiengz miz aen gvih gwn cij. 鸦有反哺之意，羊有跪奶之恩。（4）全身是宝，是财富的象征：Bwn yiengz yienz saeq san ndaej buh. 羊毛虽细织成衣。Haexyiengz coq nazgyaj, raen miuz gipgip maj. 用羊粪追秧，见苗快快长。Ndaej gwn laeuj mbeiyiengz, doiq liengz da youh raeh. 常喝羊胆酒，内火上不了。Ciengx hwnj bak duz yiengz, caizyienz lumj raemx raez. 养上百只羊，财源如水长。（5）温顺柔弱，易被欺负：Gaej dawz vunzdig dang yiengz, aeu dawz vunzdig dangz langz. 别把敌人当羊，要把敌人当狼。Duzyiengz liz bang,dwg byaek duzlangz. 离群的羊，狼吃的菜。

在壮族人看来，羊肉可食用，羊肉、羊胆、羊肝等还具有养生保健的功效，羊屎可当肥料，可谓全身是宝。人们还常常用羊跪着喝奶的事例，劝导世人要感怀、报答父母或有恩于己的人。

9.猴。（1）性情温和，活泼顽皮，古灵精怪：Duzlingz daenj buh va, dwg daeuj saj bajheiq. 猴子穿花衣，是在耍把戏。（2）聪明机智，模仿能力很强，有灵性：Doek bya baenz gaenglingz, doek bingz baenz Bouxcuengh. 落在山上成猴子，落在平地成壮（族）人。（3）贪玩又贪心，容易见异思迁：Duzlingz genj gve, yied genj yied raiz, doeklaeng genj ndaej doenggve naeuh. 猴子选瓜，越选越花，最后选得烂冬花。（4）不老实，不听话：Gaej aeu lingz souj mak, gaej aeu nag souj bya. 莫令猴守果，莫令獭守鱼。（5）动作敏捷，没有定性：Duzlingz caekhaex naengh mbouj onj. 猴子屁股坐不稳。

10.鸡。（1）恪尽职守，守时不失：Duzgaeq haen, miz sam baez daj fwed. 鸡打鸣，先拍三次翅。Gaeq haen ranz caez rongh. 鸡啼天齐亮。（2）奋发图强，积极向上：Sam geng daengfeiz haj geng gaeq, cingq dwg lwgsai doegsaw seiz. 三更灯火五更鸡，正是男儿读书时。（3）营养丰富，具有养生保健之效：Haemh ninz din ndi raeuj, gwn laeujvan cimq gaeq. 夜眠脚冰凉，就吃童鸡甜酒酿。（4）聪明伶俐，神采奕奕：Gaeq baenz boux rouj nding, vunz coengmingz ling gak. 大公鸡冠红，儿聪明伶俐。（5）仁慈护崽的母亲形象：Dangq meh gaeq dangq gyuk, dangq duzlwg dangq rungx. 母鸡各自叫，鸡仔各自护。（6）财富的象征：Gaj gaeq aeu gyaeq it baez gvaq, ciengx gaeq ok gyaeq bibi miz. 杀鸡取蛋一次过，养鸡生蛋年年有。（7）可预知气象：Gaeq dak fwed yaek fwn, gaeq dak din yaek rengx. 鸡晒翅要下雨，鸡晒爪要天晴。（8）见识浅薄，缺乏远大志向：Mbouj guh gaeqnumh ndoj lai ranz, aeu guh daihnyanz hwnj mbwn sang. 莫做小鸡躲屋檐，要做大雁飞高天。Nyienh guh bak ngoenz hong, mbouj guh gaeq ndaw roengz. 愿做百日工，莫做笼中鸡。（9）杂

乱无章，不成规矩：Sij saw lumj gaeq ruenz. 写字像鸡扒。Gyaeuj mbouj ciengz roi nyungq raeuz gaeq, reih mbouj gaenx gvak maj nya lai. 头不常梳乱鸡窝，地不勤锄长草多。（10）争强好斗：Gaeqboux doxhoenx gyaeuj doiq gyaeuj, gvanbaz doxceng fouz ienqgya. 公鸡打架头对头，公婆打架无冤仇。（11）辟邪除妖：Ndang mbouj ndei laih fangz doz, mo mbouj lingz laih gaeq iq. 身体不好赖鬼缠，巫术不灵怪鸡小。

11. 狗。（1）重情重义，忠心耿耿：ma mbouj yiemz cawj hoj. 狗不嫌主人穷。（2）忠于职守，依附于人，服务于人：Ciengx ma vih goeng, ciengx gaeq vih sei. 养狗为公，养鸡为私。（3）知恩图报：Ma mbouj haeb boux okhaex, guen mbouj moeb boux soengq laex. 狗不咬屙屎的，官不打送礼的。（4）记性好，经验丰富：Ma geiq cien leix loh, vunz geiq caeuz ciuhgeq. 狗记千里路，人记世代仇。（5）恶习难改：Gyawz miz ma mbouj gwn haex, gyawz miz gaeq mbouj sip non. 哪有狗不吃屎，哪有鸡不叮虫。（6）眼光势利，欺负弱小：ma haeb boux buh vaih. 狗咬破衣人。（7）没有主见，容易受人驱使：aux ma haeuj nyaengq. 唆使狗去钻草丛。（8）勇猛好斗，办事鲁莽：malwg mbouj roxnaj raemx goenj. 小狗不识滚水烫。（9）品性不良：Baengzyoux noh ma gangj gwn ndoet, baengzyoux caen sim gangj saed hag. 狗肉朋友讲吃喝，真心朋友讲实学。

12. 猪。（1）心宽体胖，容易满足：Moumeh mbouj yiemz raemzgeq, mameh mbouj yiemz haeux rang. 母猪不嫌糠粗，母狗不嫌饭香。（2）财富的象征：Haeux youq rieng duzvaiz, caiz youq rieng moumeh. 粮在牛尾巴，财在母猪后。（3）繁殖能力强：Duzmou seiqndwen baz, duzmax raek cibngeih. 猪孕四个月，马孕十二个月。（4）宽厚，有福相：Mou biz bouxcawj gyaez, ma byom cawj saetlaex. 猪肥主人喜，狗瘦主人羞。（5）头脑蠢笨，动作不灵活：Gyauq lwg mbouj baenz dangq ciengx mou, lwg mbouj doegsaw dangq ciengx gaeq. 教子不成如养猪，子不读书如养鸡。（6）好吃懒做：gwn yaq nonh, biz tongh duzmou. 吃了睡，肥同猪。

三、壮族熟语中与生肖动物相关的特色民俗文化

除了十二生肖中的动物，各种鸟兽虫鱼也被巧妙地融入壮语熟语当中，生动地展示了壮族的特色风俗。壮族民俗丰富多彩，千差万别，并非一两个篇章或一本书可以详尽介绍的，以下仅选取内容与十二生肖动物相关的部分民俗活动进行探析。

（一）壮族与鼠相关的民俗

啖鼠习俗：Duhhenj moenx moubya, nohbit nohgaeq mbouj yungh ra. 黄豆焖野鼠，鸡鸭鹅肉不用煮。Nohma ndei gwn mingzcoh couj, nohnou ndei gwn nanz gaeb dawz.

狗肉好吃名声臭，鼠肉好吃难到手。

壮族是一个勤劳的稻作民族，在农业生产过程中，对于随处可见的老鼠，可谓是又爱又恨。恨，主要是因为老鼠一般扮演着偷吃、破坏劳动成果的角色；爱，主要是因为在民不聊生的年代，物资匮乏，人们很难闻到肉腥味，因此，鼠肉也可作为补充营养的美味佳肴。覃晓航《壮侗语族语言研究》一书中对壮侗民族的"密唧"文化进行探究，其中"密"是壮语 mat[7]（竹筒），"唧"是老鼠尖叫的象声词，"密唧"就是"佐以幼鼠的竹筒饭"。壮族人吃鼠的文化在魏晋时期就已形成，直至今日此种民俗仍有留存。当然，家鼠常以肮脏的东西为食，因此人们食用的多为田鼠及竹鼠。

（二）壮族与鸡相关的民俗

鸡在壮族人的眼中有举足轻重的作用，且在壮族人的日常活动中具有不可或缺的地位。因此，壮族地区开展各类活动时常离不开鸡。从各类民俗活动中，不难看出壮族人对鸡有着一种古老的自然崇拜的情感。

1. 祭祀习俗。壮族人崇尚祖宗崇拜，认为人死后灵魂不灭，因此，他们非常注重祭祀祖宗。与中原地区不同，壮族的祭祀三牲为鸡、猪、鱼。鸡在生日宴、婚嫁、丧葬、祭祀、节庆等日常重大活动中扮演着不可或缺的角色，正所谓"无鸡不成宴"，从熟语"Gaeq ndei gaj, hek nanz cingj. 杀鸡容易，请客难"可见，鸡是壮族人民宴请亲朋好友的佳品。逢年过节，更是少不了鸡。熟语"Vunz lau saetcaiz ma lau saet cawj, gaeq don ceiq lau cieng co'ngeih. 人怕失财狗怕失主，阉鸡最怕年初二"中即可看出。"Aen bak aj gasae, lumj gaeq baiz gwnz congz. 嘴巴张阿阿，项鸡摆台上"。因此，逢年过节便是壮族人买卖鸡的旺季。

2. 满月红鸡蛋习俗。Gyaux raemz bae coq gaeq, vuenh gyaeq coq lwgnyez. 拌糠去喂鸡，换蛋喂小孩。祭祀或探亲访友，一般都选骟鸡，而去探望坐月子的妇女，则一般选择 1 ~ 1.5 千克的项鸡。在满月酒上，主人给亲友们派发喜糖和用食用色素晕染的红鸡蛋是必不可少的环节。

3. 鸡骨卜习俗。从壮语熟语"Goengmo rox gvaq gaeq, dang hak rox vuengzfap. 麽公懂鸡卦，做官懂王法""Vunzsa bakgvaq, gaeqlwg dwglau. 沙人打卦，小鸡害怕"中即可看出该习俗。"沙人"是指聚居在云南省弥勒市等地的壮族人。鸡骨卜习俗是壮族原始的宗教信仰文化，根据目前已经收集整理成书的《壮族鸡卜经影印译注》了解到，鸡骨卜习俗主要流传于云南文山壮族苗族自治州、广西百色市隆林各族自治县。鸡骨卜早在先秦时期就已经盛行。根据《壮族鸡卜经影印译注》中的记述，在《史记正义》中就有记载鸡骨卜的实施方法"鸡卜法，用鸡一，狗一，生，祝愿讫，即杀鸡狗煮熟，又祭，独取鸡两眼，骨上自有孔裂，似人物形则吉，不足则凶。今岭南犹有此法也"。可见，壮族人的鸡骨卜习俗由来已久。此外，壮族地区还有请师公（道公）、麽公、仙婆做法事的习俗，就如封身、封家宅、出门、防人弄、封玄场、封地、请土地公、超度亡灵、驱鬼辟邪、过楼、招魂等五花八门的法事。在法事中，鸡要么被当作祖宗的贡品，要么被当作施法人的酬劳，要么当作宴请亲朋好友的菜品。在龙州，有一种很有意思的法事叫作"过楼"。龙州当地人用一种叫作 maex oj 的节状植物编制成一排楼阁骨架的形式，在下面铺上一条红地毯，地毯上撒上一些硬币和零钱，摆上一个火盆，此时，仙婆嘴里边念叨着经文，被施法的人则抱着一只大阉鸡，从屋外沿着红地毯从"楼"底下钻过，且边跪拜边捡钱，遇到火盆则与鸡一起磕三个头并跨过火盆，以此来祈福辟邪。

4. 撒鸡毛招财习俗。鸡在壮族人家常常被看成是财富吉祥的象征，从壮语熟语 "Vaij cieng gaj gaeq gwn daengxduz，loegcuk rim ruz youh rim riengh. 过年家宴吃全鸡，禽畜兴旺上云梯"可见，在重大节日中的家宴上，鸡是必不可少的菜品。除此之外，在龙州地区，人们习惯将大年初一前所杀鸡的鸡毛积攒下来，等到大年初二的清晨，便提着鸡毛篮子来到野地里，从离家不远的地方往回走，边走边撒鸡毛边呼唤鸡回家吃米，以此期盼来年禽畜兴旺，寓意招财进宝，富贵吉祥。

5. 贴年画习俗。鸡被壮族人民看作"小凤凰"，如龙州壮族人常把"鸡屁股"称为"凤尾肉"。从壮语熟语 "Duzgaeq ceij raed mbouj baenz fungh，gang naeuh haeuj lungz（loz）mbouj baenz gim. 纸剪金鸡不是凤，烂钢入火不成金"可知，壮族人过年习惯将红纸剪成金鸡贴在门窗上，然而现在已不多见。但是，贴年画则依然是保留的风俗，年画上常常画有一只大公鸡。年画承载着壮族人民对新年的美好愿望和憧憬。

6. 把鸡当药习俗。壮族熟语中有 "Gaeq gwn lwgmaenz，haex baenz yw gam. 鸡吃红薯，屎可治疳"一句。鸡不仅被壮族人当成营养补充的佳品，有时还被当成治病救命的良药。根据龙州当地老人的讲述，以前物资匮乏、医疗条件不足，当有小孩子吃木薯过多导致中毒时，大人就会杀一只小鸡，把小鸡连毛带内脏一起舂碎捣烂，把汁液倒出给小孩喝，小孩喝完后就会呕吐拉肚子，这样毒素也就一起被排出体外了。

（三）与狗相关的习俗

1. 洒狗血辟邪习俗。在盖房子时，壮族人一般用白色石灰画完房屋的大概框架之后，正式挖土动工之前，杀一只毛色纯黑的土狗，并将狗血绕着地基洒一圈，以此来驱鬼辟邪，保平安。

2. 石狗习俗。龙州有句熟语：Aeu ma hin maz bawx senx（要石狗来看家）。在龙州等壮族地区，时常可以看到人们在前门房顶的两个角均设有两个朝前吼叫的威武石狗，有些则在家门前两侧摆放一对石狗。这些石狗有的是用石头雕刻的，有的则是用水泥塑造的，其寓意是看家护院、驱鬼辟邪。

3. 荔枝狗肉节习俗。壮族熟语中有 "Nohma ndei gwn aen mingz haeu，nohnou ndei gwn mbouj ndei daeuj. 狗肉好吃名声臭，鼠肉好吃不到手"。"Doengciq labnoh hahciq ma. 冬至腊肉夏至狗"。壮族地区吃狗肉已有 600 多年历史，人们一般是在农历二月初二、五月初五举办狗肉节，他们认为狗可以驱鬼辟邪，吃狗肉可以使人更加健康长寿。狗肉性热，壮语熟语中也有关于狗肉性热的语句，如 "Gwn donq nohma maeg，caet bi moeg mbouj hoemq. 吃餐黑狗肉，七年不盖被"。狗肉一般适合于冬天食用，但是爱食狗肉的人却选择在一年当中最热的夏至食用狗肉，把同样属热性的狗肉与荔枝同食，一来是认为以热制热，二来也显示了他们对狗肉的热爱。

（四）与猪相关的习俗

1. 猪头祭祀习俗。猪一直是壮族祭祀的三牲之一。一般的祭祀或节假日，祖宗贡品只需摆上一小块熟猪肉即可，但是在父母过世出殡的祭祀礼上则需用一整头猪作为祭品。不过随着猪肉价格的提高，近年来的祭祀礼改换为猪头一个、猪脚四只和猪尾一条（象征一整头猪）。

2. 喝生血习俗。壮族地区历来有喝生血的习俗，除猪血之外，还有羊血、鸭血等。他们一般是现杀现喝，屠夫在碗里放上少量清水和盐，注入新鲜猪血，静待片刻猪血凝结后，便撒上少许熟花生碎等佐料直接食用。

此外，壮族地区关于猪的习俗还有做猪血肠、腊肠、腊肉，把猪作为结婚彩礼等习俗，因为这些习俗在全国各地均较为常见，就不再一一阐述。

（五）与羊相关的习俗

吃百草汤习俗。"Vunz gwn ngux goek cab liengz，yiengz gwn mbawfaez bak rum. 人吃五谷杂粮，羊吃树叶百草"。壮族人生活的地区丘陵众多，适合养羊。在中国，吃羊肉的习俗各民族皆有之，但是壮族地区还有一个一般人无法接受的菜品，那就是 "羊百草"，俗称 "羊瘪汤"。壮族人认为羊以各种各样的百草树叶为食，很多树叶均是有药用价值的。"羊瘪汤" 就是杀羊后，用羊肠胃中未被完全消化的食物（已部分消化，又未成粪便）熬制成汤水，该 "羊瘪汤" 苦中有甘，据说有治病保健之效。

（六）与马相关的习俗

纸马做贡品习俗。在壮族地区，做法事很普遍。在龙州，有一种法事叫作 boiz va，需要用到纸糊成的马。除此之外，还有纸折成的房子、船只、桌椅、汤匙等物品。其中，一对马拉着一个轿子，俗称"马轿"，一般是为 10 岁以下儿童而做的法事，祈求孩童平安、健康成长。

（七）其他

1. 观天象习俗。在壮族地区，通过观察动物的行为来判断气象的变化是司空见惯的事。"Gaeq dak fwed yaek fwn，gaeq dak din yaek rengx. 鸡晒翅要下雨，鸡晒爪要天晴"。鸡作为人类最早驯化的家禽，与人们朝夕相处，人们自然少不了对鸡进行细致入微的观察。此外，除了鸡，人们认为猫、狗、鱼、蚯蚓、青蛙、蛇、猪、牛、蚂蚁等动物均有预知天气的能力，当这些动物出现反常的行为时便预示着天气的变化，就如"Meuz gwn raemx rongh，ma gwn raemx fwn. 猫喝水晴，狗喝水雨""Mou bongh cauz，miz fwn laux. 猪跳槽，兆大雨""Cwz ringx ndaw boengz dwg fwn. 黄牛滚泥有雨"。关于通过动物预知气象的描述，在壮语熟语中并不在少数，有些具有一定的科学依据，但有些也只是人们的推测，并不一定是事实。

2. 自制药酒习俗。"Fan pen ka jip，aeu lauj jah maz sat. 天气转雨脚痛，就拿药酒来擦"。在壮族家庭里，时常可以看到人们家中摆放着各种瓶罐，里面用酒浸泡着各式各样的物品，人们一般称其为 lauj jah（药酒）。这些药酒里浸泡的要么是草药或果类，要么是未长毛的雏鼠、蛇、猿猴骨架、羊胆等，有时还会加些许草药，在浸泡几个月甚至几年后或内服强身健体，或外敷治疗身体关节疼痛等。

壮族地区关于十二生肖动物的习俗还有很多，有些是全民所共知的习俗，如赛龙舟、舞龙等，有些习俗则有地域差别，如来宾的接龙习俗。壮族地区关于动物的饮食习俗更是数不胜数，如鸡肉粉、猪血肠、糯米鸡、芋头扣肉、梅菜扣肉等，这里就不再一一阐述。

四、结语

壮语熟语是壮族人在长期的社会生产、生活实践过程中总结出来的宝贵经验，具有极其浓郁的民族特色，它们集中反映了壮族人们的风俗习惯、知识文化、思想认识、思维方式等，是了解壮族历史文化的重要窗口。通过这些壮语熟语，我们不仅可以看到壮族人民生产生活的影子，还可以了解他们的精神世界。

十二生肖动物的熟语数量在壮语熟语中占有极大的比重，不仅包括整只动物的形象，还有很多关于动物的身体部位（如肝、尾巴）、粪便、脚印等，以及和它们相关的事物（如牛栏、圈子）。通过分析十二生肖熟语可以让我们更加深入地了解壮族的民俗、文化、思维等。

从以上列举的十二生肖动物熟语中，可知，壮语十二生肖动物熟语的形象意义没有绝对的正面或绝对的负面，因为事物都具有两面性，人们在认识这些生肖动物的时候，不仅看到它们身上积极美好的一面，也看到它们身上消极不好的一面，因此褒义、贬义、中性意义的熟语都有。

这些壮语熟语经常运用比喻、拟人、排比、对偶、夸张、警策等修辞手法，语句上活灵活现、风趣幽默、朗朗上口、便于记忆，内容上富有知识性、教育性，因此流传甚广。

（本文所使用的壮语熟语例句来源于蒙元耀的《壮语熟语》、周艳群的《中国壮族谚语》和笔者所收集的语料）

参考文献

[1] 蒙元耀. 壮族谚语 [M]. 北京：民族出版社，2006.

[2] 常峻. 中国生肖文化 [M]. 上海：上海辞书出版社，2001.

[3] 覃晓航. 壮侗语族语言研究 [M]. 北京：民族出版社，2012.

[4] 周艳群. 中国壮族谚语 [M]. 广州：世界图书出版广东有限公司，2015.

[5] 罗宗会. 泰语中含"牛"字熟语的形象意义研究 [J]. 报刊精粹，2019（2）.

[6] 王青. 浅析汉语熟语中的动物惯用语 [J]. 现代语文（学术综合版），2016（1）：124-126.

[7] 何正廷，欧薇薇. 壮族鸡卜经影印译注 [M]. 南宁：广西民族出版社，2013.

语言经济学视角下西林县壮族语言扶贫探究

李香莲

（广西民族大学文学院　广西南宁　530004）

摘　要：本文从语言经济学视角出发，以普通话能力和贫困程度这两个维度为基础，论述普通话能力和劳动力流通、劳动收入之间的关系，阐述语言在脱贫攻坚中的重要意义。分析壮族贫困地区普通话推广普及现状，以国家级贫困县——西林县为例，结合当下的脱贫攻坚工作，探索在壮族地区推广学习普通话困难的原因，研究在语言多样化的壮族贫困地区如何有效推广普通话。

关键词：语言经济学；壮族地区；推广普通话

一、引言

贫困是全人类共同面对的问题，消除贫困更是社会发展、安国兴邦、实现中华民族伟大复兴的重要举措。党的十八大以来，党中央将扶贫开发工作放在突出位置，2016 年的"十三五"规划颁布后，脱贫攻坚成为国家及地方政府的工作重心。脱贫攻坚战打响后，在党中央、国务院的关怀下，各项民生政策惠及千万家，如电网、宽带村村通。但是，在边远山区农村有这样一个群体，他们或因为贫困，或因为交通不便，或无法接触到教育资源，所以未接受过学校教育。因为不识字，他们无法外出务工来增加经济收入，普通话对于他们来说就是"不懂话"。作为脱贫攻坚战中的主力军，"90 后"接受过九年义务教育，学到基础汉语；"80 后"青年在常年的务工经历中习得普通话，"60 后"和"70 后"的一部分群体由于年龄和普通话使用能力不足，无法外出进行劳动输出，在一定程度上造成贫困。推广普通话有利于提高人民群众对祖国语言文字的认识水平和运用能力，在精准脱贫方面表现出发展性的重要意义。[①]笔者认为，应将普通话推广的视角转向边远民族地区的"60 后""70 后"中老年人，他们是推广普通话、助推乡村振兴的重点和难点。

信息化时代，语言文字成为生活交际的必需品，他们不应该被这个时代抛

---

① 李宇明教授在《中国语言生活状况报告（2018）》中提出。

弃,可以通过教育使现代社会发展成果惠及边疆民族地区和困难家庭,儿童接受教育,向家庭反哺,提高生活质量,使现代文明浸润到贫困地区[①]。教育部、国务院扶贫开发领导小组办公室(今国家乡村振兴局)、国家语言文字工作委员会联合印发《推普脱贫攻坚行动计划(2018—2020年)》,明确要"充分发挥普通话在提高劳动力基本素质、促进职业技能提升、增强就业能力等方面的重要作用,为打赢脱贫攻坚战、全面建成小康社会奠定良好基础"。其间,我们能够看到国家对扶贫工作的重视,以及普通话的推广给脱贫攻坚带来的积极意义。本文以壮族聚居地西林县为例,分析普通话在壮族地区推广遭遇困境的原因,研究在语言多样化的壮族贫困地区如何有效地向中老年群体推广普通话,助力乡村振兴。

二、语言经济与贫困

语言和贫困之间的联系,早就有人关注过。[②]语言与贫困具有相关性,语言可以扶贫,源自语言与教育的密切关系,源自语言与信息的密切关系,源自语言与人、与互联网的密切关系,源自语言与人的能力和机会的密切关系。[③]同时,语言是一种资本。语言资本有不同的维度,既可以归入文化资本,也可以归入人力资本,取其人力资本属性,即语言是一种具有经济价值的知识和能力,可以在改观教育劣势上发挥重要作用。[④]贫困者忽视教育的经济价值,受教育程度和素质技能较低,族群社会化语言教育薄弱,这些现实阻碍贫困地区劳动力顺利转移。劳动力转移是特困地区摆脱贫困全面建成小康社会的重要途径。[⑤]"扶贫先扶智,扶智先通语",普通话是我国国家通用语言,学会使用国家通用的语言文字可以突破语言交流障碍,降低沟通交流的难度,推进劳动输出,促进交易达成,从而促进经济增长,实现脱贫。语言对经济的助推作用使语言扶贫成为脱贫的新焦点。语言扶贫事业是我国扶贫开发事业的重要组成部分,是助力乡村振兴的重要力量,提升落后地区普通话使用能力,进一步提升个人素质和内生动力,对国家乡村振兴战略具有深远意义。

---

① 吴晓蓉、谢飞:《人类命运共同体视域中的教育反贫困》,《民族教育研究》2019年第3期。

② 国家语言文字工作委员会:《中国语言生活状况报告(2018)》,商务印书馆,2018年,第5页。

③ 王春辉:《论语言因素在脱贫攻坚中的作用》,《江汉学术》,2018年,第93页。

④ 同③,第94页。

⑤ 张晓文:《"互联网+"时代"三区三州"特困地区劳动力转移教育作用机制研究》,《民族教育研究》2019年第3期。

三、西林县语言使用与贫困情况

西林县曾经是国家扶贫开发工作重点县和老（革命老区）少（少数民族地区）边（边疆地区）山（山区）穷（贫困地区）地区。截至 2015 年底，全县有 44 个贫困村共 7086 户 28911 人未脱贫，贫困发生率为 19.95%，属于 14 个集中连片特困地区，贫困程度深。[①]西林县隶属广西壮族自治区百色市，位于广西壮族自治区最西端，地处广西、云南、贵州三省（区）交界，属于滇桂黔石漠化片区，东连田林县，北接隆林各族自治县，西北毗邻贵州省兴义市和云南省罗平县、师宗县，南邻云南省的丘北县、广南县、富宁县。西林县是一个语言多样化地区。西林县有 4 个镇、4 个乡，其中 3 个为民族乡（那佐苗族乡、普合苗族乡、足别瑶族苗族乡）。西林县有壮、汉、苗、瑶等 14 个民族，2010 年西林县总人口为 15.4 万人，少数民族占总人口的 90.58%，其中壮族人口占总人口 63%，汉族人口占总人口 9%，苗族人口占总人口 18%。综上所述，西林县是一个多民族聚居的地区，语言环境复杂。一般来说，语言统一地区的经济发展水平要明显高于语言复杂地区的经济发展水平。不同民族语言区和不同汉语方言区的民众提升普通话这一国家通用语的水平将有助于特困地区经济的发展。[②]

四、西林县贫困地区群众学习普通话现状分析

壮语属于汉藏语系壮侗语族壮傣语支，大致可将壮语分为北部方言区和南部方言区，西林县壮语归属于北部方言。汉语和壮语同属于汉藏语系，音节结构相同，均有声母、韵母、声调，但在语音、语法、词汇等方面各有差异。例如，壮语北部方言没有送气音和壮语的定语后置结构等，壮语的这些特点给壮语母语者学习普通话带来困难。壮族地区语言扶贫离不开当地群众的普通话使用能力的提升。为进一步做好壮语母语者普通话学习，更好实施双语教育，助力乡村振兴，笔者将对壮族中老年群体习得普通话的过程可能遇到的困难的原因进行分析。

一是农村群众缺乏语言习得，接受能力较弱。受到年龄的影响，农村群众思想上对普通话的重要性认识不够，重视度不够，未主动学习；靠务农为生，日常劳作，缺少学习时间；迫于生活压力，无法集中精力学习。从社会角度来说，他们从小生活在少数民族地区，交通闭塞，在一定范围内不需要第二语言进行交流，也没有稳定的通用语言交流环境，整个社会环境对普通话的需求不大。

---

①黄燕群：《西林交出脱贫攻坚满意答卷实现整县脱贫摘帽，贫困发生率降至 2.61%》，《右江日报》2015 年 5 月 16 日。

②王春辉：《论语言因素在脱贫攻坚中的作用》，《江汉学术》2018 年第 37 卷第 5 期，第 96 页。

二是少数民族地区语言环境复杂，在母语的基础上习得新的语言可能会产生学习负迁移①。母语为壮语的壮族人在学习普通话的过程中会受到壮语语音、语法和词汇使用习惯的影响，习得过程存在一定的困难。

就语音方面，汉语拼音和壮语标准音并不对应，有些语音，普通话有，而壮语没有。普通话有送气音声母 p〔ph〕、t〔th〕、k〔kh〕，西林县壮话属壮语北部方言桂边土语，没有送气音。人们在日常的生活中长期使用当地的民族语言，而当地的语言没有送气音的概念，长期送气音缺失，在普通话习得的过程中很难去教学。另外，汉语的声调和壮语的声调也各有不同，普通话分阴平、阳平、上声和去声 4 个调类，而壮语就有 8 个声调。韦树关、韦茂繁曾在《壮族人学习普通话语音的难点突破》②一书中对壮汉双语学习的难点进行详细分析，这里将不做具体叙述。

就语法而言，普通话是以北京语音为标准音，以北方话为基础方言，以典型的现代白话文著作为语法规范的语言。西林县地处边远山区，农村更是交通不便，对他们来说，学习普通话就是学习一门全新的语言，会受到母语使用习惯的影响，在学习的过程中可能会直接套用壮语的语法规则而产生语病。例如，会将"猪肉"说成"肉猪"，将"我先走"说成"我走先"，等等。

就词汇而言，壮族人会将壮语的词汇直接代替汉语。他们说普通话时，找不到表述的词，会直接用壮语来代替，在一定程度上造成夹壮③的现象产生。例如，把"猪很肥，那板油又白又厚"读成"猪很肥，劳④又白又厚"，等等。

根据上述分析，壮语为第一语言的壮族同胞在学习国家通用语时存在很多的困难，加之，中老年群体年龄较大，对语言的接受能力较弱，这在一定程度上增加了普通话学习的障碍。为此，应如何对这一群体推广普通话成为一项难题。

五、普通话推广路径思考

普通话水平的高低是语言能力强弱的重要指标，语言能力是国家文化实力的体现和表征。当前，我们要巩固拓展脱贫攻坚成果，实现乡村振兴，应当把普通话推广工作作为教育扶贫的重要举措，使贫困群众与全国人民共同奔向小康社会。现在智能手机快速普及，语言文字已经成为农村中老年群体接受新时代讯息

---

① 负迁移一般是指一种学习对另一种学习起干扰或抑制作用。

② 韦树关、韦茂繁：《壮族人学习普通话语音的难点突破》，广西民族出版社，2004，第 5 页。

③ 夹壮指夹带壮语特色口音的汉语普通话。

④ "劳"是借壮音字。

的阻碍，在巩固拓展脱贫攻坚成果、实现乡村振兴的大环境下，普通话推广工作已经成为乡村振兴的一项指标。就现状而言，在贫困地区因材施教，对不同语言使用能力群体实施差异化语言教育是当下环境下最好的语言扶贫方式。

一是对于没有任何国家通用语言基础的人群，实施线下壮汉双语教学，定期集中授课。鼓励教师、寒暑假返乡大学生等积极参与普通话推广培训工作，建立长效的志愿者服务体系，并将此项志愿服务工作与高校社会实践活动相结合。国家应加强监管，加强普通话培训资源与培训能力建设，支持各地语言文字工作部门落实相应政策，深化对推普工作的认识，并要求当地村委会或第一书记对双语教学工作予以配合。建立大学生返乡双语教学模式，解决教学过程中的基本交流障碍问题，服务好没有任何普通话基础的群众。

二是对于有一定基础的国家通用语言使用的人群，适当借助线上语言学习平台进行自学。创造学习条件，创新学习方式，利用网上学习平台进行学习。要重视信息技术在语言乡村振兴事业中的重要作用，现在手机学习软件种类繁多，"语言助农"等手机 App 也已大量投入使用，借助线上软件进行学习，不失为一种好办法。

三是提高乡村干部的基本语言基础知识认知，帮助他们更快地掌握当地民族语言。助力乡村振兴工作是多主体参与的事业，语言是沟通的窗口，基层干部如果能够使用民族语言与群众交流，有助于拉近两者的距离，增加群众亲切感，从而实现乡村振兴政策到村到户，为民谋利。

六、结语

在巩固拓展脱贫攻坚成果的新时期，语言对于乡村振兴的作用不可忽视，国家通用语言文字既是打破交际障碍的工具，也是传播信息和技术的重要媒介。在壮族落后地区实施双语教育提升农村中老年人的普通话水平，对新时代的脱贫攻坚具有重要的作用。

参考文献

［1］于根元．应用语言学概论［M］．北京：商务印书馆，2003.

［2］王春辉．论语言因素在脱贫攻坚中的作用［J］．江汉学术，2018，37（5）：92-100.

［3］李宇明．修筑扶贫脱贫的语言大道［M］//国家语言文字工作委员会．中国语言

生活状况报告（2018）.北京：商务印书馆，2018：5.

［4］韦树关，韦茂繁.壮族人学习普通话语音的难点突破［M］.南宁：广西民族出版社，2004.

［5］吴晓蓉，谢飞.人类命运共同体视域中的教育反贫困［J］.民族教育研究，2019（3）：19-26.

［6］张晓文."互联网＋"时代"三区三州"特困地区劳动力转移教育作用机制研究［J］.民族教育研究，2019（3）：27-36.

广西全州县餐饮业店铺命名研究

蒋观丽

（广西民族师范学院文学与传媒学院　广西崇左　532200）

　　摘　要：店名是人们日常生活中不可或缺的公共信息，从一定程度上来说，店名代表着城市的形象，是城市精神文明和政府管理水平的具体体现。全州县位于桂林市东北部，地处湘江上游，素有"广西北大门"之称。优越的地理位置使得全州的文化和自然资源非常丰富，城市包容度高。因街上有不少外来商户，所以店名呈现出鲜明的地域特色和文化特色。本文以全州县城区的餐饮业店铺名为例，主要从文化的角度概括店铺取名的特色，指出一些店名存在的不足，并以此为依据提出相应的取名改进建议，为今后的店铺取名提供一些有益的借鉴，以便经营者将大众的喜好和自身品牌的优势结合在一起，为自己和社会带来可观的效益和发展前景。

　　关键词：店名；文化特征；心理特征

一、引言

　　店名是人们日常生活中不可或缺的公共信息，从一定程度上来说，店名代表着城市的形象，是城市精神文明和政府管理水平的具体体现。杂乱无章的店名往往会给人一种管理不当、发展落后、精神文化缺失的印象，而整齐个性的店名则会给人一种引人入胜、赏心悦目的感觉。所以，良好的店名规划和有效的店名管理会有效提升城市的整体形象和综合水平。

　　全州县是桂林市辖县，地处湘江上游，紧邻湖南省，是桂北湘南的物资集散中心。优越的地理位置使得当地政府十分重视全州县店名的规划和管理，因此，由政府主导的店铺起名大多具有一定的审美情趣和文化素养，在整体上也呈现出较强的统一性。本文主要的研究对象为全州县民间自主命名的餐饮业店铺，内容主要涉及店名文化。关于店名文化方面的问题学界现存多种不同的分析角度，目前，国内的学者主要作了以下四类研究。

　　第一，从当地的文化背景入手，先分析店名语言的使用情况，再在此基础上给出相关语言应用规范的建议。刘熠玮、赵百慧、章雅倩的《蚌埠店名文化探析》（2019）就从蚌埠的历史文化背景入手，分析其区域内店铺起名的特点，并在此基础上指出一些店铺在起名时存在的不足，充分表明自己的观点和看法，且有针对性地提出相关改进措施。这样的研究方法针对性较强，不仅明确地指出了当地店名存在的问题，让人们意识到某些文化现象是不正确的，还对此提出了一些合理的建议，帮助当地政府和个人进行店名管理，同时对其他地区的店铺管理者们也有一定的启发，具有较强的借鉴意义。

第二，从社会语言学的角度出发，探究店名的结构特征。关于店名的结构特征，骆美婵的《餐饮行业招牌命名研究》（2009）从语法和语用两个角度具体分析了餐饮业店名的结构及身份意识。茹亚楠的《城镇商店名语言生态考察——以杭州、金华、义乌、横店为例》（2018）一文则具体分析了语言与环境之间的关系，并对相关部门提出建议：要加强对商铺名称的管理，使店名在新型城镇化的生态文明建设中发挥它的价值和作用。王晶的《当代餐饮店名的语言特点分析》（2014）一文则通过研究并归纳四种店名中文字的书写类型，总结出店名在音节数量和韵律特征方面呈现的特点，在一定程度上揭示了餐饮业店名的命名规律。

诸如此类的文章还有很多，总的来看，我国学者对于店名的语言和结构特征的研究较为详尽，对本文的研究和撰写有很高的参考价值。

第三，分析店名背后所蕴含的社会文化心理，以揭示出不同时代店名所具有的特定社会审美和时代内涵。我国学者有关店名的研究多是关于店名的语言特征，但也有少部分学者将店名的文化内涵作为自己的研究角度。吴仁甫在《渗透在店（厂）名中的中国文化》（1994）一文中就对此进行了较为具体的分析。他从餐饮业的店名入手，分析其中所蕴含的时代特点和呈现出的时代变迁，并客观地阐述了其中所反映的社会文化心理。但他是以商业店名的总体特征来看待餐饮业店名的，而不是把餐饮业店名单独作为一个独立的个体来研究。也就是说，这样的方法会导致其关于餐饮业店名的特性及其内部特点的研究不够透彻，从这一角度出发而得出的结论必然具有一定的不完整性。

第四，探讨餐饮业店名的内部特点和不同层次的餐馆名称之间的差异性，对餐饮行业店名的内在特征进行更为细致和全面的分析。在对餐饮行业店名有了整体性把握的基础上，进一步探讨店名的内在结构才是正确的做法。王梦纯的《餐饮行业的店名特点研究》（2006）就将北京海淀区的1600个中餐馆名字分为低、中、高三个档次，然后对其结构、档次间的差异性等方面进行详尽的分析和归纳，以此来探索餐饮业店名的内部特征。

以上四种关于店铺起名的研究涵盖了店名的结构特征和不同档次间的差异及联系，虽然揭示了餐饮业店名的时代特点和社会文化，但是以商业店铺的总特征来分析餐饮业店名背后的文化特色不够全面。因此，本文以全州县城区的餐饮业为例，从店名的起名缘由入手，挖掘隐藏在店名背后的意义，探究其形成的原因。

随着时代的发展，店名不仅仅是一个店铺的招牌，还是一种寓意丰富的情感表达方式；不仅仅是一种语言，还是一种文化的积淀，承载着人们的种种情思。与此同时，好的店名能吸引人们前去光顾，带来一定的经济效益。因此，研究店名的起名缘由有利于为经营者们提供一定的起名思路，将大众的喜好和自身品牌的优势很好地结合在一起，为自己、为社会带来可观的效益和发展前景。

二、全州县餐饮业店铺的取名特点

笔者调查的范围主要在全州县北门社区和建设社区。笔者主要通过查阅工商部门的相关资料和实地随机访问的方式记录了436个店名，并访谈了65家具有代表性店名的店主，了解他们的起名缘由。之后，笔者将结果进行分类整理，归纳了以下三点影响店铺起名的因素。

（一）利用多种方式，寄托美好寓意

1. 开门见山，直截了当。在全州经营餐馆的人大致可分为两种类型：一类是本地的中老年人，他们的文化水平普遍不高，且经营的多为本地的传统小吃或受大众欢迎的特色菜肴，所以不需要华丽的词语来修饰店名就能有稳定的客源；另一类是外地来的商户，他们人生地不熟，所经营的一般为自己家乡的传统美食，所以他们通常会选择直接将菜品作为自己的店名。

基于上述普遍现象，笔者进行了具有针对性的店名调查。以下是本次调查所搜集到的常见店铺名（表1）。

表1　常见店铺名的构成因素

店主的姓名或别名		标志性地名、事物、建筑	
店名	类型	店名	类型
老油出榨米粉店、李唐早餐店、姚氏出榨米粉店、蔡氏云吞店、李氏桂林米粉店	早餐店	山村石锅鱼饭店、烧鸡公饭店、重庆万州风味烤鱼店、姜母鸭鲜味馆、龙水石锅禾花鱼	特色菜馆
蒋妹妹砂锅饭店、曾曾快餐店、李记腊味店、陈记柴火狗肉馆、泽滨小炒店、阿财土味馆	快餐店	福建安溪余香茶行	茶馆
赵氏小吃店、盘磊小吃店、全林小吃店、梦瑶小吃店	小吃店	寺门前红油米粉店	早餐店
老伍烧烤、马飞跃烤鱼店、胖哥烧烤店	夜宵摊		
博宇大酒店	高档酒店		

笔者将以上店名分为两类。

　　（1）着重强调店铺特色。此次调查中，笔者发现大部分的店铺会简单地将自己的姓氏或名字与卖品结合起来，十分接地气。除此之外，还有不少店主从别的角度入手，找到了既突出店铺特色又抓人眼球的起名方法。

　　全州县城的桂黄中路有一家名叫"老瓦碗"的桂林米粉店就是此类代表。笔者在访谈过程中了解到："老瓦碗"老板是全州本地人，之前在家务农，婚后和妻子一起在全州城区开了这家米粉店。因全州人爱吃米粉，街上到处都是各色各样的米粉店，除红油米粉店外，最多的就是桂林米粉店。为了和同行有所区分，提升自家店铺的特色，夫妻俩费了不少心思。店主想起小时候在农村吃饭常用的瓦碗，所以就用它来命名自己的店铺。

　　"瓦碗"这一店名不仅是店主吸引顾客、突出店铺特色的手段，更是对自己童年生活的追忆，饱含着店主对店铺的期待与希冀。

　　（2）彰显独特的历史文化。全州的一些店铺在起名时十分注重彰显本地独特的历史文化，使其极具个性又有浓厚的文化底蕴，比如"寺门前红油米粉""古城酒庄"。

　　其中，"寺门前"的"寺"指的是湘山寺。顾名思义，"寺门前红油米粉"即开在湘山寺门口的红油米粉店。湘山寺作为全州历史文化的见证，一直是全州人民的精神寄托。在全州，民间信仰及宗教祭祀等习俗是人们日常生活中不可或缺的一部分。[1] 每当家中面临重大事情或人生抉择时，人们都会前往湘山寺祭拜，祈求顺利、平安。

　　因此，店主起这样的名字不仅是因为这家店本身位于湘山寺的门口，更是想要传承湘山寺的文化传统，让每位前来用餐的顾客都能在无形之中将湘山寺的历史文化铭记于心。

　　2.运用修辞，含蓄委婉。为了吸引顾客，在起名时运用多种修辞手法也是不少店铺的选择，此次调查中，就有 32 家店铺采取了这样的方式（表2）。

表2　全州县餐饮业店名中运用的修辞手法调查

修辞手法	店铺名称
比喻	足迹小吃店、香滋滋烤肉拌饭店、欢唱餐饮娱乐有限公司、好馋烧烤店、美滋美味小吃店、食得乐快餐店、回头火桂林米粉店
仿词	咖啡糕手蛋糕店、早膳好小吃店、小心鸡小吃店、大嘴吧小吃店、醉仙酒楼、可香基西餐店、乐香基西餐店、美味基西餐店、唐福记包子店、熊饿烧烤

---

　　① 姚凯铭：《命名的文化内涵与功能探析——以锦州市店名为例》，《青年文学家》2015 年第 12 期，第 102-103 页，第 105 页。

续表

修辞手法	店铺名称
双关	良辰吉时奶茶店、口口香云吞面、世昌大酒店
比拟	虾兵蟹将海鲜馆
引用	致青春甜品店

（1）比喻。比喻分为明喻、暗喻、借喻三种类型。在餐饮业店铺的命名中，人们一般是以自己的心理联想为基础来运用这种修辞手法的。比如"足迹"就运用了借喻的手法，店主将自己的店比作足迹，意在让人联想到在这家店的顾客因久坐而留下自己的足迹，并因食物美味而互相介绍，使得店铺有源源不断的顾客，留下的足迹也越来越多。类似的店名还有"回头火桂林米粉店"。

（2）仿词。仿词就是在已存在或被人们熟知的词语的基础上替换其中的某个语素，仿造出新的词语。其主要形式有音仿、义仿和形仿。店主使用这种手段主要是为了在达到自己基于原词表达所要表达的意思的同时，突出自身旧词新用的创造性。全州县城的餐饮业店名大多采用的是音仿和义仿这两种方法，以下为部分举例：

音仿仿词即仿造原有的某一词语的音所造出的新词。例如，"咖啡糕手蛋糕店"一名中"糕手"就是仿"高手"，这样一来既突出了店铺的卖品"咖啡"和"糕点"，又表明了店铺的餐饮水准还是比较高的。再比如"早膳好小吃店"中的"早膳好"就是仿"早上好"而来，给人一种阳光、亲切之感；而"熊饿烧烤"则是仿了一个动画人物"熊二"。看过《熊出没》这部动画片的人就会知道熊二是一个肥胖、憨厚、贪吃的形象，所以，老板用"饿"代替"二"，不仅突出了餐馆的属性和本质——顾客来到店里会像熊二一样敞开肚子，吃得开心，吃得满足，而且"熊二"亲切、可爱的形象也符合烧烤摊接地气的特性，这样一来，就使得店名的烟火气息更浓了。

义仿即店主在某词原意的基础上通过替换、补充的方式综合表达自己的意思。比如"可香基西餐店""乐香基西餐店""美味基西餐店"就是仿"肯德基"这一知名品牌。类似的还有"唐福记包子店"仿的是知名品牌"徐福记"。

（3）双关。双关是店铺取名中用得最多的方法之一，它是利用语音和语义两个方面的内容，使得语句兼具表面和内在两个层面的意思。

比如"良辰吉时奶茶店"，"良辰吉时"有美好寓意，"时"又与"食"同音，有一语双关之效。

由此，我们可以看出店主在起名时往往会将自己对店铺的美好希冀蕴含其中，店名从某一方面来说，是店主的心血、期望及美好祝愿的结合体。

（4）比拟。比拟分为拟人和拟物两种。拟人就是把物当作人来写，拟物就是把人当作物来写，在全州县城的街道上，运用拟人的修辞手法的店名占多数。"虾兵蟹将海鲜馆"就将虾和蟹人格化，让人不禁想到兵和将都是久经沙场、身强体壮的战士，这家店的虾和蟹想必都是个头大、有嚼劲的高品质食材，味道一定十分鲜美。

（5）引用。引用在店铺起名这一范围内具体体现为将成语、俗语、古诗词等现有的素材融入自己的话语中。比如"致青春甜品店"中的"致青春"引用的是电视剧的名字。

3. 通俗易懂，平易近人。全州人民热情好客，在全州工作的外来人员也非常多，为了增加外地人的归属感，同时将全州本地的特色美食发扬光大，不少店主在起名时会有意识地让店名更具有烟火气息，贴近全州本地的风俗习惯。在此次调查中，笔者也收集了不少较为平民化、接地气的店名，比如"屋里味道餐馆""老地方大排档"等。

"屋里味道"是一家大排档，主营改良版的家常菜。正如它的名字，店主经营店铺的理念就是希望店里饭菜的味道像家里一样，使顾客吃起来有家的温馨和幸福感。

"老地方"是全州的老牌大排档，正如人们常说的"老地方"，这个店名让人联想到过去经常光顾的地方，唤起顾客对过去时光和美好记忆的怀念。此外，这家店已有多年历史，"老地方"一词亦能体现这一点。"老地方大排档"这个店名通过简洁而富有深意的词汇组合，传达了丰富的文化内涵。

（二）追求文艺，充满艺术气息

随着社会的发展，生产力水平不断提高，人们的思想和文化水平也在逐步提升。不少人对店铺的起名也逐渐追求意境美，使得店名颇具文艺气息，如"Q2后花园"。

Q2后花园是一家现做甜品与零售鲜花的综合店，它的营业范围是下午茶，主营蛋糕和花束。"Q2"的全称叫"Queen flower"，"Q"是"Queen"（女王）的缩写，"2"是"flower"的尾音，代指鲜花。女王和鲜花既暗指了店铺的菜品，又符合下午茶的氛围感。由此可见，店主在取名时确实花了不少心思。

（三）展现浓厚的地方特色

全州人在店铺起名时展现了浓厚的地方特色，最突出的表现是在店名中加入本地方言。比如，"把爷出榨米粉店"中的"把爷"就是小孩子的意思；"少了香烤鱼店"中的"少了香"是全州话"非常香"的音译。①

三、全州县餐饮业店铺取名的相关改进建议

通过街头调查，不难发现人们会对积极向上的店名产生良好的印象，对消极的或者过于追求新奇的店名则会有抵触心理甚至厌恶感。值得注意的是，未成年人的价值观还未确立，不恰当的店名会对他们的价值观形成错误的导向。因此，笔者认为商店命名改进方法应从以下几个方面去考虑。

（一）店名要简洁、易记，通俗易懂

个性独特的店名固然重要，但最终赢得消费者要依靠过硬的产品和优质的服务。因此店铺取名时不宜过于拐弯抹角、大费周章。直截了当、简单明了不失为一种有效的方法。

餐饮业是一个接地气的行业，所以为店铺取名一定要够通俗、好理解。店名是顾客对店铺的第一印象，简单、大气的店名会增强顾客的好感，若起得太复杂、古板则会让人提不起兴趣，没有进店消费的欲望。比如"荣飞快餐店""盘磊小吃店""姚氏出榨米粉店""胖哥烧烤店"这些店名都简单明了，能从不同角度满足消费者多元的需求。

当然，在通俗之余，也一定不能低俗。"通俗"和"低俗"虽然只有一字之差，但是两者截然不同。

笔者认为，店名中应尽量减少繁体字、生僻字及较复杂的艺术字体的使用。对商店名称用字来说，基本的原则应当是禁止使用错别字，限制使用繁体字，提倡使用标准简体字。对繁体字强调限制使用，而不是全部否定，是因为人们对使用繁体字的态度分歧较大，实际情况中也存在使用繁体字比简体字更合适的情况。但过于繁复的字体会显得较为累赘，让人难以辨认，一时无法记住。②假若顾客只是随机找一家店吃饭，简洁好认的店名自然会比难认的店名更易让人产生进门的想法。同样的，即使顾客去了店名难认的店铺，他吃过之后觉得体验感很好，回到家想推荐给身边的朋友，却发现自己完全没记住那家店的名字，就相当于少了一次推广的机会，这对店铺来说无疑是一项损失。

---

①骆美婵：《餐饮行业招牌命名研究》，《湘潭师范学院学报（社会科学版）》2009年第32卷第2期，第50-52页。

②王晶：《当代餐饮店名的语言特点分析》，《吉林华桥外国语学院学报》2014年第2期，第64-70页。

（二）店名要新颖独特，与众不同

简单、易记的店名会增强人们的好感和信任，不落入俗套的店名则会迅速抓住消费者的视觉，使消费者产生兴趣和消费欲。面对当前行业内的激烈竞争，全州店铺在取名方面也应该注重体现差异，彰显经营特色，避免从众趋同，以引起有效的关注。

绝大部分的店铺在起名时都十分注重名字的新颖独特，但是如果不能正确处理新颖与俗气、独特与大众之间的关系，效果就会适得其反。有不少的店铺单纯地为了跟风流行而选择一些流行语、网络新词来为店铺取名，比如"A 爆了炸货铺"这类店名的措辞就十分不恰当，而且流行用语的流行具有时效性，所以一味地追求流行显然是行不通的。笔者认为，出现这样的问题说到底是经营者为了只为吸引人眼球而随意使用语言，使店名脱离了其本职功能。因此，为了店铺长足的发展，经营者需不断思考和探索追求新颖与突显店铺特色之间的关系，以求找到合适的、让人耳目一新的店名。

好的经营者应注重店铺的"表里如一"，也就是说，店名在独具特色的同时也要与所经营的商品或服务定位一致，让人一看到店名，就能明确所卖东西的类型。全州的店铺在取名时应紧扣自身提供的产品或者服务特点，使人一看见店名就知道店铺售卖何物，以及卖品的类别和相应特点。例如一些餐饮店取名"正宗禾花鱼""爆炒玉兔"等，这样的店名能够引发消费者正面、有效的联想。

当人们的物质生活水平达到他们的预期后，会更加注重对精神生活的追求。对应到消费领域，即人们越来越追求品质，注重"品牌效应"。因此，在人们生活水平普遍提高，购买选择也更加丰富的今天，店家若想长期以便宜的价格来提高自己的竞争力是行不通的，树立自己的品牌形象，提高自己的竞争力才是关键，店名就是其中必不可少的要素之一。全州街上的一些外来商铺在经营时为了打开知名度，十分注重通过店名来宣传店铺的个性和特色，着力体现经营行业中的地域特色。例如"重庆小面""兰州拉面""玉林狗肉"等。

（三）店名要定位清晰，一目了然

笔者认为，帮助店铺树立品牌形象是店名的附加功能。品牌代表着生产力、文化力和竞争力，它作为一种无形资产，越来越成为竞争的焦点。从某种程度上来看，品牌具有一定的消费认同感。一个好听的店名是建立品牌的第一步，店名不同于广告语可以直接吆喝，要想拉拢顾客，赚取更大的利润，起店名时需借助语言修辞的手段，让消费者过目不忘，并在心理上产生再次光顾的欲望。换句话说，店名可以反映经营者的经营特色，也可以反映主营卖品的质量，但绝不能让人一头雾水，摸不着头脑。顾客可以一时不明白店名与卖品的关系是什么，但若在明确所经营的卖品后还存在"为什么要起这样的名字"的疑问就说明店名与卖品之间在消费者眼中已经存在偏差了。这样，消费者就无法在第一时间识别店铺经营范围，对店铺产生基本、准确的判断，从而使其消费意愿大打折扣。

（四）店名要给人美感，富有内涵

店名作为语言的一种特殊表现形式，往往蕴藏着一定的社会文化内涵。[①]

茹亚楠（2018）在《城镇商店名语言生态考察——以杭州、金华、义乌、横店为例》一文中指出："语言作为一种文化形式是城镇精神文明建设的重点对象，城镇语言体系是一个整体，任何一个部分出现问题都会影响整个城镇语言的和谐。商店名作为城镇语言中的一种，在塑造城镇形象、反映城镇文化特点、构建城镇和谐语言生态环境方面发挥着重要作用。要想在社会上营造良好的语言环境，促使城镇语言健康发展，就必须重视商店名在城镇语言体系中价值和作用。"

从这个层面来说，店名不仅代表店铺本身，还代表着一个地区整体的文化水平和文明程度，人们可以通过构成店名的语言文字了解一个地区的精神面貌、文化内涵、价值取向。因此，店铺在取名时应注重从传统文化方面挖掘，提炼出新颖而富有内涵的店名创意，从而彰显店铺的文化底蕴。比如，茶庄经营者可以从古诗词中寻找相应的灵感，这样既能彰显独特的文化底蕴，又能体现鲜明的个性内涵。另外，取名时也要注重地域特色，例如"寺门前红油米粉"店，紧扣湘山寺这一地域特点；又如"三江源餐馆"，鲜明地体现三江口这一景点特色。其他诸如"文桥醋血鸭""龙水禾花鱼"等店名都是为了突出浓郁的地方风味，给顾客带来独特的消费体验。

四、结语

店名是商业文化的载体，能反映当地的经济社会发展历史及现状，店名不仅要传达出较为直观的商品或服务信息，也要给消费者留下深刻的印象。因此，店名的拟定应注重提升店铺的内涵和特色，同时要彰显出优秀的传统文化，引导正确的消费文化，折射出当下的消费理念，切忌人云亦云，盲目从众。

---

① 马红波：《安阳市区店名的社会语言学分析》，《安阳师范学院学报》2013年第1期，第107-109页。

参考文献

［1］赵丽.全州湘山寺寿佛信仰研究［D］.南宁：广西民族大学，2014.

［2］王梦纯.餐饮行业的店名特点研究［J］.湖北社会科学，2006（8）：178-181.

［3］付冬薇.广州餐饮业店名的社会语言学考察［D］.广州：暨南大学，2011.

［4］姚凯铭.命名的文化内涵与功能探析：以锦州市店名为例［J］.青年文学家，
　　　2015（12）：102-103，105.

［5］温超阳.餐饮业店名的语言文化特征及其在对外汉语教学中的应用：以哈尔滨南
　　　岗区为例［D］.哈尔滨：哈尔滨师范大学，2017.

［6］骆美婵.餐饮行业招牌命名研究［J］.湘潭师范学院学报（社会科学版），2009，
　　　31（2）：50-52.

［7］王晶.当代餐饮店名的语言特点分析［J］.吉林华桥外国语学院学报，2014（2）：
　　　64-70.

［8］马红波.安阳市区店名的社会语言学分析［J］.安阳师范学院学报，2013（1）：
　　　107-109.

［9］茹亚楠.城镇商店名语言生态考察：以杭州、金华、义乌、横店为例［D］.杭州：
　　　浙江师范大学，2018.

汉族人名的个性语义特征分析

——以山西省太原市为例

侯　玥

（中央民族大学少数民族语言文学学院　北京　100081）

摘　要： 汉族人名是现代汉语词汇的重要组成部分，是一种语言现象。它具有时代性、性别性、地域性、民族性和文化程度差异性等个性语义特征。

关键词： 汉族人名；个性语义特征；语义分析

　　汉族人名属于词汇中的专有名词类，不仅具有词汇的概括性、发展性和稳固性等共性语义特征，也具有时代性、性别性、地域性、民族性和文化程度差异性等个性语义特征。与一般词汇不同的是，人名不需要遵守约定俗成的社会规定性，具有较强的主观随意性，人们可以凭借自己的喜好、意志等取名。汉族人名在汉语新词中占比最大，是汉语词汇中规模最大的造词活动。姓名，也称名字，由姓和名两部分共同组成，下文着重介绍"名"这一部分。

　　萧遥天《中国人名的研究》（1987）、王泉根《华夏姓名面面观》（1988）对人名的源流及特点进行了全方位的阐释。进入 20 世纪 90 年代，我国的人名学研究进入繁荣阶段。这一时期的主要代表作有王建华《文化的镜像——人名》（1990）、潘文国《实用命名艺术手册》（1994）及纳日碧力戈《姓名论》（1999）等，这些著作从不同角度分析了汉族人名。21 世纪初，于芳总结出目前汉语人名研究的五种范式：命名技巧、文化含义、用字规范、社会特征和语言研究。相关资料显示，2014 年，汉族人口占山西省太原市总人口的 97.28%。故本文以山西省太原市中小学的学生姓名为例，探究汉族人名的个性语义特征。

一、人名的时代性

　　汉族人名具有时代性。自古至今，汉族人名都体现了一定的时代特征。换言之，可以根据人名，大致推算出其出生年代。

　　第一，从取名内容上看，夏商时期，取名简单，往往与"十干"联系。相传甲、乙、丙、丁、戊、己、庚、辛、壬、癸为十个太阳的名字，十个太阳的名字也就是"十干"。夏商时代的王室和贵族阶级崇拜太阳神，并且将这种崇拜带入人名的命名中。比如，大乙、小甲、沃丁等。这样的取名习惯，不仅存在于夏商的王室及直系亲属，也同样适用于上古奴隶主贵族。相比于夏商，周代的取名方式稍显复杂一些，取名多用一字。周代取名大致遵照"五则"和"六避"的取名原则。"五则"为信、义、象、假、类，其具体含义为，按照婴儿出生时的生理特征、外貌长相、发生故事、与父辈共同点或是寄托长辈美好寓意取名。"六避"则是出于避讳的原因，不以国名、官名、山川、隐疾病痛、畜生和器币命名。秦是我国第一个大一统王朝，人们取名体现出勇猛和积极向上的时代气息。如班勇、杨雄、陈胜等。西汉时期，黄老之术盛行，人们追求长命百岁，所以"延寿、去病、延年"等名字就备受青睐。此外，人们还追求五福齐全，所以含有吉祥义的字就成为人名的热门用字。比如，刘祉、王吉、朱祐等中的"祉""吉""祐"都表达了吉祥如意的含义。魏晋南北朝时期，骈体文盛行，反映在人名中即追求骈偶和善用虚词。此外，随着佛教的盛行，名字中也会带有佛教色彩。比如，祖冲之、王羲之、顾恺之等名是受骈体文的影响，罗汉、菩提、达摩等名是受佛教的影响。唐人取名明显受到古文运动的影响，"古"这一字在唐名中很常见，比如张道古、李宣古、颜师古等中都包含有"古"这一字。同样，还出现了摘引典故诗文的取名方式。比如，唐代茶神陆羽，字鸿渐，是取自《周易》"鸿渐于陆，其羽可用为仪 ①"这一取名方式同样延续到了宋朝，比如北宋词人周邦彦的名字就是取自《诗经》中的"彼其之子，邦之彦兮"一句。北宋的文人呈现出老态龙钟之态，名字中多包含"老""翁""叟"等字。比如，苏元老、刘辰翁、陈敬叟等都体现出这一态势。元、清两朝不是汉人建立的政权，所以此处不加以赘述。古人姓名包括姓、名、字、号四部分，随着辛亥革命的开展及中国文化的变迁，姓名中的字和号迅速减少乃至消失。五四新文化运动到中华人民共和国成立前夕，人名中多"福禄寿喜、荣华富贵"等字，这些字寄托了长辈对晚辈健康长寿、富贵荣华的美好期盼。此外，按照族谱辈字的取名方式广为盛行，并对后世产生深远影响。字辈是名字中表示家族辈分的字。甲子、五行，以及伯、仲、叔、季，春、夏、秋、冬等都是常见取名辈字。有学者认为，最正式的字辈起源于唐代，北宋之后，更是出现了续修家谱的风尚，明清时期这一习俗发展到顶峰。20世纪五六十年代后，这一习俗渐渐消失，但在今天的命名方式中仍可看到其遗迹。若一个家庭有两个以上的孩子，通常有一个字是相同的。比如，"轶菲"和"轶楷"中都包含"轶"字，"静萍"与"静媛"中"静"字相同。

---

① 以上摘自王泉根《华夏姓名面面观》。

中华人民共和国成立初期，汉族人名与政治联系紧密，多为双字名①。这一时期，多"建国""解放""正明"等人名；抗美援朝时期，"卫国""卫平""援朝"等名字盛行；在其后的 20 年间，人名更是随着政治形势的变化而变化，甚至可以根据人名推测其出生年代，"大跃进"时期多"超英""跃进""卫星"等反映追求生产上的高速度的人名，三年困难时期则多以"更生""图强""抗洪"等名字来反映人们应对自然灾害的策略，"文化大革命"时期则多起"卫红""忠红""卫东"等人名。改革开放以来，汉族人名与政治联系变弱，人们在取名时，追求新意，讲究内涵。加之计划生育政策的影响，长辈对晚辈的取名愈加重视。20 世纪 70 年代，汉族人名单名开始增多，且用字相对集中。"强""刚""明""华""萍"等是当时汉族人名常用字。20 世纪 80 年代，汉族人名多单名。此时期的男性用字多"伟""凯""磊""鹏""俊"等，女性用字多"芳""静""丽""敏""艳"。以山西省太原市 1999 级某班学生姓名为例，全班共有学生 39 名，其中单字名学生 25 名，占比约 64%；双字名学生 14 名，占比约 36%。据《中国首份姓名报告》，"80 后"汉族人名中存在较多重名现象，重名最多的名字有"张伟""王伟""王芳"等。多单字名是造成重名现象的原因之一。除此之外，"80 后"的父母大都是经历过"文化大革命"的一代，特殊的时代背景导致了他们追求命名的简单性。20 世纪 90 年代，汉族人名的命名方式出现了新特点。随着改革开放的深入，民众不断认识新事物，更新思想观念，在命名时追求新颖独特的名字。表现在以下两个方面：第一，因单名过多易导致重名现象，所以汉族人名开始多用双字名。以山西省某中学 2008 级某班学生姓名为例，全班共有学生 64 名，其中单字名学生 18 名，占比约 28%；双字名学生 46 名，占比约 72%。双字名一方面减少了重名，另一方面也有利于寄托更多的含义。第二，采用新的命名方式。传统的命名方式大都是寄托父母的美好祝愿，但是从 20 世纪 90 年代开始出现了一些新的命名方式。比如，父姓和母姓相加则是孩子的姓名，或者在父姓和母姓中间加一个表示结合的字"加"来给孩子命名。除此以外，还出现了三字名，三字名的大多数情况是母姓加上双字名，也有三个字都是名的情况。21 世纪的前十年，汉族人名以双字名为主，且几乎摒弃了传统追求个人奋斗的汉族人名用字，转而采用一些意境深邃、富有诗意的人名用字，如"佳""伊""逸""晨""璇"等字，这与民众文化水平的提高密切相关。以山西省太原市某中学 2017 级班级学生姓名为例，全班共有学生 50 名，其中单字名 2 人，占总人数的 4%；双字名人数 47 人，占总人数的 94%；三字名 1 人，占总

---

① 此处的双字名指"名"用双字，不包括"姓"。即"三个字"姓名。

人数的 2%。由此不难看出，双字名已经在汉族人名中占据绝对主导优势。2010 年至今，汉族人名用字仍然是双字名占据主导。据《2018 年全国姓名报告》报告，2018 年全国新生儿名字中，使用频率最高的字为"梓""涵""轩""子""泽"等。并且，2018 年新生儿姓名名字双字名仍然占据主流，其次是单字名，最后是三字名。值得注意的是，从 2010 年至今，全国又掀起了一次重名潮。报告指出，2018 年进行户籍登记的新生儿姓名中，使用率最高的名字有"梓涵""一诺""浩宇""欣怡""浩然""诗涵"等。有人认为，造成这一现象的原因与当下热门的取名小程序和网站有关。其次，此次重名潮与父辈儿时阅读琼瑶小说有关，因为孩子的姓名与琼瑶小说中的命名风格有几分相像。此外，这一时期命名的创新性表现在乳名的选取上，过去大多数乳名是以名字最后一个字叠音而成。但是近些年来，则出现了"开心""小米粒""夏天"等活泼或是有纪念意义的乳名。甚至还出现了以英文名作为乳名的现象，比如 Henry、Summer、Monica 等。

第二，从取名字数上看，周、秦时代取名以单字名为主，用字也都较为简单。当时人口较少，礼节风俗相比于后世也简单得多，所以人名以单字为主。汉代初期，人口增长，并且出现了重名的现象。比如，有据可查叫"王凤"的就有两位，一位是大司马，另一位是绿林军首领。单字名若是脱离一定的语境，就很难判断所指对象是谁，会造成一定的不便。为避免这种现象，双字名逐渐增多。但是到了西汉末年，王莽篡夺皇位，开始复古改制。据《前汉书·匈奴传》记载："时莽奏令中国不得有二名，因使使者以风（讽）单于，宜上书慕化，为一名，汉必加厚赏。单于从之。"明确规定，禁止使用二字名。受此影响，东汉、三国的人名大多是单名。到了魏晋南北朝时期，双字名开始复兴，从总体上看，此时单、双字名平分秋色。随着人口增长，到了唐宋时期，双字名的使用频率越来越高，并且超越了单名。但是，此时的双字名中，有一个字为族谱辈字。人名中有一个字是明辈分的，所以从某种意义上来讲此时的人名还是单字人名。这种取名方式是中国封建社会特有的取名方式，一直持续到中华人民共和国成立前。中华人民共和国成立后，力求从各方面破除封建残余，反映在取名上就是不再使用辈字名，所以此时单字名呈现出增长趋势，"文化大革命"期间，非单字姓名飞速增长。随着时间的推移，单字名不可避免地带来的一个问题就是重名。改革开放以后，双字名又开始回升，此时的双字名与封建社会的双字名有着本质区别。双字名中已经很少或是没有了明辈分的字，这样一方面可以减少重名，另一方面也使得人名具有更丰富的内涵。21 世纪 90 年代以来，随着对外开放的进一步加深，以及取名的求异的心理，出现了三字名和洋名。2018 年《全国姓名报告》指出，2018 年全国新生儿姓名用字数量中，双字名占据主流，比重达 92.9%，单字名占

4.9%，三字名占 1.7%。汉族人名的字数随着时代的不同，也存在着显著差异。

简而言之，汉族人名的取名内容、取名字数都体现了时代性。

二、人名的性别性

人名不仅具有时代性，还具有性别性。换言之，我们可以通过人名大致推断出其性别，少数个例除外。王泉根认为，唐宋以前，重男轻女的思想还不是很严重，我们可以看到一些著名的女诗人，比如班昭、蔡琰、谢道韫等。但是随着封建君主专制政权的发展，男尊女卑的思想愈演愈烈，这点也同样反映在人名取名上。比如，以《三国演义》中的人名为例，有名有姓的女性名字极为少见。大多是有姓无名，如大乔和小乔，或是有名无姓，如貂蝉，甚至还有无名无姓的，如督邮。有名有姓的少之又少，著名的只有刘备的夫人孙尚香。大多数的女性称谓是将丈夫的姓氏冠于女子姓氏之前。比如，"张李氏"就是李姓女子嫁给张姓丈夫，别人称呼这位李姓女子为"张李氏"。男尊女卑的思想对后世女性的取名也产生了极大的影响，尤其是在偏远的农村的地区，男性姓名庄重复杂，而女性姓名则简单随意。

随着中华人民共和国的成立、计划生育政策的施行及男女平等观念的普及，男女取名在重视程度上不存在差异，但在取名用字风格上有很大差异。总体来讲，男性姓名追求阳刚正气，女性姓名追求阴柔贤淑。以笔者收集的太原市某中学 2011 级某班 50 名学生姓名为例，汉族男生用字多 "松" "岩" "杰" "楠" 等，这些字都展现男性刚健有力；女生用字则不然，多 "霏" "佳" "欣" "惠" "璇" 等字展现女性的柔美温婉。尽管如此，在一些偏远的农村地区，还流行着一种 "歪名好养活" 的习俗，其一表现就是男性取用女性的名字，女性取用男性的名字。例如，汉族男性名内含有 "慧" "甜" "萌" 等具有女性色彩的字，而女性名字中也有包含男性阳刚之气的用字，如 "忠" "雄" "浩" "振" "东" 等。此外，还有一些人名用字属于中性用字，男女皆用，如 "凡" "泽" "欣" 等。

汉族人名在特殊搭配上也存在性别差异性。这主要体现在以下两个方面：第一，叠音姓名多用于汉族女性名字，表达喜爱亲昵的感情色彩，叠音的用字也多表现女性的柔美。如 "婷婷" 展现女性的优美与雅致、"娜娜" 表达女性的秀美、"娟娟" 体现女性的姿态柔美等。汉族男性一般很少使用叠音来取名，即使有用叠音形式来命名的，也大多是一些男性化用字。以笔者收集的新时代以来汉族人名用字为例，仅有两位男性采用叠音形式，分别是 "亮亮" 和 "星星"。第二，"名＋儿" 的结构也多用于汉族女性名字。名字中的 "儿" 并不是一个表示卷舌动作的符号，仍然是一个独立的音节，却同样表现出亲切怜爱的感情色彩。

这样结构的名字简单有新意，易写且脱俗。比如，"雪儿""玉儿""婉儿"不仅读起来琅琅上口，还给人一种亲切喜爱之感。

三、人名的地域性

不同地域孕育着不同的文化，汉族人名的取用也受到地域的影响。这主要表现在以下三个方面：第一，城市与农村在取名上有所不同。城市相对开放，并且更容易接受新思想新文化，命名注重时代文化内涵，多选用含蓄文雅的名字，农村相对闭塞，更多的是受到传统文化的影响，多选用简单明了的名字。城市汉族用名"若凡"寓意"看似平凡，实则不凡"，"卓然"寓意"卓越的样子"，"祉堃"则寓意"幸福稳重"，寄托着父母对子女的美好祝愿和期盼。农村汉族用名多"富贵""旺财""福贵"，寓意都是其字面含义。第二，江南文化清新秀丽，大漠文化广袤无垠，草原文化雄阔粗犷，这些地域特色也会体现在本地汉族人名中。此外，每个地方还有特定常用词，比如原先绍兴人取名常用"根"、广东人善用"帝"、山西人喜用"柱"等。汉族人名的命名与地域紧密相连，地域文化又与自然环境、社会心理等因素相关。第三，人名的地域性还与一些特殊搭配有关。在日常交际中，人们通常会只称呼对方名字中的最后一个字，以表达一种亲切的感情色彩。只称呼对方一个名字时，我们通常还会在其前后加一个词缀，而所加的词缀也体现了地域性。一般来讲，北方人习惯加后缀"子""儿"，南方人习惯加前缀"阿"和后缀"仔"。比如，北方人用"伟子""华子""强儿"来称呼，南方人却用"阿芳""阿丹""杰仔"来表达亲切之感。除此之外，姓氏也体现出一定的地域性，此处不加以详谈。总之，人名的地域性表现在各地常用字、地域特点及特殊搭配不同三个方面。

四、人名的文化程度差异性

侯一麟先生在《汉语人名音、意、字说略——兼谈人名美三要素》中曾提出评估汉语人名的三个标准：第一，声响效果，响亮，好听，容易上口。第二，书写效果，易写，易认，易写好。第三，要有一定的寓意，寓意雅而不俗，含而不露，推陈出新。汉族人名通常是由父辈选取，孩子的姓名一定程度上反映了父辈的文化水平。一般而言，文化水平较高的人选取名字时，尤其注重名字的内涵，追求含蓄典雅、意味深长的意境。但也同样带来一个问题，名字中的生僻字相对较多。文化水平相对较低的人直接明了，通过字面意思即可得知长辈对晚辈的美好期许，传统用字成为他们的不二选择。比如，"堃"同"坤"，文化程度较高的人在取名时就倾向于选择前者，再如，在表示广大无边的意思时，倾向于使用

"灏"而不用"浩"。诸如"凤""丽""彩""霞"等传统人名用字则深受文化程度较低的人的青睐。但这二者并无严格的界限，民间有"大俗即大雅"的说法，一些文化程度较高的人也会使用一些"俗"字命名。

五、结语

汉族人名是现代汉语词汇的重要组成部分，在汉语新词中占比最大。它同一般词汇一样具有概括性、发展性和稳定性。但又由于其自身的独特性，还具有时代性、性别差异、地域性、民族性和文化程度等语义特征。

参考文献

［1］侯一麟.汉语人名音、意、字说略：兼谈人名美三要素［J］.清华大学学报（哲学社会科学版），1995（1）：84-86.

［2］侯一麟，李宁.汉语人名规范化说略［J］.清华大学学报（哲学社会科学版），1996（4）：86-91，95.

［3］周有斌.叠音人名的考察与分析［J］.语言文字应用，2012（4）：48-55.

［4］乔全生.山西"方言人名"里的原始崇拜遗迹［J］.山西大学学报（哲学社会科学版），1989（4）：79-81.

［5］顾军，温馨雨.汉语避讳人名中的语言文字现象［J］.贺州学院学报，2018，34（4）：56-60.

［6］范庆芬.汉语人名的社会语言学内涵［J］.科技信息（科学教研），2008（3）：132，136.

［7］张书岩.从人名看50年的变迁［J］.语文建设，1999（4）：38-40.

［8］于芳.汉语人名研究述评［J］.南平师专学报，2006（3）：76-78.

［9］郑淑花.汉语人名用字的统计分析［J］.皖西学院学报，2010，26（1）：113-116.

［10］刘师健.汉语姓名的时代特征［J］.文教资料，2006（17）：61-62.

［11］谭桂声.人名的构词与修辞［J］.南都学坛，2008（6）：71-74.

［12］杨月蓉.汉人姓名的两重意义与语素分析［J］.逻辑与语言学习，1992（3）：34-35.

［13］曹志耘.人名研究的新收获：《文化的镜象——人名》评介［J］.语文建设，

1992（8）：48-29.

［14］李洛枫.人名载体的丰富联想：人名与文化、时代的关系［J］.福建师范大学学报（哲学社会科学版），1990（2）：109-113.

［15］白琼烨，张洁.人名的社会语言学分析［J］.理论界，2006（S1）：116-117.

［16］道尔吉，张琳.论蒙汉族人名中的文化内涵［J］.内蒙古社会科学（汉文版），2002（6）：128-131.

［17］石裕勤.人名中的信仰文化及其衍变探析［J］.和田师范专科学校学报，2006（5）：92-93.

［18］谭汝为.人名的语言文化阐析［J］.文学与文化，2016（1）：57-65.

［19］石裕勤.人名中的信仰文化及其衍变探析［J］.和田师范专科学校学报，2006（5）：92-93.

边疆少数民族文化与传承研究

陈尔东，李继丽，徐德安，王贞杰

（广西民族师范学院历史文化与旅游学院　广西崇左　532200）

摘　要： 民俗文化和民族在世界中是共同发展的，在生存发展的同时也体现出民族特征与个性内涵的物质与非物质形式。中华民族是由 56 个民族所组成的大家庭，多民族的民俗文化构成了丰富多彩的中华民族传统文化。边疆少数民族文化是中华民族传统文化的关键组成部分。因此，需要高度关注边疆少数民族文化的传承与保护，深度掌握少数民族文化的地位与作用，进而有针对性地保护与传承边疆少数民族文化。

关键词： 边疆少数民族；民族文化；文化保护；文化传承

一、边疆民族地区文化产业发展的特征

地域区情、经济社会基础、文化资源的特殊性，使得边疆民族地区文化产业的发展与其他地区相比，呈现出一定程度的差异性。边疆少数民族地区的文化产业在社会经济发展中有其自身的特质及发展规律，能够充分地展现出文化产业的一般发展规律和民族文化产业的基本特征，并且能够体现出显著的边疆地域性特征。

（一）文化性是边疆民族文化产业在社会经济发展中的本质属性

文化在社会经济中是一种生存发展方式的非物质建构，它使得人类科学地借助超自然，有效地建构出与自然构成相对立的非物质，并通过该构成既使自己的种群与动物界形成明显的区别，又使自己的种群在非物质建构的综合过程中体现出明显的差异，这实际上就是构成非物质文化遗产与文化资源的重要驱动力，使得人类每一种形态的精神文化发展为文化资源成为可能，使得文化资源在社会中成为现代化文化产业健康长远生存发展的主要内容，文化产业实际上也是借助于这种非物质建构，积累新的有助于时代发展的资本形态，在这种发展形势下促使非物质文化形态能够健康持续地发展。

（二）民族特色文化资源是边疆民族地区文化产业发展的基础

文化资源是社会经济发展中文化产业发展的根本要素。文化产业作为一种产业，文化资源在整个文化产生、变化与发展的综合性过程中与各个方面存在一定的关联。边疆少数民族地区文化产业与其他地区文化产业之间有着明显的区别，它是以边疆地区的少数民族文化资源为根基，主要肩负着维护边疆地区和谐稳定任务，且突显出鲜明的文化性特征。

文化资源是整个边疆少数民族地区文化产业中的基本要素。文化资源强调的是人类作用于大自然及社会在长远发展中所创造出的各式各样的物化的事物、科技、重要性意义的精神产品，以及其他从社会上后天习得的各种行为习惯与能力等，这些人类针对时代发展需求所创造出的物质可作为文化生产的重要条件。中国丰富的文化资源是文化产业在社会现代化发展中的重要资源支撑和强大的驱动力。

（三）民族特色文化是边疆民族地区文化产业发展的重要差异性资源

边疆少数民族地区文化产业在社会经济发展中的路径选择及发展历程实际上与东部和内陆地区有着明显的差异性。边疆少数民族地区由于受到经济等条件的制约，尚不具备深入发展高新专业技术的文化产业，以少数民族特色文化资源为重大支撑所实施的文化产品服务，实际上是有效实现少数民族特色文化的主要资源方式，在经济发展中具有重要的意义和举足轻重的作用。在全面保护边疆少数民族地区文化产品的基础上，必须合理有效地使用独具特色的文化资源且发挥其实质性的作用，通过创意并结合时代发展需求创造出优质化的民族文化产品和专业性的文化服务，将文化方面的优势有效转化为社会经济发展的核心力量，由此构建具有边疆特色的少数民族文化产业。

二、边疆少数民族地区文化产业发展与民族特色文化保护的战略选择

边疆少数民族地区民族特色文化若要在社会经济中健康长远地前行，必须有效地保护少数民族特色文化，对各个方面进行综合性的分析与思考。地域区情、经济社会基础、文化资源的特殊性，使边疆少数民族地区文化产业发展与其他地区相比，呈现一定程度的差异性。边疆少数民族地区的文化产业在社会经济发展中有其自身的特质及发展规律，能够充分地展现出文化产业的一般发展规律和少数民族文化产业的基本特征，并且能够体现显著的边疆地域性特征。至今为止，尽管边疆少数民族地区已有发展文化产业的意识与实质性的措施，但总体上未能形成有效的适合边疆少数民族地区文化产业发展、促进新疆少数民族文化保护的

专业性理念。文化产业如要在时代的长远发展中对边疆少数民族地区的社会、经济、生态和文化等方面产生一定程度的影响，就需要边疆少数民族地区制定科学合理的文化发展原则和规范性的战略思维导向，从根本上保障少数民族文化产业与特色文化在社会经济发展中协调进行，在发展的同时探寻文化资源保护和开发的合理度，争取良性互动且在发展中实现双赢的目的，进而有效地实现少数民族特色文化的繁荣发展。

（一）特色文化产业发展战略

边疆少数民族地区在发展中追求强大的民族文化产业的同时，也需要独具特色的民族文化资源。诸多民族历史中所传承下来的民族民间文化受一些因素的制约而未能被转化为相应的文化产品，在长期发展中形成与边疆少数民族地区的文化特色不相符的情况。在文化产业同质化日益严重的今天，边疆少数民族地区要突出特色文化的优势，就必须针对时代发展的需求加大力度打造民族演艺、民族文化旅游等具有地方特色的文化产业业态。

（二）民族文化生态保护战略

边疆民族文化产业发展过程中需要根据时代的特色和实际需求实施针对性的民族文化生态保护战略，对民族特色文化生态给予全面的维护。当前，中国正处于经济结构转型升级及经济增长方式转变的重要时期，经济基础薄弱的边疆少数民族地区转型升级之路受到诸多因素的制约而面临极大的挑战。文化产业不仅可以有效地转化为直接或者间接地修复自然生态的驱动力，还可以体现出新疆少数民族乡村民族文化产业是实现农村剩余劳动力就业转移的关键切入点。全力在社会经济中发展与旅游产业和观光农业相融合的文化产业，对于抑制对土地的过度索取和对水资源的低效使用来说起到极大的强化作用，从而进一步推动退耕还林、退耕还草的实施进程，并以此为基础对边疆民族地区的自然生态给予全面的维护。

（三）民族文化品牌战略

文化品牌实际上是地区文化发展的驱动力和凝结点，体现出文化产业化及文化产业品牌化的综合性结果。文化品牌对于扩大市场占有率起到极大的促进作用，并以此进一步提升区域文化产业在经济发展中的认可度和信誉度，从根本上提升广大消费者对其的信任度。民族文化品牌化既是一种将产品推向市场增强竞争力的有效手段，也是民族文化实现自身突破和发展的关键。文化品牌的建设是边疆少数民族地区文化产业发展方式转换的重要基点。

边疆少数民族地区在长期发展中拥有深入培养文化品牌的战略地位，这些独具特色的少数民族文化资源是难以被仿制并且无法被取代的，具有开发出大量新颖且具有品牌差异化特征的产品，有利于大力培育少数民族边疆地区的特色文化品牌和文化资源，进而形成有助于经济发展的强大的民族文化产业核心竞争力。

三、边疆民族地区文化产业发展与民族特色文化保护策略与机制

（一）转变传统观念和思维定式，树立新型民族文化产业发展观

边疆少数民族地区文化产业具有一定的特殊性，且保护该区域民族特色文化具有重要意义，需要通过新理念和新方法去谋划民族文化的基本发展框架。围绕民族文化发展繁荣这条主线，以创新的思维理念、改革的意识大力深入构建边疆少数民族特色文化资源。推动边疆少数民族地区文化产业的发展，必须结合边疆少数民族地区实际情况，转变传统观念和思维定式，树立新的科学的文化产业发展观，既要适应社会主义文化建设和社会主义市场经济发展要求，又要符合民族文化特点和规律，注意社会效益与经济效益相结合、继承和创新相结合等。

（二）加强边疆地区少数民族特色文化资源的内涵研究

建立科学可行的民族特色文化保护体系，将制度化、规范化保护与适宜的开发制度相结合。从产业开发的视角深层剖析发现，并非全部的边疆地区少数民族特色文化在生存与发展中均能实现产业化目标，需要对不可再生且尚不具备产业开发利用条件的民族特色文化有针对性地给予全方位的保护，根据实际需求合理地改进与完善边疆地区少数民族特色文化资源，以免在长期发展中引发更多的风险及对区域文化造成更大的危害。以可持续发展为前提，从可开发的民族特色文化资源的层面深层剖析，把握好边疆地区少数民族特色文化发展的基本特征和发展规律，并对边疆地区少数民族文化产业多样化的发展给予大力支撑。

（三）促进业态创新，延长民族文化产业链

边疆少数民族地区的文化产业在社会经济发展中有其自身的特质及发展规律，能够充分地展现出文化产业的一般发展规律和少数民族文化产业的基本特征，并且能够体现显著的边疆地域性特征。民俗文化和民族在世界中是共同发展的，在生存发展的同时也体现出民族特征与个性内涵的物质与非物质形式，这就需要高度关注边疆少数民族文化的传承与保护，深入掌握少数民族文化的地位与作用，进而能够有针对性地保护与传承边疆少数民族文化。

四、结语

文化在创新发展的过程中根据时代发展的需要不断地传承和创新。文化传承过程实际上是文化产业的再生产，其中涉及文化的创作、生产、传播与消费等一

系列复杂烦琐的环节。创作是保护与传承文化的起点，如果在发展中欠缺优质的作品，则无法创造出高质量的产品。边疆少数民族地区文化的发展需要科学地利用当地丰富且独具特色的少数民族特色文化资源，以此为基础创作出良好的文化作品，并在此基础上通过文化赋予的方式进一步增强产品的附加值。与此同时，需要通过拓展完整的产业链支撑的方式实现文化产品由低附加值向高附加值转变，形成规模效应和互动效应。

在与当今社会发展形势相协调的情况下，民族特色文化资源在长远的发展中必须设计研发出新的模式，既要能体现出少数民族文化的传承又要满足当代人审美等方面的实际需求。随着社会经济不断深入发展，人们对于生活质量、环境等方面提出更加严格的要求，新疆地区民族传统民居、饮食、服饰等在保护和生存发展中必须以科学发展观为规范性的指导，从可持续发展的视角切入，真正的构建出与现代化社会有机结合的科学之路。

参考文献

[1] 赵富学.基于信息集成服务的少数民族体育非遗资源档案数字化平台建设研究 [J].贵州民族研究，2019（1）：121-125.

[2] 王丹.少数民族非物质文化遗产保护现状和问题研究：基于国家级非遗项目和代表性传承人的分析 [J].文化遗产，2018（2）：63-70.

[3] 王龙."互联网+"时代非物质文化遗产的数字化 [J].求索，2017（8）：193-197.

[4] 柏贵喜.民族传统文化传承体系及其建构：基于系统论、控制论的视角 [J].西南民族大学学报（人文社科版），2017（5）：62-67.

[5] 张兴旺，卢桥，田清.大数据环境下非遗视觉资源的获取、组织与描述 [J].图书与情报，2016（5）：48-55.

[6] 吴平.区域非物质文化遗产多元保护主体合作共治研究：以黔东南为个案 [J].贵州社会科学，2012（12）：148-151.

[7] 赵艳喜.整体性保护、区域性整体保护与文化生态保护区的建设 [J].河南教育学院学报（哲学社会科学版），2012（4）：20-23，27.

[8] 向云驹.论"文化空间"[J].中央民族大学学报（哲学社会科学版），2008（3）：81-88.

以旅游资源观谈边疆少数民族口头语言文化保护对策

——以达斡尔语为例

吕 洋

（中央民族大学中国少数民族语言文学学院 北京 100081）

摘 要："中国语言资源保护工程"启动以来，我国少数民族语言资源保护工作进入到一个新阶段。在民语语料资源调研专项任务所收集的大量语料资源中，包括了海量的各民族民间口头文学语料。对这些珍贵的少数民族口头文化语料进行深度挖掘整理，析出其中重要的旅游文化资源并予以合理转化，使其"活态化"并产生相应的社会效益和经济效益，无疑是语保工程后续阶段乃至"后语保"时期的重要任务和可持续发展工作内容之一。本文利用达斡尔口头文化语料，以达斡尔族文化旅游发展为个案，探讨边疆少数民族口头文化传承与保护的创新性途径。

关键词：语保工程；少数民族口头文化语料；旅游资源；达斡尔语

少数民族语保工程（语保工程即中国语言资源保护工程）中收集了大量的民族民间口头文化，包括神话、传说、故事、史诗、歌谣等珍贵资料。少数民族口头传统在产生之初就与该民族的生活生产方式、仪式、民族信仰紧密结合，又融汇了少数民族人民的思想意识、民族历史、传统道德、审美等一切意识形态于其中，是地方民族志的重要载体，是民族民间历史风物的"活化石"。然而，现如今少数民族（特别是人口较少民族、有语言无文字的民族）的这些珍贵的语言资源呈濒危态势，在当代社会，这些语言资源已经渐渐失去了其原有的生活语境和情感价值的震撼力，离我们的生活越来越远，甚至很多历史传承的民族口头文学样式传承形势严峻。例如可以大段讲唱鄂伦春族"摩苏昆"的民间艺人只剩下一位，但已年过花甲；赫哲族能声情并茂讲唱"伊玛堪"的民间传承人亦屈指可数。

虽然这些珍贵的少数民族语言资源正在借助"少数民族语言资源保护工程"再次焕发活力与生机，但是仅仅把语保工程成果中的这些少数民族语言资源瑰宝记录并封存在书本或电脑中，远远没有发挥出它们在现代社会中应有的文化价值。综合当今社会的旅游产业兴起潮流，这些优秀的少数民族语言资源可以经过科学合理的统筹规划，转化为人们喜闻乐见的旅游资源从而被现代社会接受，重新获得具有旅游产业形式的旺盛生命力。

笔者调查了在呼伦贝尔地区生活的达斡尔族的语言，探讨少数民族语言资源向旅游资源转化的可行性。

一、神话叙长情，故事抒情愫，传说明信仰，打造语言资源关怀下的民族乡村旅游

达斡尔族是历史悠久的民族。历史上达斡尔族人民创造了丰富而大量的精彩的语言资源和口头文化。但大部分达斡尔族的神话、传说、故事、笑话、史诗等口头文学作品依然在书本中或民族乡村讲述人的脑海中沉睡。除少数作相关研究的学者外，这些民间口头文学作品远没有得到现代社会其他行业的重视。而这些正是达斡尔族的瑰宝，是其繁衍生息至今的精神之源。语言资源保护工程正是要把这些源自民族，扎根乡村，亘古不变的民族精神，描绘达斡尔人民集体记忆的宝藏挖掘出来，在旅游情怀向文化回归的背景下，将达斡尔族口头文学深度开发整理，运用现代化传媒手段，集聚化、规模化地转化为文化旅游资源。这将是达斡尔族地区社会、经济、文化、旅游等多元化产业提升的重大举措。

（一）以"莫日根①故乡"打造不同乡村的独特旅游主题

英雄的故事具有强大的魅力，人们心中的豪情壮志与英雄的故乡总是不自觉地产生共鸣。英雄，唤起游人理想中的那份惊天动地的豪迈、那份扶危救世的侠义和悲天悯人的柔情。在这种情怀回归的时代，"莫日根"的故事，将会成为英雄辈出的民族乡村文化旅游的巨大特色资源。

语保工程调查过程中重新发现了在莫力达瓦达斡尔族自治旗的乡村流传着的众多已被记录和未被记录的"莫日根"英雄故事。例如《德洪莫日根》《昂格尔莫日根》《阿波卡提莫日根》《珠贵莫日根》《库楚妮莫日根》《洪都勒迪莫日根》《哲尔迪莫日根》《哈热勒岱莫日根》《绰库尔迪莫日根》等。这些民族口头文学特色鲜明，立意深刻，反映了达斡尔民族英雄不畏强暴、勤劳勇敢、团结朴实、善良友爱的民族品格。

以"莫日根"为主题的口头文学样式，受达斡尔地区文学意象系统影响，大多有着类似的母题："英雄神奇出生""曲折成长""获得神力""艰苦创业""大仇得报"或"幸福终老"等。按母题归类"莫日根"的神话、传说、故事，根据民族乡村对于不同英雄故事的流传与影响程度，将"莫日根"形象具体化到达斡尔族各个乡村，使每一个乡村都是某一个"莫日根"的故乡。而后，针对各具

———————

① 通古斯语族词汇，"猎手、英雄"之意。

特色的"莫日根"故事，各乡村围绕这一主题，精心打造本乡村"莫日根"英雄形象。

乡村"莫日根"形象具体化后，可在乡村中塑造以英雄故事情节为依据的旅游体验景观、乡村风物及特色餐饮住宿场域，帮助游人在英雄与"莽盖"[①]的对抗中追溯最真挚的英雄精神，体会最激动的民族文化。

（二）根据"风物传说"创造乡村特色景点品牌

传说中的风物，在现实生活中总是有迹可循的，不同民族、不同地域独特的风俗事物或多或少都有起源之说，例如"呼伦贝尔"名字的背后是一段凄美的爱情传说，而这些资源之前却没有得到合理有效的开发利用，语言资源保护工程重新收集记录莫力达瓦达斡尔地区的风物传说，语言资源众多。运用民间文学的理论视角，开发达斡尔民族风物传说，根据传说深度打造乡村文化旅游风物，让传说活起来，才是民族旅游文化之所在。"传说借助于人们笃信过去实际发生过的事件…传说中的事件不是产生于开天辟地的远古时代…表现出说明性特点，是被人们认为真实可信的"[②]，这让根据传说来挖掘文化，开发乡村文化旅游风物成为可能。下面我们试看一例：

达斡尔风物传说：药泉（节选）

……嘎拉桑白音寻思这水有意思。他看看阿美其格，还是昏迷不醒，便急忙把她抱到怀里滚着、爬着，来到水坑边上。一看水坑，有几丈宽，水色洁白，像开锅一样翻着花儿，他急忙撕开阿美其格伤腿的裤脚，用手捧起坑里的水，给她轻轻地洗伤口。不一会，阿美其格就清醒过来了，会说话了，伤口也封上了。嘎拉桑白音又惊又喜，他自己也跳进坑里去洗，不大工夫，浑身的鞭伤也全好了。他俩一起走到小鹿喝水的地方，一看是个泉子，里边的水，清清亮亮，从泉子底下一串串地冒着气泡儿，喝进嘴里，又凉又煞口，还有股药味。他俩喝上几口，就觉心里敞亮，浑身有劲。这可是天生的药水泉子啊！为了记住这个地方，他们俩在泉子旁边，用碎石垛起个石头堆。嘎拉桑白音还使箭头，画了个小鹿跑出药泉的记号。画完，嘎拉桑白音和阿美其格骑马到各个牧场告诉牧民，都到这儿来用泉水治病。从此，药泉的名字就传开了……[③]

这则风物传说已经被学者记录整理，根据这则传说，打造达斡尔乡村药泉文

---

① 通古斯语族词汇，"妖魔、妖怪"之意。

② 大林太良：《神话学入门》，林相泰、贾福水译，中国民间文艺出版社，1988，第38–39页。

③ 孙连金收集整理，刘万庆、吴雅芝编《中国少数民族风物传说选》，中央民族学院出版社，1986，第44页。

化体验景区，为乡村旅游文化增光添彩。达斡尔乡村仍然流传着许多未被发掘的动人传说，每一个传说都可成为乡村旅游文化的主要内涵。根据达斡尔族的语言资源和口头文化，找到乡村对应风物，加以转换开发，形成莫力达瓦达斡尔族自治旗"一村一英雄，一村多故事，村村有风情"的品牌格局。精确把握旅游情怀向民族文化回归的脉搏，让民族旅游充盈着民族语言资源中文化的魅力，让这些民族口头文化成为现代当地居民与游客耳濡目染的文化现实活态化景观。

二、产品载文化，品牌述习俗，开发达斡尔语言资源的文化旅游产品

达斡尔人民生活的每一处景观都应是有情怀的，重拾达斡尔乡村的生活传统，让每一个产品都有一个美丽动人的达斡尔民族故事传说，让乡村旅游特产讲好达斡尔民族的历史。结合只有本地区乡村，本民族才有的民族风物，利用语保工程发掘的大量达斡尔族语言资源和口头文化，在"传统民俗"上做文章。

（一）传统乡村烟草

达斡尔族人民自古有吸烟的习惯，烟草不仅是一种民族的生活习惯，更已成为达斡尔人民走亲访友，日常交际，传承谦逊礼让民族品德和大气豪爽的民族个性的文化意象，在达斡尔族人民的生活中发挥着重要的作用。"达呼尔敬客，以烟为最。客或自吸烟，遽掣其筒子口，装己烟以进，礼也。"① 旧时，达斡尔族大姑娘叼大烟袋的景象随处可见，达斡尔族人民的烟草种植、晾晒自成工艺，家家院落中会留出一片种植烟叶的土地。

烟草的种植区域在乡村，重振乡村烟草产业，把最为原初的达斡尔民族吸烟体验融入乡村旅游中。除此之外，要把民族生活情感与烟草融合，使烟草承载着地区习俗、民族品格与信仰，用达斡尔人特有的大烟袋锅子和独特口味的达斡尔烟草增加乡村旅游的独特体验。

风物传说属于口头文学，口头文学由于流传地点、讲述人及受众群体的不同自然就具有流传变异性。要把握这种变异，让文学为当下服务，着力把独具特色的烟草神话、传说、故事运用于乡村烟草产业中，使其成为独具达斡尔民族仪式感的乡村文化旅游产品。

（二）柳蒿芽

柳蒿芽是呼伦贝尔地区独有的植物，具有一定的药用价值尤以莫力达瓦达斡尔族自治旗的柳蒿芽最为出名。

---

① ［清］西清：《黑龙江外记》（卷八），《广雅书局丛书》。

柳蒿芽的采集种植区域在莫力达瓦达斡尔族自治旗。可集中优势资源，以现有的"柳蒿芽节"为依托，请专业化知名品牌代言人全力塑造中国唯一的柳蒿芽品牌，使乡村特产的健康产品走向全国市场。在制作与宣传的过程中可与诺贝尔奖获得者屠呦呦教授提取青蒿素的黄花蒿草本做关联，开创中国健康蒿草饮食习惯的产业化先河。此举将是开创性的，对莫力达瓦地区的乡村振兴具有重大作用。

在达斡尔族历史上，柳蒿芽被达斡尔族人民称为"救命菜"。在抗击沙俄时期，达斡尔族南迁，只靠柳蒿芽延续生命，食用柳蒿芽的部落没有感染疟疾。所以柳蒿芽之于达斡尔族人民不仅是一种食品，更是一种情怀，之于乡村旅游，则是必不可少的文化体验。因此柳蒿芽乡村旅游产品的开发，更要与民族文化相结合，深度挖掘并宣传其文化内涵，在产品中讲述柳蒿芽的传说与故事，通过人们喜闻乐见的故事，深度挖掘其在历史上是如何帮助达斡尔族人民躲过疾病、灾难、饥饿并繁衍至今的历史。以民族认同的历史故事，阐释柳蒿芽的现代医学与饮食价值。这种方式将会激发旅游大众内心的认知与接受，势必带来民族文化传承与宣传的效用。

（三）菇娘果、大豆

将乡村的农产品升级为旅游产品，一定要与当地的特色文化相结合。莫力达瓦达斡尔族自治旗乡村盛产的菇娘果、大豆等农作物，虽北京、河北地区也有种植，但是其他地区的同类作物缺乏少数民族农产品的神秘感与神圣感。

如上所述，以民间文学的视角，将这些农产品背后的民族故事结合语保工程调查成果中的实际情况加以总结提炼，形成品牌，回归产品，不仅有利于民族乡村旅游文化产品的开发，更对地区经济的发展起到重要的助推作用。让本土特产成为独具达斡尔民族传奇色彩的旅游文化产品，并通过讲述达斡尔故事，使其拥有文化内涵。

三、利用现代科技保护边疆少数民族口头文化

（一）在语保成果语言资源的旅游资源转化规划实施中，利用现代新媒体技术，通过网络影视的方式迅速传播宣传民族口头文化

拍摄莫力达瓦达斡尔族自治旗地方风俗及历史传统、民间文化宣传片，或利用拍摄微电影的方式重新解读达斡尔族地区的神话、传说、故事。例如，莫力达瓦达斡尔自治旗地区流传的民间故事——《在饭馆里》讲述了一个小伙子不畏强权，帮助受无赖欺负的弱势父子的故事，弘扬了达斡尔民族勇敢坚强、打抱不平

的民族美德。把类似的故事经过影视创作后通过网络新媒体的渠道传播开来，将其作为旅游景点的核心主旨滚动播放，既弘扬民族美德、引领地区社会风尚，又增加旅游的文化内涵，成为别具特色的旅游资源。

（二）开办民族故事大讲堂，让专家学者讲好民族故事，做民族传统文化的代言人

现如今，蜻蜓FM、喜马拉雅、懒人听书等音频资源平台，优酷、爱奇艺等视频资源平台广受国人关注。睡前听听书，闲暇时看看视频已经成为众多百姓的生活习惯。可以让知名的民族专家学者把优秀的口头文化故事利用新媒体平台进行传播，同时配合对这些民族口头文化的解读与分析，注明这些口头文化的流传地域，让受众群体从有声有色的故事中体会少数民族的独特文化魅力，无疑是对当地旅游最好的宣传。在这些口头文化的流传地域景点中，建立专家学者解读的民族民间神话、故事、传说语音导航的现场解说，使这些加以权威性解读的优秀民族口头文化真正成为高质量、高水平的旅游资源。

四、结语

语保工程所发掘与重新记录的边疆少数民族语言资源口头文化是精彩纷呈的，是中华民族与世界的宝贵财富。我们的旅游开发在向文化回归的过程中一定要因地制宜、实事求是、有章可循。口头文化是一种耳濡目染、历久弥新的口头语言艺术，具有震撼人心的魅力，对其感悟不能缘木求鱼，更不能急功近利，无中生有。江西南昌的滕王阁以其"落霞与孤鹜齐飞，秋水共长天一色"的景致为世人诠释着悠远的赣鄱文化。登阁远眺，落霞与江波交辉，岸柳与水草峥嵘，原来江水果然与长天相拥亲吻，夕光斜下之时果然鸥鹭振翅江波之上……如果没有这般景致作铺垫，即使才比子建，七步可吟咏成章，王勃也无论如何写不出千古名篇。因此，将边疆少数民族语言资源口头文化与当地固有的自然乡村风光资源相结合，进行文化旅游资源的文化性开发，启发游人如王勃式的思考，围绕边疆民族文化主题打造创意性旅游项目，才能使旅游文化产业发展的生命力熠熠生辉。

少数民族语言资源口头文化向旅游资源转化过程中，我们应大力倡导将原汁原味的旅游资源优化组合，重塑当代旅游产业品牌的旧有观光与消费的模式，对遗失于现实生活的民族情怀、具有旅游开发价值的资源进行抢救、整理与呈现，对已经开发利用的民族文化资源做更深层文化价值的探索、研究及创造性整合，筛选出核心文化价值，开发出层次性、系列化和高品位的乡村文化旅游产品，才能让这些边疆民族口头语言文化在当代语境下得到创新性的传承与保护。

参考文献

［1］大林太良.神话学入门［M］.林相泰，贾福水，译.北京：中国民间文艺出版社，1989：38-39.

［2］刘万庆，吴雅芝.中国少数民族风物传说选［M］.北京：中央民族学院出版社，1986：44.